KB192915

진리·일리·무리

―인식에서 성숙으로―

진리·일리·무리
─인식에서 성숙으로─

【김영민 지음】

철학과 현실사

序 文

무늬 하나

무늬 하나를 보면서
생각을 죽이고 몸을 낮추니
그 위로 떠오르는
힘찬 속삭임
오랜 하늘과 긴 바람이 살아 있고
안팎의 분별조차 없이

— 온고을, 4331년 1월, 김영민

진리·일리·무리
◀차 례▶

■ 序 文 : 무늬 하나

진리·일리·무리
◀차 례▶

진리·일리·무리
◀차 례▶

제 1 장

인문학, 죽었는가 살았는가*

1. 왜 우리는 거꾸로 가는가[1]

나는 우리 인문학의 현실을 살필 때마다 인도의 남부 지역 주민들이 코코넛 껍질을 사용해서 잡는다는 원숭이를 떠올리게 된다. 속을 비워서 껍질만 남긴 코코넛 열매 속에 쌀 한 줌을 넣은 뒤, 원숭이의 손이 겨우 들어갈 정도의 크기로 그 입구를 좁힌다. 그리고 이 코코넛 덫을 쇠사슬에 묶어 나무에 달아둔다. 쌀에 눈이 먼 원숭이가 코코넛 주머니 속에 손을 집어넣는다. 손끝에 닿은 쌀에 집착해서 사람이 다가와도 차마 손을 빼지 못하는 원숭이는 결국 얼마 후에 맛있는 원숭이 요리로 변한다. 밥을 먹으려다가 스스로 밥이 되고만 꼴이다.

우리 인문학이 세운 집이나 그 터를 둘러보면 비슷한 상념(傷念)에 젖게 된다. 쌀 한 줌의 미끼에 생명을 희롱당하는 원숭이의 모습은, 흡사 삶의 오래된 기본인 인문 정신조차 제대로 건사하지도 못하는 우리의 현실, 그리고 그 현실을 좌우하는 얼굴 없는 힘의 구조를 연상케 한다.

---

*이 글은 처음 『시와 사상』(1996년 가을)의 특집에 실렸고, 한국철학자연합대회 (1997년 11월, 부산대학교)에서 발표되었다.

1) 이 절(節)의 취지는 다음 글의 전반부에서도 재론된다. 김영민, "인문학이 서야 나라가 선다", 『대학교육』, 1996년 7/8월호.

어쨌든 인문학에 관한 한 매우 죄송한 말이지만, 한국은 살풋 정신 나간 나라라는 생각밖에 들지 않는다. 불경스러운 이 진단은, 국가로서는 불행한 일이겠지만 나로서는 다행하게도 혼자의 생각이 아니다. 최소한 나의 지기들은 이 진단에 속깊이 공감하고 있다. 수년 전, 우리는 공분(共憤)을 추스리면서 마침내 의기투합하여 '한국인문학연구회'(이하 '한인연')라는 모임까지 결성한 후, 각자 그리고 학제적 공조 속에서 우리 인문학의 지리멸렬한 꼴을 어떻게든 봉합해보려고 미력을 바치고 있는 중이다. '한인연' 구성원들의 다수가 대학의 인문학부에서 강의하고 있는 현직 교수들이라, 인문학에 관한 한 '살풋 정신 나간' 이 나라의 교육 현실을 진단하거나 성토할 때마다 자연히 대학과 강의실을 현장으로 삼은 고민이 대화의 주종을 이루게 된다. 강의실을 통해 삶과 앎의 통풍을 노리며 살아가고 있는 여러 인문학자들의 체험담에는 이제는 더 이상 간과할 수 없는 경종의 메시지가 다급하다. 인문학의 위기론은 그간 문학계를 필두로 해서 이미 적잖이 소개·토의되었고, 논의가 계속되면서 전망을 살피고 대안을 모색하는 움직임도 활발하다.[2] 그러나 강단에 서서 바라보는 인문학의 현실은 한마디로 황폐하다:

　　그런데 나뿐만 아니라 다른 순수 인문학을 교양으로 강의하는 다른 대학의 교수와 강사들의 이야기를 들어보아도 마찬가지로 강의가 수강

---

[2] 최근 중앙대학교를 중심으로 이루어진 행사들이 주목할 만하다. 특히 1997년 11월 28일에는 14개 대학의 인문과학연구소가 연합해서 '현대 사회의 인문학 : 위기와 전망'이라는 주제로 학술 심포지엄을 개최했다. 행사의 동인이 되었던 실무적 위기 의식의 일단은 다음의 글에서도 잘 드러나 있다. "대학에도 개혁의 바람이 불어닥치면서 그동안 대학의 학문적 토대를 제공해오던 인문학 분야가 커다란 위기를 맞고 있습니다. 정부의 대학 정책이 선경쟁, 후지원으로 바뀌면서 대학들이 경쟁에 도움이 되지 않는다고 판단되는 인문학 관련 과목과 학과를 없애는 경향이 나타나는 등 인문학을 홀대하는 풍조가 늘고 있습니다." 중앙대신문, 1997년 11월 17일자.

인원 미달로 폐강이 속출하거나 현격하게 그 숫자가 줄어들었다는 우려할 만한 사실을 전하고 있다. 한편 이른바 '4년제 종합 대학교'에서 어찌된 사실인지 교양 과목 가운데 영어 등 외국어 회화나 전산학(컴퓨터) 개론은 시간표를 짤 수 없거나 아예 마비가 될 정도로 거의 전학년 전학과가 수강한다는 사실이다. 이것은 단상(短想) 정도에 그칠 것이 아니라 장고(長考)를 요하는 매우 심각한 현실이다.(…중략…) 일본이나 독일 등은 세계화나 국제화 구호가 난무할 때 이미 대학에서 순수 인문학에 중점을 두고 있는데, 왜 우리는 거꾸로 가는가.[3)]

우리의 인문학이 '거꾸로 가는 현실' 속에서 자신의 위치와 역할을 잃어버린 채 부랑(浮浪)하고 있다는 느낌은 꽤 널리 퍼져 있고, 그 느낌의 저변에는 파헤쳐볼 불량스러운 근거가 있다. 물론 이 근거를 캐내서 정리하는 것이 이 글이 떠맡을 몫의 일부다. 그러나 규명하고 정리하는 작업에 다같이 코를 박고 참여하지 않더라도, 전도(顚倒)된 인문학의 현실에 대한 위기 의식은 광범위하게 퍼져 있다:

> 우리의 지식 사회가 살아야 신학이 살 수 있습니다. 반대로 우리의 신학이 살아야 우리의 지식 사회가 살 수 있다고 생각합니다. 인문학을 죽이고……대학은 살아남지 못합니다. 대학을 해체하는 지식 사회는 자본주의와 상업주의의 식민지로 전락하고 말 것입니다.[4)]

대학을 떠나면서 얻는 감상적이며 포괄적인 조망이라는 점을 감안한다고 하더라도, 이것이 신학자의 항의라는 사실이 오히려 내 관심을 끌며, 문제의 심도를 더욱 극명하게 증거한다. 전통적으로 인문학을 포함한 주변 학문이나 문화와의 연대나 공조에 인색하고 교회나 선교 현장만을 매개로 한 자폐 공간을 운용해 오던 신학계의 소리가 이러하다면, 이제 그 위기의 수위가 어느

---

3) 권인호, "강의실에 비친 인문학의 위기," 교수신문, 1996년 5월 20일자.
4) "서광선 이화여대 교수 고별 강연의 감동", 교수신문, 1996년 7월 16일자.

정도인지 짐작할 수 있지 않은가.

2. 책상(冊床)의 권리 원천은 일상(日常)이다

이 글의 취지는 "경제주의 모형에 내재하는 확장주의 동력"으로 개인 소득 1만 달러의 선진 대열에 진입했지만, 새로운 시대를 주도할 "어떤 다른 상징도 나타나지 않고 있는" 우리 사회에서는 제대로 통하지 않는 이야기[5]일 것이다. 그러나 인문 정신과 그 이념이 제대로 서야 공동체가 선다는 명제는 역사의 교훈이었다. 인문학이란 사람의 사람다움을 제대로 이해하고, 또 그 이해를 실천에 옮겨 사람을 사람답게 하려는 취지가 근저에 흐르는 학제적 모색이다. 그것은 말 그대로 '사람의 무늬(人文)'와 그 역사성의 뜻을 밝히려는 여러 모색의 축적에 다름 아니다. 우리가 문제 삼는 세상이란 결국은 '사람의 세상'이고, 사람의 세상이란 인문적 가치에 정당한 몫이 돌아가는 세상일 수밖에 없다면, 인문학의 전통과 가능성이 이처럼 박대당하는 현실을 목도하는 우리들이 사람의 세상에 대한 희망을 그려볼 수 있겠는가.

'사람의 세상'을 만들 것인가, 아니면 '세상의 사람'을 만들 것인가. 인문학의 앎이 우리의 삶에 스며들어 사람의 가능성이 제고되고 사람살이의 아름다움이 현양되는 공동체를 만들어갈 것인가, 아니면 실존의 열정마저 세상을 운용하는 무수한 부품의 하나로 전락시킬 것인가. 근대화와 산업화의 초석이었던 효자 자연과학도 아니고, 민주화의 첨병이었던 적자(嫡子) 사회과학도 아닌 인문학, 그 인문학은 말만 많고 벌이는 시원찮은 서자(庶子)에 지나지 않는가. 1970년대의 토대도, 1980년대의 항의도 아닌 1990년대의 인문학은 초대받지 않은 잔치에 부드러운 재치

---

5) 김여수(1997a), 243쪽.

만 흘리고 있는 노기(老妓) 같은 존재인가?

정책이나 처세와 일차적 실용으로 변질되어가는 인문 정신을 탓하기 전에 우선 우리 인문학자들의 활동부터 따져볼 일이다. 무릇 앎의 권리 원천은 삶이고, 또 워낙 인문학이란 앎과 삶 사이의 통풍으로 활력을 유지하는 법이다. 그러나 우리 현실의 특이성과 그 고유한 발전 단계에 대한 인식 없이 겉도는 이론의 순환만을 고집하고 있는 분야가 어디 한둘인가.6) 문제의 핵은 인문학의 앎, 혹은 인문 정신이 삶으로부터 소외되어 있다는 사실에 있다. 그 언어가 삶의 실질을 치지 못하고 번쇄한 이론의 유희를 일삼고 있다는 데 있다. 앎이 삶으로부터 생명력을 얻어 성장했는데, 그 앎이 삶으로 돌아갈 길을 잃어버리고 있는 것이다. 꽃씨를 땅에 떨어뜨리지 못하는 꽃의 운명이라고 할까. 상상 임신의 학문이라고 할까.

우리 인문학이 이 불임의 꽃과 같은 운명에 직면하고 있다는 것은 우선 교실의 모습, 혹은 학습의 형태로부터 확인된다. 인문학의 음성이 우리 사회에서 메아리 없는 소리로 떨어지고, 삶으로부터 그 생명력을 부여받은 앎이 다시 삶으로 되돌아가서 그 속내를 살찌우지 못하는 것은 우선 교실 안팎의 지형이 너무나 심한 대조를 보인다는 사실, 그래서 두 영역 사이의 소통과 공조가 단절되고 급기야 소외의 지경에 이르고 있다는 사실에서 그 원인을 찾아볼 수 있다. 이것은 개인의 각성이 큰 역할을 할 수 없는 제도의 문제이긴 하지만, 교실 안에서 인문학 수업을 담당하고 있는 우리 강의자들이 특별히 유의해야 할 점이라고 생각된다. 인문학을 포함한 앎의 조직이 삶의 구체 속에서 그 권리 원천을 얻는다는 대전제를 기억하고, 또 실천성과 대사회적 임상성의 문제에서 여러 가지 도전을 받고 나름의 위기 의식을 느끼고 있는 현금의 인문학 현실을 각별히 감안한다면, 우리의 강의도 교실 안팎의 통풍과 공조를 위한 조건에 민감하게 조응하

---

6) 김정근(외)(1997), 13쪽.

면서 이루어져야 할 것이다. 이것은 학문으로서의 인문학이 지닌 특성을 최대한 살려나가면서 동시에 인문학의 앎과 우리 삶의 현실을 서로 소외시키지 않으려는 실제적 전략이기도 하다. 나는 이를 복잡성과 단순성이라는 두 범주를 서로 대비시켜서 "단순성을 그 근본 지형이자 논리로 삼는 교실 속의 앎의 게임은 복잡한 지형의 우리 실생활에서 너무나 동떨어져 있"으며, "교실 안의 단순성과 명료성은 교실 바깥의 복잡성[7]과 애매성을 자주 호도하고, 학생들로 하여금 삶의 현장감에서 동떨어진 앎의 테크닉에 경도하게 한다."고 비판한 바 있다.[8]

강의실 너머의 삶은 교실 속의 검은 칠판과 하얀 책이 속수무책일 정도로 복잡하다. 일상(日常)은 책상(冊床)과 달리 언제나 일양과 일률로 설명될 수 없는 복잡성과 중층성, 애매성과 다면성을 특징으로 한다. 또한 우리 삶 속의 구체성과 복잡성은 교실 속의 단순성과 추상성으로 환원되지 않는 질적 차이와 개성을 지니고 있으며, 삶은 실로 이 '환원될 수 없는 복잡성(irreducible complexity)'을 날실과 씨실로 삼아 엮어진다.

인문 정신의 기본은 바로 이 삶의 복잡성에 올바르게 응대하는 것으로부터 시작된다. 애매성과 복잡성을 참지 못하는 '정확성의 학문'이나 '단순성의 학문'과 달리, 인문학은 바로 '참을성의 학문'이며 '복잡성의 학문'이기 때문이다. 모든 앎의 권리 원천이 삶이지만, 특별히 인문학이 이 권리 원천에 늘 손발을 담그고 삶과 앎 사이의 통풍을 각별히 배려해야 하는 이유도 여기에 있다. 그러나 단순성을 운용의 논리로 삼으려는 교실 속의 앎의 게임은 자꾸 우리의 삶으로부터 멀어져간다. 이미 구조화되고 체화된 정신 문화의 식민성도 이 점에서 단단한 몫을 한다. 우리

---

7) '복잡성'은 삶의 구체를 가능한 한 제모습대로 드러내기 위한 장치로서, 내 생각의 망(網) 속에서 매우 긴요하게 사용된다. 자세한 용례와 취지는 다음 책을 참조할 것. 김영민(1996b).
8) 김영민(1996d), 907쪽.

삶의 현실과 그 복잡성에 능동적으로 기민해지는 센스를 기르는 대신, 학생들로 하여금 삶의 현장에서 동떨어진 앎의 테크닉, 그것도 관념화된 앎의 기법에 탐닉하게 만드는 것이다. 기존의 체계와 그 풍조에 어울리는 일차적 유용성만을 추구하는 태도는 복잡성을 없애고, 결국 '복잡성의 학문'인 인문학을 죽인다. 삶의 구체와 복잡을 돌보지 않는 태도는, 특별히 삶의 현실을 그 권리 원천으로 삼을 수밖에 없는 인문학의 터를 없애는 것이다.

인문학 학습의 1차 현장을 담당하고 있는 우리들이 이 위기에 응대해야 하는 방식은 원리상 간단하다. 그것은 우리 자신부터 삶의 구체와 복잡이라는 인문학의 터에 충실해지는 것이며, 삶↔앎이라는 인문학의 존립 방식에 민감해지는 것이고, 그리고 책상(冊床)의 권리 원천이 일상(日常)임을 늘 잊지 않는 것이다.

3. 서구 근대성의 위기는 합리주의의 오도(誤導)에 그 뿌리를 둔다 :
   후설·베버·아도르노·호르크하이머·하버마스

1996년 8월 현재, 「인디펜던스 데이(Independence Day)」라는 할리우드 영화가 공전의 흥행을 누리고 있다. 「E. T.」나 「쥬라기 공원」의 대기록을 곧 허물 조짐을 보이면서 전세계의 극장가를 석권하고 있다는 보도도 있다. 할리우드의 자본과 기술 없이는 도저히 만들 수 없는, 일종의 '신미국 패권주의(neo-Americanism)'를 낯간지럽게 표방하는 이 영화의 진부한 소재는 지구를 침범하는 외계인에 의한 위기 상황이다. 위기의 담론이 이제 그것 자체가 급기야 자본의 논리에 편승하고 있고, 역설적이지만 그 정도로 '위기론'은 우리의 일상 속에 침투해서 제자리를 찾아가고 있는 것이다.

특히 인문 정신의 결핍이나 왜곡이 초래할 위기에 대해서는 우리보다 일찍 위기의 여러 조건에 시달려온 서구로부터 적지않은 진단과 비판적 성찰이 체계화되었다. 이 진단과 비판은 잘 알려진 것처럼, 계몽주의의 이념과 근대의 기획을 둘러싼 논란이 그 중심을 차지하고 있는데, 그간 서구 사상계의 주도적인 쟁점을 이루고 있을 뿐만 아니라, 국내의 인문·사회과학계에도 수입되어 토착화의 과정을 거치면서 적지않게 활성화된 바 있다.

3-1. 후 설

후설은 1935년 5월 7일과 10일에 각각 행해진 '철학과 유럽 정신의 위기'라는 제목의 빈 강연(Vienna Lectures)에서, 계몽 시대의 합리주의가 '실수'였다고 진단한다. 인간의 이성과 합리성 자체에 의심과 회의의 눈길을 보내고 있는 니체의 후예들과는 달리, 데카르트주의의 철저화(radical Cartesianism)를 꿈꾸면서 근대성과 그 위용(偉容)의 새로운 복권을 그리던 마지막 모더니스트 후설에게는, 합리성 그 자체가 아니라 객관주의에 물든 서구의 합리주의에 문제의 뿌리가 있다. 그에 따르면, 유럽이 처한 정신적 위기의 실체는 이 합리주의가 오도(誤導)되어왔기 때문이다.

유럽의 (정신적) 위기가 오도된 합리주의에 그 뿌리를 두고 있다는 데에는 의심의 여지가 없다. 그러나 합리성이 그 자체로 악하다거나 혹은 인류의 전체 생존이라는 목적에 부차적인 가치를 갖는다는 뜻은 아니다. 고전 그리스 시대의 철학적 이상이었고, 또 이 글이 염두에 두고 있는 합리성이란 아직도 자기 성찰을 통해서 더 해명되어야 할 여지와 필요가 있다. 합리성은 그 성숙한 모습으로 우리의 발전을 향도(嚮導)해야 하는 것이다. 그러나 계몽주의 시대의 합리주의가 보여준 바 있는 합리(合理)의 발전 단계는 실수였다. 물론 그것은 이해할 만한 실수이긴 하지만.[9]

---

9) Husserl(1970), 290쪽.

이 실수를 이해할 만한 것이라고 변명하는 것은 물론 합리성 혹은 합리주의 그 자체에 문제가 있는 것이 아니라, 합리주의가 그리스적 이념을 잃고 제 방향을 상실한 탓에 생긴 것이기 때문이다. 요컨대 합리주의가 실수하고 실패했다는 것이며, 따라서 다시 일으켜 세우면 될 일이지, 넘어졌다고 폐기 처분할 것은 아니라는 말이다. 후설은 합리주의의 실수와 이로 말미암은 유럽 정신의 위기는 무엇보다도 자연주의와 객관주의에 물든 탓이라고 지적한다. 그리고 그는 그의 선험 현상학의 이념을 통해서 이를 극복하고 새로운 유럽 정신의 복권을 앞당길 것을 역설하고 있다.

> 우리는 유럽 세계가 어떻게 이성의 정신, 즉 철학의 정신으로부터 태동해왔는지 보여주어야 한다. 이로써 우리는 이 '위기'의 실체가 합리주의의 명백한 실패였다는 것을 알 수 있을 것이다. 그러나 합리주의의 실패는 이미 지적했듯이, 합리주의 그 자체에 내재하는 것이 아니라 그 정신이 피상적으로 이해되었기 때문이다. 즉, 합리주의가 '자연주의'와 '객관주의'의 덫에 얽혀버렸기 때문이다.10)

자연주의와 객관주의의 덫에 걸린 합리성이라는 정신적 상황을 유럽의 위기로 진단하고 있는 후설의 문제 의식은, 유럽의 정신사 속에서 건져올린 것으로서 그 역사적 특수성은 명백하다. 구스타프 융이 건져올린 것도 유럽인의 무의식이라는 말이 있듯이, 후설이 문제시하는 정신도 유럽의 정신인 것이다. 그러나 14세기 이후 유럽의 문명 세계가 지구촌에서 차지해온 위치와 실질적인 영향력을 감안한다면, 그의 문제 의식은 우리가 우리의 인문학 현실을 걱정하면서 챙겨야 하는 문제 의식과 일부 겹치지 않을 수 없다. 이 점에서 후설의 권고는 이후의 논의에 하나의 전형을 제공한다. 그는 자연과학의 객관성을 흉내내지 말고

---

10) 같은 책, 299쪽.

진정한 합리성의 정신을 되찾아 질적으로 변별되는 인문학의 고유성을 유지하고 그 길을 보다 철저하게 걷도록 권면한다.

따라서 인문학이 자연과학과 동등한 권리 주장을 하려는 것은 실수다. 인문학이 자연과학의 객관성을 자족적 원리로서 인정하는 순간 인문학은 객관주의의 덫에 걸리고 만다. 인문학은 그간 다양한 분야로 발전되어오는 과정에서 정신적인 세계관에 의해서 가능해지는 궁극적이며 참된 합리성을 망실해버렸다. 모든 영역에서 바로 이 진정한 합리성의 존재를 잃어버렸기 때문에 우리 자신의 처지와 무한한 임무를 명석하게 파악조차 하지 못하고 있는 것이다. 우리의 정신이 순박하게 바깥을 지향하는 객관주의를 포기하고 돌아와서 순수하게 자기 자신과 함께 머무른다면, 그것은 스스로에게 충분한 원리가 될 수 있을 것이다.[11]

3-2. 베 버

선험 철학자 후설보다 삶의 질료적 측면에 밝았던 베버의 경우에는, 서구인의 합리성이나 합리주의를 묘사하는 색채가 다소 어두워진다. 잘 알려진 대로 베버는 서구의 문명화를 삶이 점진적으로 '합리화'되어가는 과정으로 본다. 그러나 이 합리화의 과정이 갖는 함의는 이중적이다. 그는 1918년에 뮌헨대학에서 행한 강연에서, 탈주술화와 기술의 발전을 촉진시킨 이 합리화는 어쩔 수 없는 우리 시대의 운명이지만, 다른 한편 이는 우리의 일상으로부터 궁극적 가치와 의미에 대한 관심이 퇴조하게 만드는 부작용을 낳기도 한다고 지적하고 있다:

우리 시대의 운명은 합리화와 지성화, 그리고 무엇보다도 '세상에 대한 환멸'을 그 특징으로 한다. 궁극적이며 가장 고상한 가치들은 우리 공공의 삶으로부터 퇴보해서 신비적 삶의 초월적 영역이나 직접적이며

---

11) 같은 책, 297쪽.

개인적 삶의 경계 너머로 옮아가버렸다.[12]

근대 서구의 합리화 과정에 대한 베버의 비판은, 삶의 가치와 의미 그리고 방향성에 대한 감각을 상실한 자연과학에 대한 비판으로 이어진다. '본질적 합리성'을 잃어버린 채 소위 '형식적 합리성' 혹은 '도구적 합리성'에 충실한 자연과학은, 우리의 삶을 기술적으로 통제하고 제어하는 방식에서는 탁월한 기량을 발휘하지만, 그 방식의 방향과 정당성에 대한 문제 혹은 그 방식이 삶에 대해 갖는 근본적 뜻은 도외시한다.

> 자연과학은 우리가 삶을 기술적으로 제어하려면 무엇을 해야 하는가 하는 문제에 답변을 제공한다. 그러나 과연 우리가 삶을 기술적으로 통제해야 옳은지를 따지는 문제나 그렇게 하는 것이 궁극적으로 어떤 뜻이 있는지를 캐는 문제에 대해서는 관심이 없다.[13]

인문학이 정량화·표준화·객관화·단순화를 통해서 정확성을 고집하는 것보다 삶의 깊이와 복잡성, 그 방향과 의미에 유의하는 탐구라면, 후설의 지적처럼 자연의 수학화에 들떠 정신이 피상적으로 이해된 사세(事勢), 그리고 베버의 지적처럼 가치와 의미에 무관심한 과학주의적 태도의 무분별한 파급이 인문학의 위기에 하나의 중요한 계기가 되었다고 할 수 있다.

3-3. 아도르노·호르크하이머

서구의 근대성 논쟁에서 고전적 위치를 차지하고 있는 프랑크푸르트 학파의 1세대 학자들도 계몽주의에 그 내력을 두는 현대

---

12) Weber(a), 155쪽.
13) 같은 책, 144쪽.

기술 사회의 도구적 합리성을 비판하고 있고, 이 과정에서 이들은 필경 인문학이 봉착할 위기의 모습을 예진한다:

　계몽주의도 하나의 체계며, 따라서 어떤 다른 체계와 마찬가지로 전체주의적인 성격을 지닌다. 계몽주의의 허위는 낭만주의 진영의 적들이 늘 비난해왔던 것들, 가령 분석적 방법, 요소주의(要素主義), 반성적 사유를 통해서 해소시키는 태도에 있는 것이 아니다. 그 허위는 오히려 계몽주의의 경우 전과정(全過程)이 항상 처음부터 결정되어 있다는 사실에 있다. 가령 수학의 절차에 있어서 아직 알려지지 않은 것이 방정식의 X량(量)으로 처리될 경우에, 이것은 아직 아무런 값이 매겨지지 않았지만 이미 알고 있는 것처럼 표시되는 셈이다. 양자 이론의 출현에 상관없이 자연은 수학적으로 이해될 수 있는 대상으로 표상된다.[14]

아도르노와 호르크하이머의 지적은 인문학의 위기론과 관련해볼 경우, 후설이나 베버의 문제 의식과 겹친다. 서구의 근대성과 합리주의의 이면을 비판적으로 캐내고 있는 그들은 그 과정에서 자연과학적 객관주의의 덫을 경계하며, 기술적·도구적 합리성의 편협과 맹목을 비판하고, 가치와 의미의 영역에 대한 정당한 자리매김을 요청하고 있는 것이다.

3-4. 하버마스

　최근 한국을 찾아 일련의 강연과 대담을 마치고 돌아가면서, 벌떼처럼 주변을 웅성거렸던 이 땅의 학자들에게 "당신네의 역사와 사상적 전통에 좀더 유의하는 것이 좋겠다."는 충고를 남겼다고 하는 하버마스의 '생활 세계의 식민화(die Kolonialisierung der Lebenswelt)'[15] 테제도, 넓게 보아서 유사한 메시지와 경고를

---

14) Horkheimer & Adorno(1972), 24쪽.
15) Habermas(1981), 293쪽.

던진다. 금세기 후반 서구의 대표적인 이성주의자인 하버마스는 합리성의 형식화나 도구화에 실망한 베버나 프랑크푸르트학파의 태도보다는 낙관적이며, 동시에 한 걸음 더 나아가 있다. 여기에서 논의의 핵은 그가 말하는 이른바 '의사 소통적 합리성'이다. 최고의 효율로서 주어진 목적을 성취하는 데에 주력하는 도구적 합리성 혹은 '합목적적 합리성(Zweckrationalitaet)'은, 경제나 행정 등의 체계적 영역에서 객관 세계를 정리하거나 통어(統御)하는 일에 주효하다. 이 과정에서 자기 성찰적 비판력을 마모시킬 정도로 과도하게 증폭된 도구적 합리성은 생활 세계의 '일상적인 실천(Alltagspraxis)'에서 점점 멀어지고, 마침내 삶의 모태가 되는 생활 세계의 지평과 그 고유성을 파괴하는 데까지 이르게 된다는 것이다. 하버마스는 도구적 제어가 아니라 상호 이해를 목적으로 하는 의사 소통적 합리성을 되살려서 체계의 영역과 생활 세계 사이의 공조 관계를 형성할 것을 주장한다. 생활 세계의 일상적 실천에서 유리된 도구적 제어, 그리고 그 과잉의 전횡이야말로 현대 산업 사회의 근원적 위기를 초래한다는 것이다. 현대 사회의 구조망의 기저를 형성하고 있는 영역은 물론이거니와 인문학의 터전도 생활 세계다. 따라서 생활 세계의 일상적 실천에서 소외되고 있는 합리성의 운용이 인문학의 정신에 부정적 영향을 끼치리라는 것은 상론을 요하지 않는다.

정리해보면, 이들의 생각은 증폭된 과학주의적 태도와 기술 사회의 비성찰적 타성이 인문 정신을 어떻게 훼상(毁傷)할 수 있는가를, 간접적이지만 비교적 포괄적으로 시사하고 있다.

4. 현장은 땅 위에 누워 있는데 언어와 처방은 하늘을 날고 있었다

인문 정신이 훼상되는 꼴은 다양하지만, 가장 흔하면서도 치명적인 증상은 이미 지적했듯이 앎과 삶의 극심한 배리와 소외 현상이다. 이 증상은 생각보다 흔하고 또 치유하기 어렵다. 그것은 삶의 간섭과 개입에서 벗어난 앎이 근거 없는 수사와 개념의 속도감에 쉽게 취하고, 그래서 급기야 개념의 숙취조차도 학문의 깊이로 착각하기 쉽기 때문이다. 이른바 거화존질(去華存質)의 미덕을 잃어버리는 것이다. 그리고 앎과 삶의 소외라는 증상이 치명적인 것은, 인문학이 돌아갈 곳이란 삶의 터 이외의 다른 곳이 없기 때문이다. 나온 곳이며, 또 들어가야 할 곳, 즉 자궁이며 무덤인 삶의 현실을 마주보지 않는 인문학이 자기 정체성의 위기를 겪는 것은 오히려 당연하다.

우리의 경우, 사회 현실에 대한 지식인의 책임 문제가 늘 학문의 아킬레스건으로 남아 있었고, 특히 1970~80년대의 앎은 삶의 정치적 측면에 지나치게 과민할 수밖에 없었다. 준(準)전시의 냉전 정황 아래에서 좌우의 경직된 대립이 사상의 황폐화를 방치했던 한반도, 그리고 개발지상주의의 근대화 이데올로기가 브레이크 없는 벤츠처럼 달려온 이 나라에서, 무책임한 한화(閑話)이거나 공소한 관념론이라는 비난에 쉽게 노출되어온 인문학을 곱게 볼 리 없었다. 이러한 사정에서 인문학은 주변의 눈치를 볼 수밖에 없었다. 그러니 삶의 터와 역사를 응시하고 자생성과 주체성을 기르지 못한 채 사대(事大)와 추수(追隨)의 눈가림 속에서 지적 허위 의식으로 무장하게 된 것에도 나름의 고민이 있었다고나 할까. 1980년대의 인문학이 사회적 실천의 문제에서 심한 자괴감에 빠지면서 특별히 자기 정체성의 문제에 봉착한 것도 이 '눈치보기'의 필연적 결과라고 생각된다. 1990년대에 들어서면서 인문학계의 일각에서 '반동'이라고밖에 볼 수 없는 지적 유희에 탐닉한 것도 동일한 심리의 역전에 다름 아니리라.

그러나 문제는 아직도 인문학이 자신의 궁극적 권리 원천인 삶의 터와 그 역사를 제대로 응시하지 못하고 있는 현실에 있다. 자연과학의 엄정과 실용을 시샘하고, 사회과학의 해방적 실천성에 자조하다가 지쳐, 마침내 자기 정체성의 위기를 떠드는 것은 아무래도 웃기는 짓이다. 최근 충실한 연구 성과를 학계에 상재해서 관심을 끌고 있는 경상대학교 '인문학연구소'의 『인문학총서1』 서문에서도 이와 유사한 문제 의식을 분명히 해주고 있다.

> 우리는 1980년대의 격심한 사회 변화를 겪으면서 자신의 학문에 대해 헤아릴 수 없이 많은 물음을 던져왔다. 물음은 대개 사회 변화에 적극적으로 참여하는 이론이나 학자, 그리고 그러한 참여를 통해 이루어지는 학문의 자기 정체성 확립을 위한 노력들을 지켜보면서, 우리가 느껴야 했던 인문학의 현실이나 인문학의 정체성에 대한 반성을 주조로 한 것이었다. 나아가서 이러한 반성적 물음은 실천하는 지식인이라는 이름 앞에서의 자괴심, 현실을 통해 확보된 이론 앞에서의 무력감으로 이어졌고, 우리는 이러한 자괴감과 무력감을 되돌아보고 이를 실천적으로 극복하는 작업을 시도해보고자 하였다.16)

"실천하는 지식인이라는 이름 앞에서의 자괴심, 현실을 통해 확보된 이론 앞에서의 무력감"이라는 단서는 일견 솔직한 감동을 준다. 그러나 이 또한 자칫 인문학의 권리 원천에 대한 오해에서 비롯된 감상주의로 흐르는 것이 아닌지 꼼꼼히 살펴야 한다. 인문학의 재충전에 '자괴'니 '무력감'이니 하는 정서가 필요하다면, 그것은 1980년대의 현실이나 당시의 주도적인 이론들 때문이어서도 안 된다. (그 지경이라면, 스스로 전무한 정신적 계몽의 경지를 성취했으면서도 뉴튼의 물리과학적 위광에 필요 없이 쪼그라든 18세기 볼테르를 연상시키지 않겠는가.) 인문학은 삶에서 자생하는 에너지를 그 근본 동력으로 삼아야 한다. 삶을 응시하고 삶을 맞잡는 전통과 길을 만들어가야 하며, 그래서 모든 위기론조차 그 응시와 맞잡음의 결과에 의해서 평가되어야

---

16) 경상대학교 인문학연구소(1993), 3쪽.

마땅하다. 근거의 토대와 참조의 팻말을 혼동하는 짓거리를 더 이상 계속해서는 안 된다.[17]

다시, 문제는 앎과 삶의 배리와 소외 구조며, 이를 영속시키는 눈치보기와 허위 의식이다. 인문학이 스스로의 권리 원천에 충실하지 못하다는 사실에 문제의 핵이 있다. '자연과학적 객관주의의 덫', '기술적·도구적 합리성의 편협과 맹목', '가치와 의미의 영역에 대한 부당한 폄시', 그리고 '현실을 통해 확보된 이론 앞에서의 무력감' 등속의 반성과 경계는 모두 이 문제로 낙착된다. 실로 앎과 삶 사이의 괴리와 소외는 인문학의 정신이 공소한 메아리로 그칠 수밖에 없는 근본적 원인이다.

　　그해 봄 내가 부산대의 사회과학관 5층의 한 방에 자리를 정하고나서였다. (…중략…) 나는 중요한 학문적 화두와 맞닥뜨리게 되었다. 왜 현실과 언어가 서로 다를까? 왜 도서관의 현장은 저처럼 아득히 낙후되어 있는데, 강단의 언어는 이처럼 첨단을 달리고 있는 것일까? (…중략…) 그때 나의 눈에는 분노의 살기가 돌고 있었는지도 모른다. 그 속에서 나의 화두는 조금씩 구체성을 띠어가기 시작했다. 나의 질문은 이렇게 바뀌었다. 왜 현실은 엄연한 한국의 현실인데 강단의 언어는 외국어인가? (…중략…) 한국적인 도서관 현장이 처연하게 땅 위에 누워 있는데, 강단의 언어와 처방은 외국으로 하늘을 날고 있었다.[18]

---

17) 경상대학교 인문학연구소에서 『인문학 총서』의 둘째 권으로 내놓은 『현대의 새로운 패러다임과 인문학』의 서문에서는 예의 '눈치보기'를 벗어나 한층 성숙한 문제 의식을 내비친다. 그 일부를 인용, 소개한다: "…우리는 과거 우리가 주체적으로 겪어내지 못한 19세기말과 20세기 초반의 체험을 아픈 마음으로 기억한다. 바로 그 세기 전환기의 수동적 시대 체험으로 인해 우리는 금세기 내내 세계사적 흐름의 뒷전에 밀려나서, 항상 우리를 제어하는 거대한 힘의 중심을 의식하는 변방 의식에 사로잡혀 있을 수밖에 없었던 것이다. 그리하여 우리는 지금 또 다른 세기말에 서서 다음 세기의 벽두를 주체적으로 맞이할 수 있기 위한 진지하고도 주체적인 작업에 대한 절박한 필요를 느낀다. 금세기 우리 학문의 역사가 우리 것의 논의를 위한 토대의 상실과 새로운 논의를 위한 근본 없음으로 인한 고난의 그것이었음을 우리는 뼈저리게 되새기고 있기 때문이다." 경상대학교 인문학연구소(1994), 3쪽.

18) 김정근(1995a), 9~10쪽. 부산대 문헌정보학과의 공동작업실과 김정근 교수는 내 작업에 각별한 관심을 보여주었고, 또 그 관심은 학제간 공조 가능성이 어떻게 구체화될 수 있는지 보여주는 소중한 경험이 되었다. 김영기와 공동으로 쓴 다음의 논문은 글쓰기 문제를 학문의 식민성과 연관시켜서 다룬 글인데, 이 방면의 입문으로서는 더할 나위가 없다. 김정근·김영기(1995). 최근 이들은 비슷한 문제 의식을 발전·심화시키면서 우리 학문의 식민성을 비판하는 새로운 글쓰기의 실험을 계속하고 있다. 다음의 글은 근작 『디지털 도서관: 꿈인가, 광기인가, 현실인가』(민음사, 1997)에 대한 나의 서평인데, 이들의 작업과 그 성격을 이해하는 데 도움이 될 것이다. 동아일보, 1997년 11월 22일자.

김정근 교수가 이끄는 부산대 문헌정보학과의 공동작업실은 내게 매우 친숙하다. 이 친숙함은 우리 학계의 병폐처럼 사사로운 계기를 얼버무린 것이 아니라 학제간 공조를 통한 공적 담론 영역의 확장에서 비롯되고 심화되었다. 특히 우리 학문의 식민성에 대한 철저한 반성 위에 주체성과 자생력을 기르기 위한 노력을 계속하고 있는 이들의 학문적 연대는 근대화·서구화의 자식으로 태어나 비슷한 고민의 흔적을 그릴 수밖에 없는 많은 학인들의 공감을 불러일으키기에 족하다. 최근이 팀에 의해서 꾸준히 생산되고 있는 일련의 저작들을 살펴보노라면 학계에서 거론되는 이들의 성가(聲價)가 허울이 아님을 알 수 있다.

이들의 목소리가 분과 학문의 협궤를 넘어 공명을 얻는 것은 우선 그 문제 의식의 적실성과 이를 나름의 고민 속에 풀어내는 글쓰기의 창의적 실험 때문이다. 특히 이 책에서 두드러지지만, 이들이 계발한 언어의 박진감, 솔직하고 섬세한 감성, 그리고 핍진한 현장 분석은 투박한 사회과학의 통계치나 사밀한 인문학의 자의식 사이에서 기웃거리던 많은 학인들의 관심과 기대를 충족시킨다.

이 책의 무대는 '기본'도 갖추지 못한 처지에서 '첨단'으로 치달리는 한국의 도서관 현장이지만, 그 배경을 이루는 것은 정보화, 첨단화, 세계화, 보편화의 기치와 그 문화적 추세다. 그것은 개화와 계몽의 협박 아래 청산해버린 전통, 그리고 그 위에 유행과 처세의 거품으로 들끓고 있는 무수한 정신의 수입품들이 만들어놓은 우리 '근대성'의 연장선에서 증폭되고 있는 담론군(群)이다. 사실 나라마다 정보화를 매개하는 신매체의 개발에 열심이고, 우리 지식계에서도 덩달아 정보화와 (신)매체 담론으로 웅성거리고 있다. 전자 매체의 부담 없고 신속한 정보 공급 능력은 실로 문화와 학문의 내실을 주도하는 양 호도된다. 근대적 진보의 정점을 휘감고 있는 자기 모순의 안개를 뚫고, 새 시대의 문화적 전위로서 부상하고 있는 이 정보 사회의 네트워크는 우리 시대의 정신적 패스트푸드를 신속 정확하게 제공하고, 또 이를 확대 재생산하고 있다.

그러나 이 책의 저자들은 이 근대화-세계화의 낙관주의 담론에 동조하지 않는다.

앎과 삶의 소외 문제를 대면하는 이 땅의 지식인들이 필연적으로 거쳐야 하는 터널은 우리 지식인 세계의 식민성이다. 우리 정신 문화의 식민성, 그리고 앎과 삶의 소외와 배리는 서로를 물고 들어가는 중첩악(重疊惡)의 구조를 지니고 있다. 이런 점에서 김정근의 문제 의식은 조혜정의 고민 혹은 질타와 겹친다.

　　자기 삶을 들여다보지 않아도 되는 인문학이 있다는 것은 얼마나 다행한 일인가? 자기 성찰을 위한 언어가 없는 것은 얼마나 편한가? 그런 와중에 '인식'과 '삶'을 일치시켜 가려는 사람들은 돌팔매를 맞고 죽어가거나 숨을 쉬지 못해 이 땅을 떠나거나, 타협한다. 타협한 이들은 자신이 포기한 것을 합리화하기 위해 모두 다같이 타협을 해야 한다고 주장하며 거대한 압력 집단이 되어 타인의 삶을 짓누른다. 말은 계속 겉돌고, 삶은 헛돈다.19)

──────────────

그것은 우리 학문 현장의 실제 단계와 그 정체를 도외시한 처사며, 따라서 성급하고, 그래서 가벼운 언어의 망(網)을 엮어내는 오류일 뿐이다. 이러한 지적은 "한국적인 현장은 처연하게 땅 위에 누워 있는데 강단의 언어와 처방은 외국으로 하늘을 날고 있었다."(『한국의 대학 도서관 무엇이 문제인가』 한울, 1996)는 문제 의식을 계승, 심화시켜주고 있는 것이다. 요컨대 이 책은 식민성의 허울을 벗고 실사구시의 내실을 채우기 위한 구체적인 방안으로서 디지털 도서관 담론에 대한 여러 비판적 분석을 통해서 우리 사회 정보화 담론의 허실을 밝히고 있다.

　이 책의 저자들이 "식민성에서 탈출하기 위해서는 글쓰기부터 혁신해야 한다."고 외쳤던 것은 이 책의 글쓰기를 통해서도 변함 없이 구체화되고 있다. 특히 제1부에 실린 "계몽의 아침에 꾸는 악몽," "순진하고, 단순하고, 성급하고, 그래서 가벼운," 그리고 "참을 수 없는 미래 도서관 담론의 가벼움"과 같은 글들은 종래의 인문 사회과학이 구금되어 있던 논문 중심주의와 원전 중심주의를 과감히 탈피하고 내용과 형식의 창의성과 임상성을 동시에 도모하려는 야심찬 기획으로 주목을 요한다.

　오늘의 우리에게 현실의 기반과 '기본'이 없는 상태를 외면한 채 갖가지 미래 담론 속으로 도피하지 않겠다는 결의가 중요하다면 전공에 관계없이 이 책은 중요하며, 그 결의의 내실을 채우고 싶다면 이 책을 한 권 사두어도 좋을 것이다.
19) 조혜정(1994a), 26쪽.

역사도 이웃도 없는 듯 심각한 포즈를 취하면서 목이 빠지게 서구를 바라보던 '나홀로 계몽'의 스타일을 청산하고 다시 우리 삶의 터와 역사로 돌아와야 한다. 우리의 언어가 우리의 현실에 닿을 수 있도록 끊임없이 솔직하고 끊임없이 자상해야 하며, 겉도는 말과 삶이 상호 융통의 관계를 맺을 수 있도록 다시 기본부터 쌓아가야 한다. 학교의 안팎을 가로막는 구조적 허위를 허물고 삶의 체험에 솔직한 말하기와 글쓰기의 전통을 쌓아나가야 한다. 이왕주의 말처럼 "철학은 장터와 광장으로 돌아와서 잃어버린 삶의 임상성을 회복해야 한다."[20] 근대의 그림자가 근대 그 자체를 삼켜버릴 가능성이 도처에 농후한 현실을 외면하고 섣부른 세계화의 구호로 정권 PR에 열심이듯이, 우리 인문학의 정신은 속으로 말라비틀어져 가는데 첨단 외래 사조의 조각들을 차용해서 겉장식에 분주한 학문 아닌 학문은 이제 그 근본에서 반성되어야 한다.

　자생력이 없을 때 타율에 묶이는 것은 오히려 필연이다. 남을 좇는 것으로 자신의 삶을 꾸리는 것도 처연한 일인데, 좇는 모습에 따라서 유파(流派)를 가르고 심지어 자율을 꿈꾸는 이들에게 부끄러운 손가락질을 일삼는 짓마저 자행되고 있는 실정이다. 물론 우리의 근대가 타율과 상처의 역사였다는 사실부터 지적되어야 할 것이다. (최근 우리 근대성을 논하는 인문·사회과학의 성과는 이 점을 누차 강조한 바 있어, 관심있는 학인이라면 그 논의의 대강을 이미 살폈을 것이다.) 그 상처와 타율의 와중에서 우리의 정신사적 전통은 얄팍하고 성급한 이식 계몽주의에 의해 절맥(絕脈)되었으며, 우리의 터가 삭히고 우리의 역사가 묵힌 이치들을 창의적으로 계승하지 못했다. 이 틈을 타고 우리의 현실과 그에 대한 자괴(自愧)를 호도할 외제품들이 대량으로 수입되었던 것은 익히 알려진 사실이다. 정신의 절맥을 딛고, 우리 삶의 행로와 그 역사가 일구어온 이치들을 이 시대에 알맞게 창의

---

20) 이왕주(1996), 108쪽.

적으로 계승하는 것이야말로 우리 학문의 길이며, 또한 그 학문의 속내를 떠맡아야 할 우리 인문학의 길이기도 하다. 칼 야스퍼스의 표현을 빌면, 파괴된 '전달 연관의 공공성(Oefentlichkeit des Mitteilungszusammenhanges)'을 주체성과 자생력의 깊이로써 극복해야 하는 것이다. 물론 야스퍼스의 걱정은 서구 정신사의 족적 중 최근의 몇몇 간극(間隙)이고, 우리의 고민은 역사의 단절이라고 해도 과언이 아닐 정신의 단애(斷涯)에 대한 것이지만.

오늘날 우리는 지난 수백 년 동안 알지 못했던 여러 가지 위기 의식 속에서 살고 있다. 수천 년간 이어내려온 인류간의 소통은 단절되고, 어느 사이에 전통을 저버리게 되며, 의식은 침잠하게 되고, 전달 연관의 공공성이 저버려질지도 모른다.(…중략…) 서양의 이와 같은 재앙의 결과에 직면하여 철학은 인간 존재 자체의 근원과의 관련을 재발견함으로써만, 비로소 또다시 전적으로 그것의 자립성을 깨닫기에 이를 것이다.21)

금세기 우리 학문 전체의 위기, 혹은 좁게는 인문학의 위기를 나는 '식민성과 공모한 앎과 삶의 소외'라고 진단한다. '인간의 행위가 행위자에게 낯선 힘이 되어 그를 소외시키고 마침내 그를 예속시킨다.'22)는 마르크스의 고전적 지적처럼, 인간의 앎은 그 앎의 모태이자 주체인 삶에게 낯설고 투박한 힘이 되어 그를 소외시키고, 마침내 그를 예속시키는 지경에 이르고 있는 셈이다. 정신 문화적 변화의 정도와 템포가 현기증을 일으키고, 모든 구심(求心)과 일률을 조롱하는 다기다양의 이설(異說)들이 가파른 물결처럼 나돌아다니고 있는 지금, 인문학과 인문 정신은 오히려 속으로 곪아, (내 눈에) 그 주검은 도처에 널려 있다.

---

21) Jaspers(1991), 212쪽.
22) Marx & Engels(1977), 53쪽.

5. 인문 정신은 삶과 앎 사이의 소통과 공조를 구체화하려는 말하기와 글쓰기다

다시 정리해두자: 이 글의 중심에 자리잡은 개념, '인문 정신'이란 무엇인가? 그것은 '세상의 사람'이 아니라 '사람의 세상'을 만들려는 정신이며, 삶이 오랜 세월을 거치면서 만들어가는 사람의 무늬(人文), 그리고 묘(妙)의 지극함을 존중하려는 태도다. 그것은 앎의 근원적 권리 원천이 삶이며, 따라서 앎이 자생력을 유지하기 위해서는 삶과 계속해서 통풍되어야 한다는 사실을 명념하는 정신이다. 그러므로 그 정신은 삶의 구체와 복잡에 늘 민감하게 응대하려는 태도를 잃지 않는 노력이기도 하다. 또한 그것은 오도된 합리주의나 객관주의의 독선을 경계하는 자세며, 감성과 상상력의 견제를 통해 내적 혁명성을 캐워나가는 합리성의 정신이다. 아울러 그것은 도구적 합리성과 기술패권주의의 그늘에서 제대로 피지 못했던 정신의 꽃을 다시 가꾸는 정신이기도 하다. 나아가서 이 땅, 이 시대에 필요한 인문학의 정신은 삶의 터와 역사에 충실해서 생각의 자생성과 주체성을 기르고 사대(事大)의 눈치와 추수(追隨)의 허위 의식에서 해방되는 것이다. 그리고 그 정신은 우리 현실과 우리 언어의 괴리를 메우려는 용기와 지략이며, 삶과 앎 사이의 소통과 공조를 구체화하려는 말하기와 글쓰기인 것이다.

6. 존재는 없어지고 가격만 남아 : 소비 사회 속의 인문학

'인문학적 고뇌의 부재'. 우리 시대가 날리고 있는 또 하나의 우울한 기치다. 실존주의적 고뇌는 고사하고, 삶의 기본에 대한 배려조차 우스개가 되는 사회다. 인문학의 정신이 쓰임새를 잃어가고 있으며, 또 새로운 쓰임새를 좇아 변질되고 있다. 1997년 가을 현재, 전국 대형 서점의 베스트셀러 목록을 장식하고 있는 책은 모조리 처세서들이다.23) 이는 인문학으로 대변되는 정신의 흐름이 그 고유의 임상성을 빼앗겼다는 사실이며, 인문학의 정신이 삶이라는 임상(臨床)에서 축출당했다는 뜻이다. 단적으로 말하자면, 인문학적 지혜와 삶 사이의 접촉면이 극도로 빈약해졌다.

인문학의 정신과 앎이 삶에서 소외받는 이유, 그것이 '우리 삶의 구체와 복잡 속에서 기능하는 실사구시의 힘'으로서 그 정당한 몫을 하지 못하는 중요한 원인 중의 하나는 이식적 · 타율적 자본주의의 근대를 거쳐온 우리 사회의 구조와 성격, 그리고 거기에 적응해 순치된 우리 삶의 방식에서 찾아진다.

마르크스가 고투했던 19세기 후반은 생산의 방식이 중요했지만, 지금은 오히려 소비의 방식이 문제가 되는 사회다. 현대는 무엇보다도 소비 사회며, 현대인은 일상적으로 소비자(homo consumens)의 모습을 띠고 생활한다. 소비가 소유의 실질적인 등가물이 되는 자본주의-시장 경제 사회에서 소비자로서의 삶이란 이른바 '소유 양식(having-mode)'24)에 의해서 지배받는 삶이다. 소비 사회에서 특징적인 소유 중심의 삶은 존재의 성찰과 성숙이라는 인문 정신적 가치가 대체로 급락한다. 이러한 삶의 가치는 소유량과 소비 가능성으로 집약된다: "소유가 가장 중요한 가치로 평가받는 사회에서는 삶과 우리 존재의 핵심은 바로 소유다. 그러므로 이러한 사회에서는 소유한 것이 없다면 그 사람은 이미 아무것도 아닌 것으로 여겨진다."25)

---

23) 지난 1997년 10월 교보문고의 베스트셀러 1위에서 5위 중 네 권이 비슷한 패턴의 제목으로 눈길을 끌었다. 『……101가지 이야기』, 『……50가지』, 『……18가지 이유』, 『……35가지 방법』 등인데, 요컨대 이것들은 인문학적 지혜가 철저하게 처세화한 꼴로서, 말하자면 질(質)의 마지막 보루마저 양(糧)으로 타락한 모습의 전형이다.
24) 자세한 것은 다음 책을 참조. Fromm(1976).
25) 같은 책, 15쪽.

마르크스가 '사치는 가난과 마찬가지로 악덕이며, 우리의 목표는 우리 자신의 존재가 확장되는 것이지 많은 것을 소유하는 것이 아니다.'라고 외쳤을 때, 마르크스의 진의와는 상관없이 이 말은 바로 인문학의 정신이 추구해야 할 고유한 임상성을 잘 표현해준다. 금고 속의 재화(財貨)든 머리 속의 관념이든, 인문학은 자신의 안팎에 무엇을 모으는 것이 아니라 스스로의 존재가 바뀌는 것에서 그 가치의 정화(精華)를 드러내기 때문이다. 제대로 기능하는 인문학의 정신은 계몽을 포월해서 삶과 존재의 성숙으로 나아가게 하며, 이로써 사회와 세계의 변혁과 해방을 향도하는 구실을 한다. 논의의 폭은 좁아지지만, 이 취지를 쉽게 설명해주는 사례가 있어 하나 소개해본다:

> 소유 양식의 삶을 사는 학생들은 수업중에 선생이 하는 말을 잘 듣고 이해해서 가능한 한 한 자도 빼지 않고 꼼꼼히 필기해두는 타입이다. 나중에도 그들은 그 내용을 잘 기억하며, 또 기억을 바탕으로 시험에도 좋은 성적을 올린다. 그러나 강의의 내용이 그들 생각의 일부로 소화되어서 그들의 삶을 살찌우지는 못한다. 그들은 강의 내용을 듣고 이것을 잘 모아서 기억의 창고 속에 그저 저장해두는 것이다. 수업중에 배운 것은 기억의 대상이고 시험의 자료일 뿐, 그들의 삶에 별다른 영향을 주지 못한다. (…중략…) 그러나 존재 양식으로 세상을 살아가는 학생들에게 배움의 과정은 전혀 다른 뜻을 가진다. (…중략…) 그들은 관심을 가지고 강의를 들으며, 그 강의에 적극적으로 응답해서 자신의 삶을 살아가는 것이다. 존재 양식의 삶을 사는 학생들은 강의를 통해서 영향을 받고 자신의 삶이 바뀌는 것이다. 따라서 강의를 들은 후의 학생은 이미 강의를 듣기 전의 학생이 아니다.26)

존재의 심화와 삶의 성숙, 그리고 이를 바탕으로 한 이웃의 변화와 해방과 자유를 꿈꾸는 종류의 공부가 배금주의와 소유 중심의 삶이 팽배한 우리 현실 사회 속에서 받을 대접이 어떤 것인

---

26) 같은 책, 27~28쪽.

지에 대해서는 오랜 추론이 필요하지 않다. 졸부주의와 천민자본주의의 아수라장 속에서, 소유할 수 없는, 그래서 소비할 수 없는 삶의 깊이와 묘(妙), 그리고 이것으로 가능해지는 성숙의 경지에 대한 담론은 터를 얻지 못한 채 배회할 수밖에 없다. 더구나 일차적 실용성, 혹은 처세를 위한 한시적 도구나 방편으로 전락한 글들이 상략(商略)의 네트워크 속을 누비면서 우리 인문학의 자생력을 훼손시키고 있는 것이다.

7. 옛 지혜의 깊이와 뜻 혹은 새 지식의 넓이와 속도 : 정보 사회와 인문 정신

이미 여러 분야에서 인문학 혹은 인문 정신의 위기를 알리는 경고가 쏟아지면서, 그 사정에 대한 보고와 진단 그리고 이를 둘러싼 소문과 전망에 우리 학인들은 익숙해져 있는 편이다. 자세히 살피면, 특히 지난 세기의 후반 이래 서세동점의 역학 속에서 급속한, 그리고 왜곡된 계몽의 시대를 보내면서 인문 정신의 자생적 전통을 축적하지 못한 우리의 경우 이 위기는 부재(不在)와 파행(跛行)이라는 중첩 구조를 보인다.

인문학의 위기도, 한국 근대 정신 문화사에 산적한 여러 문제가 전통을 창의적으로 계승해서 오늘의 표정에 깊이와 힘을 실어주는 소위 '법고창신(法古創新)'의 태도가 끊어진 데서 주로 기인했다는 사실을 배경으로 삼아 논의되는 것이 적당할 것이다. 그것은 왕조 체제가 외세와 섣부른 계몽 세력에 의해서 '청산'된 뒤, 식민지의 경험, 미 군정하의 이념적 혼란기, 동족상잔의 전쟁을 겪고, 개발 독재와 서구 추수적 근대화의 와중으로 내몰리면서 스스로의 전통과 역사로부터 소외된 채 졸속한 산업화, 경직된 이념적 대치, 맹목적인 경제제일주의, 속악한 천민자본주의, 그리고 정신 없는 문화식민주의의 와류 속에 우리의 인문적 가치들을 제대로 돌볼 여력도 관심도 없었기 때문일 것이다. 우리가 19세기와 20세기를 제대로 연계하지 못했던 것처럼, 해방 이후 개발 독재의 성과에 취했던 1970년대, 그리고 '해방적 근대'의 기획에 나서서 싸웠던 1980년대, 분수처럼 폭발하는 문화와 인문적 상상력의 1990년대가 각각 창의적으로 연계되지 못했으며, 따라서 그 경험은 기억의 파편으로 후일담 속에 저장되고 있을 뿐이다.

이 우울한 풍경과 대조시켜서 인문 전통의 복원과 갱신을 꾀하는 우리의 과제는 최소한 원리적으로는 자명하다. 우선 그 전통이 절맥된 사정과 배경을 면밀히 살펴야 한다. 그리고 그 살핌의 지혜를 선용해서 자연스러운 전통의 흐름과 그 생명력을 막은 채 일방적으로 덧입혀버린 서구 근대성의 표피를 우리 역사와 터, 그리고 인문 정신의 빛 속에서 다시 점검해야 한다. 이 근원적 자기 반성의 바탕 위에서라야 우리 인문학의 주체성과 자생성에 근거한 인문 정신의 회복을 시도할 수 있을 것이다.

인문 정신의 위기와 결부된 논의 중 가장 최신의 것은 정보 사회 담론이다. 대개의 인문학자들은 바야흐로 일상의 곳곳에 침투해서 우리의 문화와 정신 생활에 적지않은 영향을 주는 정보 문화가 졸속하고 왜곡된 근대성의 방류(放流)에 허우적대는 우리 인문 정신의 숨통을 겹으로 막는 부정적 기능을 수행할 수 있다는 사실에 유의하고 있다. 이 사실은 인문학의 구태의연한 무게 중심을 타박하는 소재로 지적되기도 하지만, 그 내용을 자세히 살피면 인문학의 반응이 결코 과민한 것은 아니라고 본다.

정보 체제란 지식이 인문적 지혜의 역사성과 깊이를 망실하고 실용성이나 환전성의 특색만이 도드라진 채 요소론적으로 단위화되어 자본주의 체제의 커뮤니케이션 네트워크를 통해 대단히 신속하고 비인간적으로 생산·분배·복제되는 체제다.[27] 정보 체제의 보편화에 따른 인문학적·윤리적 부작용을 지적하는 일

---

27) 다음의 글을 참조. 김영민(1997c).

은 이제 진부할 정도다. 실제의 시공간이 축소되고 모든 것이 빈 틈없는 계산 공간 속에 낙착되어 인간의 내면적 성찰과 관조의 공간을 없앤다는 지적, 자연적인 실재와 동떨어진 정보 공간 속에 매몰되어 참과 거짓의 구별이 어렵고, 따라서 의식의 자립성이 약화된다는 지적, 또 심지어 정보 체제에 의해서 철저하게 조절되고 통제된 전체 사회를 예상하면서 기이한 디스토피아의 도래를 염려하는 비관마저 눈에 띈다.28) 정보의 바다 속에서 실제로 손에 넣을 수 있는 대다수의 정보가 상업주의와 향락주의의 계기를 마련하는 오락물에 지나지 않으며, 따라서 낳은 경우 정보의 망에 접속한다는 것은 단순히 별 소득 없는 허영심의 만족이고, 결국은 조작되고 통제된 욕구에 순응하는 과정의 하나일 뿐이라는 비판도 있다.29)

기술 관료들을 중심으로 한 낙관주의자들의 음성도 만만치 않다. 정보 체제로 가능해진 기술적 테크닉이 오히려 문화적 다양성과 창의성을 증가시키고, 정치 민주화의 제도적 장치를 활성화시킨다는 등, 기술 결정론적 시각의 다양한 변주(變奏)에서 나오는 주장들이 바로 그것이다.30)

금세기에 들어 담론 공간의 폭발적인 확대와 커뮤니케이션 네트워크의 전무한 확장이 이루어지면서 보편화된 추세이지만, 정보화한 지식은 무엇보다도 '접촉의 부재'에 그 특성이 있다. 정보는 삶 안팎의 구체나 복잡과 오래 접촉하고 사귀면서 얻어낸 지혜가 아니다.31) 정보는 시간이 흘러 묵혀지면서 다양한 해석, 그리고 심지어 오해까지를 오히려 내적 자원(資源)으로 수렴하면서 자신의 의미와 가치를 깊고 풍성하게 하는 '이야기'가 아니다. 그리고 특별히 '접촉의 부재'가 '무시간성'을 초래한다는 사

---

28) 다음의 글을 참조. 황경식(1997).
29) 추광영(1997), 109쪽.
30) 같은 글, 97쪽.
31) 김영민(1996a), 3장을 참조.

실에 유의할 필요가 있다. 삶의 실제는 무엇보다도 '접촉'과 그 역사에서 주어지고, 이것은 무엇보다도 시간성의 경험이기 때문이다. 그러나 공개되는 순간 가치의 정점을 이루고, 늘 빠르게 운용되는 정보는 무시간성이 또 하나의 중요한 특색이다.

접촉이 없는 인위의 공간이 늘고, 그 인위의 무시간성이 우리의 인식을 지배하면 인문 정신이 그 일차적인 피해자가 된다. 온갖 종류의 가상 실재들이 접촉을 대신해주고, 디지털 체제에 의해서 통합된 멀티미디어의 정보망이 시간과 시간적 체험을 공간 병렬(空間竝列)의 조작으로 바꾸어버린 현실 속에서 삶의 구체와 복잡이라는 고전적 권리 원천에 집착하는 인문학자들과 시인들의 운명은 맹랑해보인다. 다른 글에서 시작(詩作)과 인문학의 정신이 끊임없는 시작(始作)을 통한 감각의 회복 운동으로써 자기 갱신의 노력을 계속해야 할 것이라고 주장한 것도 같은 배경을 지닌다.[32]

만남, 사귐, 긴장, 참을성, 성숙 그리고 상상력과 감동이라는 인문학적 태도와 가치는 접촉의 부재와 무시간성의 공간 운용에서 대체로 별 쓸모없는 낭비로 치부된다. 가령 내가 이미 여러 편의 글을 통해서 삶의 복잡다단한 구체를 체계적으로 폄하하고 배제하는 '논문중심주의'의 글쓰기 행태를 비판하고, 앎의 권리 원천인 삶의 복잡성에 충실한 이른바 '잡된 글쓰기'를 제안하면서 다양한 형태로 그 임상성을 실험해온 것도 마찬가지다. 우리의 시간과 우리의 터를 무시한 채 수입한 내용을 수입한 형식 속에 채워넣는 논문중심주의적 글쓰기는 바로 건조한 정보 체제와 닮았다. 논문이 '근대화'의 산물이라면, 정보는 '세계화'의 산물인 셈이므로 둘은 결국 서구화로서의 세계 체제에 편입되는 것에 다름 아니다. 소설가 박완서는 그녀의 소설 속에서 이 증상의 한 사례를 매우 재미있고 실감나게 묘사하고 있다:

---

32) 김영민(1996e), 273쪽 이하.

그러나 논문이 필요로 하는 것은 상상력이 아니라 출처가 분명하고 실증할 수 있는 지식이었다. 중학교에서 교편을 잡고 있던 그녀로 하여금 대학원에서부터 다시 시작할 수 있도록 충동질한 지도 교수는 그녀의 상상력을 가장 경계했다. 영주가 제일 자주 들은 듣기 싫은 충고는 논문을 쓰면서 소설을 쓰고 있는 것처럼 착각하지 말라는 거였다. 그녀는 박사 학위에 걸맞는, 난설헌에 대한 지식을 쌓기 위해 연구라는 걸 하는 동안 난설헌에 대한 매혹과 감동은 온데간데 없이 사라지고 난설헌이라면 넌더리가 났다. 난설헌에 대한 감동을 잃은 대신 얻은 것은 난설헌을 그럴 듯하게 본뜬 수많은 제웅을 무자비하게 난도질한 한 무더기의 검부락지와 그리고 학위였다.[33]

이 정보 체제가 포괄적으로 조직화되면—정보 체제 그 자체가 성격상 조직적이며 포괄적이다—전래의 인문적 지혜의 정신, 그 느리고 깊은 정신은 소외되고 경박한 정보 폐쇄 회로의 단위가 되는 여러 가지 형태의 기호, 그리고 통계에 의해서 전체 사회가 통제·운용된다. 이 사회에서는 실재와의 접촉을 느리고 불편하고 전근대적인 경험으로 따돌린다. 그리고 소위 가상 문화의 표피 논리에 근접하면서 인간성을 이루어온 자연스러움과 그 역사성이 체계적으로 배제되고 박해받게 된다. 결국 "현실이라는 수천 년 된 물질적 저항의 계기가 사라져버릴 때, 우리는 인간성의 근본 조건을 잃어버리는 것과 같다."[34]는 지적도 심한 과장이 아니다. 단위와 용량 그리고 등가성이라는 수량적 매개항을 통해서 재단되고 복제된 인조의 문화 상품들만이 범람하고, 삶의 구체와 복잡을 이루는 실재와 자연은 점차 소실된다. 따라서 우리의 고민은 옛 지혜의 깊이와 의미를 늘 새롭게 헤아리는 정신과 새로운 지식의 넓이과 속도를 재촉하는 문화 사이에서 지향과 지양의 대상을 조화 있게 선별해가는 것이다. 이것은 정보 사회에 직면한 인문 정신의 법고창신이 될 것이다. 그러므로 정보 문

---

33) 박완서(1995), 191쪽.
34) 이봉재(1997), 168쪽.

화의 인식론과는 궤와 차원을 달리하는 인문 정신의 해석학, 그 성숙과 지혜의 깊이를 규명해줌으로써, 표피적 생산력의 시대에 건강한 공동체를 위한 인간적 의미와 가치의 자리를 계속 보존해갈 수 있을 것이다.

정보 사회에서 생산되는 각종의 인조 상품들은 인문 전통의 지혜와는 달리 익명인데다 시간만 지나면 곧 폐기 가능한 것이므로 부담이 없고, 또 체계적으로 양산되고 전파되기 때문에 나름의 개성과 깊이를 얻을 시간이 없다. 이러한 체제 속에서의 모방과 복제, 그리고 인용과 리메이크란 문화나 정보의 빈자(貧者) 자리를 피하기 위해 사용되는 가장 편리하고 간단한 방식이다. 최근 문학과 예술계에서 기법과 테크닉을 빙자한 여러 형태의 짜깁기와 일회성 해프닝이 범람하고, 따라서 극단의 상업주의와 쉽게 결탁해서 미학적 호흡이 짧은 작품을 만드는 추세도 마찬가지다.[35]

자율적이며 내실 있는 근대성의 경험이 없었다는 사실은 우리 정신 문화의 근본적인 문제다. 그 일각에서는 포스트모더니즘이 터를 얻지 못한 기법과 유행으로 부유하고, 다른 한쪽에서는 봉건의 잔재들이 여전히 또아리를 틀고 있다. 1970년대, 1980년대의 경험을 제대로 축적하거나 계승하지도 못한 상태에서 1990년대는 너무 앞만 바라보면서 첨단의 이론에 마음을 판다. 7공화국이 문민 정부라는 허울을 선전하기에 바빠, 부실한 근대화의 내실을 제대로 챙기지도 않은 채 섣부른 국제화·세계화의 구호에 분주한 나머지 이제 국제통화기금에 구제 금융을 요청하는 등 나라 살림이 어지럽다.

하루 아침에 판소리가 전국을 휩싸는가 하면 하루 저녁에 재즈 음악이 온 거리를 누빈다. 노래방이나 전화방의 파급 속도는 그야말로 기네스북에 오를 정도다. 대학 진학률은 세계 최고를 자랑하고, 자동차 1000만 대에 휴대폰 가입자 600만에 이를 정도

---

35) 김형수(1997). 다음의 글들을 참조. 김영민(1996d), 김영민(1997f).

로 유동성이 뛰어나고, 산업 재해율, 흡연율, 교통 사고율, 음주
량 그리고 화장품 소비량에서 세계 수위권인 나라. 바로 테크놀
로지의 이중성36), 근대의 이중성37) 그리고 '비동시성의 변증법
(dialectic of non-contemporaneity)'38)이 판을 치는 나라. 돈이 되면
된다는 '졸부 의식'과 전통의 길과 맥을 계승하지 않는 잡탕주의
가 단단히 결합해서 동거하는 나라. 우리가 인문 정신의 부활과
갱신을 꿈꾸는 나라가 바로 이 나라인 것이다.

　　그러니 온고지신과 문토불이(文土不二)의 정신으로 전통과 현
실의 지평을 창조적으로 설합해서 서구와는 다른 고유한 근대성
(과 탈근대성)의 문화를 형성해나가려는 대안적 노력이 빈약한
것은 오히려 당연하다.

8. 누구나 음식을 먹지만 그 맛을 아는 자는 드물다 :
접촉의 소실과 인문학적 감성

　　전통적 인문 정신의 지혜를 낡고 무용하다고 매도하는 이들이
적지않다. 이 풍조의 배경에는 새롭고 실용적인 정보를 중심으
로 움직이는 체제가 강고하게 좌정해 있다. 이 체제 속에서는 정
보망의 출입구를 여닫을 수 있는 열쇠가 삶의 실질을 결정하는
관건이 된다. 이 회로의 대다수는 더러 배타적 독점 구조를 형성
하고, 정보의 배분 방식으로 말미암아 사회적 위계를 초래하고
위화(違和)를 조장하기도 하며, 심지어 '정보전체주의'의 우려를
낳기도 한다.

　　그러나 이 논의에서 정작 중요한 것은 전자 정보망이 조장하
는 '반실재(反實在)의 경향'이다. 반실재의 경향이란 우리의 언

---

36) 今村仁司(1997), 265쪽.
37) 이병천(1997), 301쪽.
38) 박명림(1996), 313쪽.

어와 사고와 상상이 자연과 삶의 구체적 현장으로부터 멀어지면서 추상적 담론 공간 속을 자폐적으로 유통되며, 마침내 돌이킬 수 없는 자기 소외의 국면에 접어드는 모습을 가리킨다. 이 반실재의 경향은 사실 언어적·해석학적 전회를 겪고 난 현대철학의 특징이기도 하지만, 특히 정신 문화의 식민성에서 벗어나지 못한 우리의 경우 이것은 단순히 특정 사조의 한 측면이 아니라 심각한 병증의 일부를 반영한다. 가령 목민(牧民)의 실제를 외면한 채 성리학의 사변쟁론에 빠진 것도 앎과 삶을 서로 소외시키는 한 사례가 될 것이고, 민족의 수모를 외면한 채 일제하 식민지 지식인의 자조(自嘲) 따위나 모아서 수사(修辭)의 탑이나 쌓은 것도 마찬가지이고, 우리 학문의 자생력과 주체성을 외면한 채 하버마스와 푸코 중 누가누가 더 잘났는지를 열심히 따졌던 이 땅의 학자들도 비슷한 꼴이다.(1970년대 우리 국민의 단백질 공급원으로 기대한 가운데 수입되어 풀어놓은 배스와 불루길이 1990년대 들면서 우리 땅의 민물 생태계를 심각하게 훼손시키고 있는 사실을 기억하는가?) 다만 이들이 사상의 속도감에 취해서 삶을 돌보지 못했다면, 온갖 종류의 전자망에 둘러싸인 채 허공 중에 매달린 고치 같은 삶을 확산시켜가는 지금의 우리들은 테크놀로지의 가벼움에 취해서 삶의 무거움을 돌보지 않고 있는 것일까?(물론 지금 우리의 삶이 테크놀로지와 매끈하게 변별될 수 있는 것은 아니다.)

인공의 첨단을 수놓고 있는 다양한 전자망의 표피 논리는 소비자들로 하여금 삶의 구질구질한 체감과 복잡한 지형에 직접 손을 대지 않고도 세상에 접근하고 필요한 부분을 선택해서 다룰 수 있다는 환상을 심어준다.(그러므로 이것을 수음에 비유하는 것은 단순한 비유 이상이다.) 언어와 사고와 상상의 요람이자 무덤인 삶의 구체와 복잡은 점점 멀어져가고, 온갖 인위(人僞)가 우리 정신의 장면들을 채우고 있는 것이다. 이러한 체제에서는 실재와의 접촉이 오히려 불편하고 부정확할 뿐만 아니라 비과학적이며 전근대적인 태도로 매도된다.

실재와의 접촉이 줄어들고 또 이 새로운 추세가 우리 생리가 감당할 수 없을 정도로 가속화되면, 실재와의 접촉을 통해서 자아의 긴장과 역동성을 형성해온 경험이 흔들린다. 자아란 일종의 '유기적 개방계'이므로 자기 정체가 조금씩 흔들리는 것이야 오히려 당연하다. 또 이 흔들림 속에 자아의 역사성이 틈입할 수 있는 것이다. 그러나 문제는 그 역사성 자체를 송두리째 뒤흔들 수 있는 반실재화의 속도에 있다. 인간(human-being)의 인간됨(being-human)은 접촉의 역사 속에서 패턴화되는 것이며, 이 역사에 과도한 비약은 곧 파멸에 다름 아니기 때문이다.[39] 최근 여러 분야에서 과도한 관념주의와 인식중심주의를 비판하고 몸과 감성에 대한 관심을 드높이고 있는 추세도 서구 사상사의 편향에 대한 반동이면서 동시에 인간됨의 자연스러움을 회복하려는 자생적인 노력이라고 생각된다. 정보와 영상의 기계망 속에서 시와 인문학의 정신을 창의적으로 되살리려는 우리에게 각별히 중요한 점은, 우리의 몸과 그 감각이 실재로부터 소외되기 시작하면 인문 정신의 터인 생활 세계의 구체와 복잡에 대한 감수성을 제대로 보양할 수 없다는 것이다.

영리한 머리로써 인위의 망을 잽싸게 돌고 있는 우리, 그 우리의 느낌은 겹으로 위기에 빠져 있는 것처럼 보인다.[40] 우선 정보와 전자 영상 체계가 대량으로 생산해내는 의사(擬似) 자극과 메시지의 범람으로 느낌이 심각할 정도로 무디어지거나 훼손 혹은 최소한 변질되고 있다는 사실을 중시해야 한다. 물론 느낌과 감수성 그리고 나아가서 시와 인문 정신이 변하지 않는 본질을 닻처럼 달고 있다는 뜻에서 하는 말이 아니다. 원칙적으로 인문학이 시간성과 그 참을성의 학문이라는 사실은 여러 차례 강조한 바가 있다. 이 경우의 쟁점은 몸의 감수성이 안팎의 긴장을 추스

---

39) 자세한 논의는 다음 책을 참조. 김영민(1996a).
40) 이 대목의 논의는 다음 글의 취지와 원칙적으로 일치한다. 김영민(1996f).

리면서도 상황의 추이에 알맞게 자신을 조절해갈 수 있는 템포가 될 것이다.

가령, 창작에서 혼성 모방(pastiche)을 둘러싼 논쟁을 살펴보면 느낌과 감수성의 변화가 함의하는 이중적 메시지의 사례를 잘 알 수 있다. 적지않은 이들은 혼성 모방을 인식의 주체가 선명하지 않고 몸의 접촉마저 상실되어가는 후기 산업 사회의 표피적 문화 논리로서 표절의 수사(修辭)일 뿐이며, 마침내 문학 자체의 존립 가능성마저 어렵게 만드는 문화의 암(癌)으로 보지만, 다른 한편에서는 재현 미학의 가능성에 대한 반동적 기법으로서 문학의 새로운 지평을 몰아올 수 있는 하나의 단서로 보는 이들도 있다.41) 그러나 어느 쪽이든 중요한 사실은 몸의 감수성과 느낌이 소외됨으로써 인문 정신이 주체적으로 자생할 수 있는 맥이 풀린다는 것이다.

느낌이란 우리 몸이 이룩해놓은 삶의 원형적 조건이다. 그러므로 몸이 감당하지 못할 정도의 자극의 범람이나 자극의 변질은 느낌의 자연스러운 운용을 뒤흔들어놓을 수밖에 없다. 『中庸』에서, '누구나 음식을 먹지만 능히 그 맛을 아는 자는 드물다(人不莫飮食也鮮能知味也).'고 했던 것처럼, 느낌은 그 내밀한 자율성을 잃어버린 채 자극의 원천과 그 맛으로부터 급속히 멀어지고 있는 것이 오늘날의 현실이다. '누구나 지식을 욕심내지만 능히 그 뜻을 아는 자는 드물다(人不莫知貪也鮮能知義也).'라고 해야 할까.

이제야말로 정보와 영상의 전자망을 견제할 수 있는, 그래서 거꾸로 전자망이 자연스러운 인간됨을 인위적으로 통제하고 조작하는 장치를 순화시키는 절제와 노력이 필요한 시대가 되었다. 극도로 다기(多岐)한 전자적 자극이 급속히 양산되고, 자극의 다변화를 통한 느낌과 감수성의 통제와 조작은 곧 상략(商略)

---

41) 다음은 이 논의를 특집으로 다루고 있는데, 쟁점의 여러 측면을 소략하지만 정확하게 소개한다. "표절이냐, 문학 기법이냐", 『오늘의 문예비평』, 1993년 여름.

의 지름길로 인식되고 있는 현실이다. 유례가 없는 자극도(度)도 문제가 되고 있다. 자연 상태에서는 상상조차 할 수 없는 자극의 증폭이 가능해진 현실 속에서 느낌의 주체인 감성마저 인공적으로 변형되거나 조작되는 위험이 상존한다. 현대 문화 속의 문화인(文禍人)의 감성은 자연적인 자율성을 상실한 채 외부로부터 침탈해 들어오는 여러 타율적인 체제에 인위적으로 순치(馴致)되어가고 있는 것이다. 어렵지만 자연스러운 나의 것은 점점 사라지고, 쉽고 부자연스러운 남의 것만이 이 문화(文禍)의 체제 속을 잘 굴러다니고 있다. "나의 것 중의 나의 것이라고 할 수 있는 사밀(私密)한 느낌마저 나를 벗어나 표준화된 길을 좇아다니면서 마침내 남의 것처럼 변하고 있는 것이 오늘의 감성 현실"인 것이다.[42]

이른바 '시뮬라시옹(simulation)'의 체제는 우리 문화인들이 빠져 있는 인공의 길과 그 세계다. 그러나 그 모의(模擬)의 세계가 지니는 편의, 유용성, 공간적 속도감, 가상 현실성 등의 특성에 의해서 오히려 원실재보다 더 고급한 실재성(hyperreality)의 환상을 지니게 되는 것이다. 문화(文化) 혹은 문화(文禍)의 체제 속에 순치되어 매끄럽게 살아가고 있는 우리의 생활은 실재와의 접촉면이 적어지고, 결국 비접촉의 모의가 접촉의 실재를 대신하는 데까지 이르게 된다. 그러나 생리학적으로 보자면, 접촉은 생명의 활력을 보육(保育)하고 이를 유지시키는 장(場)이자 매개가 된다. 동물행동학을 통해서 널리 알려진 사실이지만, 접촉을 통해서 외부와 관계를 맺는 감각 자극이 떨어지면 생명체는 그 정상적인 활성을 상실한다.[43]

인문 정신이 달가운 대접을 받지 못하고 불편한 유물이나 분위기 파악 못하는 향수 정도로 폄하되고 있는 배경에는 '접촉의 상실'이라는 금세기 문화의 특성이 자리하고 있다. 이 현상도 나

---

42) 김영민(1996f), 98쪽.
43) Watson(1992a), 129쪽.

름의 역사와 배경이 있는 문화적 흐름의 일단이다. 그러나 이미 그것 속에는 문화와 문화(文禍)의 경계를 넘나드는 우리 시대의 불길한 암시가 스며 있다. 접촉의 상실은 한편 문화적 진보를 위한 불가피한 역설이겠지만, 인간성 바로 그 자체를 이루어온 접촉의 역사는 어쩌면 차분한 복수를 준비하고 있을지도 모른다.

9. 애매성의 복권과 인문 정신

우리처럼 조금 멀리서 바라보면, 포스트모더니즘의 여러 증후들을 포함한 20세기 후반 서구의 사상계를 수놓은 영상은 사뭇 어지럽다. 그것은 단연코 동이불화(同而不和)도 아니지만 그렇다고 화이부동(和而不同)의 지경도 아니다. 그러나 제임슨의 말대로 특별히 포스트모더니즘이란 "역사적 사유 방식을 잊은 시대에서 현재를 역사적으로 바라보려는 노력"[44]이고, 또 역사가 흐름새라는 사실을 기억한다면, 흐름새에 길이 없을 리 없고, 길에 패턴이 생기지 않을 리도 없다. 물론 그 패턴마저 다양한 가지를 이루고 있어서 한 줄에 꿸 수는 없다. 그러나 어려운 대로 그 갈래를 솎아낼 수 없는 것은 아니며, 국내에서도 여러 논자에 의해서 해명된 바 있다.

가령 근원이나 토대 또는 본질에 대한 불신이 한 갈래를 이루며, 이것은 소위 중심이 없다는 포스트모더니즘의 논리에서 중심적인 위치를 차지하는 특성이다. 이것은 "진리는 권력의 바깥에 존재하며 스스로 해방될 줄 아는 사람들의 전유물"[45]이라는 플라톤적 사유에 종말을 고하는 것과 궤를 같이 한다.

불확실성의 담론이 조금씩 득세하는 추세도 그 한 갈래로 지적된다. 이미 20세기의 후반에 들어서는 1949년이 되면 "애매성

의 철학(A Philosophy of the Ambiguous)"이라는 대담한 제목의
글46)이 발표된다. 하이젠베르그에 의해서 "불확정성의 물리학"
이 정식화된 지 22년 만의 일이다. 잘 알려진 대로 물리학에서의
불확정성 원리란, 과학적 장치나 기재로서는 불식시킬 수 없는
근본적인 불확정성이 미립자의 세계와 그 사건에 내재한다는 것
이다. '자연의 수학화'라는 분명하고 편리한 방식을 바탕으로 여
타의 학문들이 시샘할 정도의 성취를 누려왔던 자연과학, 특히
물리학이 '애매성'을 말할 때까지도 철학과 인문학의 여러 분야
가 '명석성'이라는 계몽주의적 이념에만 매달려왔다는 것은 역
설적이다. 그러나 어쨌든 이제는 근대의 학문 세계로부터 추방
당했던 불확실성과 애매성이 새로운 평가를 받으며 학문의 광장
으로 떳떳하게 초대되고 있다.

불확실성의 담론은 계몽기의 경직된 의사 과학적 사유 방식을
넘어섰을 때라야 비로소 가능해지는 인지(人智)의 전반적인 성
숙을 반영하는 것이라는 점에서 인문 정신의 계발에 대단히 호
의적일 수 있다. 이것은 자연과학과의 공조 관계를 살피는 학제
성의 관심에서도 그러하지만, 특히 삶의 근원적 애매성을 견디
며 사귈 수밖에 없는 인문학의 운명으로부터 자연스럽게 나오는
태도이기도 하다. 아마 이것은 아도르노가 말한 '산문의 정신'과
도 통할 것이다. 그러므로 "불확실한 것에 반대하여 정신을 변호
해야 한다는 생각은 산문의 적이다."47)

서양 근대성의 이념적 토대였던 '이성적 주체', '과학적 합리
성' 그리고 '역사의 진보'는 중세의 어둠에 대항하기 위해서 인
문 정신이 동참하고 주도한 것들이었다. 그러나 서양의 근대성
과 그 이념이 오래전부터 의심과 도전에 직면했고, 이에 대응해

---

46) 이 글은 메를로 퐁티의 책 『행동의 구조』의 2판에 붙인 드 왈렌(Alphonse de
Waelhens)의 서문으로서, 퐁티 철학의 일반적 성격을 가늠하게 하는 목적에서 씌어
진 소개문이다. Ponty(1967), xviii~xxvii쪽.
47) 김인환(1997), 1239쪽.

서 새로운 근대성의 기획을 세우거나 탈근대의 전망을 모색하는 것은 서구화 일변도의 근대화를 겪어온 우리에게도 시사하는 바가 적지않다. 그러나 근대성의 경험이 빈약하고 졸속했을 뿐만 아니라 식민성과 분단 등으로 인해 복합적으로 왜곡된 우리의 경우는 서구적 역사 발전론에 그대로 병치시킬 수 없을 만큼 사안이 얽혀 있다.

서구의 합리주의와 계몽적 이성에 대한 자생적 비판의 뜻이 담긴 애매성과 불확실성의 정신도 마찬가지다. 해방 50년을 넘긴 지금, 무릇 수입과 이식의 이윤을 따지기 전에 우리 학문의 자생력에 대한 애정과 진지한 고민이 있어야 할 것이라면, '복잡성의 과학', '애매성의 철학' 그리고 '에세이의 정신' 등이 우리 인문학의 내실에 수렴되는 방식에도 우리가 다시 살펴야 할 역사학과 정치학이 잠재해 있다는 사실을 기억해야 할 것이다.

근대화-서구화-세계화의 체제와 논리에 편승해서 해방과 진보의 열매를 따겠다는 계몽주의의 꿈은 이미 구미에서도 철저한 반성과 보완을 거쳐왔다. 특히 이 문제와 관련된 우리의 정황은 대단히 복잡하고, 식민성의 덫은 생각보다 깊다. 서구의 근대성을 배워서 곳곳에 또아리를 틀고 있는 우리의 봉건을 계몽시키고, 서구의 탈근대성을 배워서 우리 정신 문화의 전망을 그려보는 것은 우리에게는 참조의 활동일 뿐이다. 그것은 때로 필요한 작업이지만, 다른 터 위에서 다른 바람을 맞으며 살아온 우리들이 내내 걸어야 할 길은 아니다. 원용하기도 하고, 이식하기도 하고, 토착화도 해야하겠지만, 정작 우리에게 필요한 것은 찢어지고 쪼그라든 우리 근대성의 내실을 채우면서 정신 문화적 자생력과 주체성을 길러나가는 일이 먼저다.

10. 우리의 근대성, 근대성 속의 우리

전통이 차곡차곡 쌓이고, 그 역사의 깊이와 힘이 여러 이치의 길과 맥을 만들어내고, 그것들이 폭넓게 공유되어 창의적으로 경합·비판·계승된다면 정신 문화의 활력과 조화를 위해서는 더할 나위없는 배경이 될 것이다. 이것이 바로 온고지신의 뜻이다. 그런 뜻에서 이미 우리 학인들에게까지 익숙해진 서구의 근대성-탈근대성 논쟁은 내게는 그저 강 건너 마을의 불꽃놀이 정도로 보인다. 그 불꽃이 튀어 자주 강을 건너오는 일이 있지만 우리가 덩달아서 황홀해할 일은 아니다. 따라서 그들이 전통과 성찰을 내세워 싸우든 연속과 단절을 각자의 명패로 삼아 다투든, 내게는 그다지 심각해보이지 않는다. 일국적 관심이 곧 지구적 이슈로 옮아가는 지구촌 현실을 들어 내 생각을 국수주의적 태도라고 몰아세울 수도 있으리라. 그러나 '지구적 이슈'라는 것들도 대개는 구미의 문명 이데올로기가 짙게 스며들어 있으며, 또 그 거대한 우산으로 챙길 수 없는 우리만의 고유한 문제가 산적해 있지 않은가.

자신의 문제를 곧 지구의 문제로 보는 그들과 아직도 깨진 내부의 문제에 더 많이 골몰해야 하는 우리는 다르다. 교통과 통신망, 정보 혁명과 계몽의 수준이 그 차이를 호도할 수는 없다. 그들은 자신의 정신 문화적 전통을 비교적 성공적으로 온축(蘊蓄)할 수 있었고, 밖으로부터의 강압에 의해서 원치 않는 절맥의 수모를 당한 적도 없었고, 자생력이나 주체성이 훼손될 정도로 다른 정신 세계로부터의 강한 세례를 받은 적도 없었기 때문이다. 심심찮게 그들 사이에서 번지는 동양열(東洋熱)도 그들의 역사와 터와 이데올로기를 없애지 못한다.

우리는 그들과는 다른 맥락에서 근대성의 여러 문제를 다룰 수밖에 없으며, 이 다른 근대성의 해부를 통해서 우리 학문과 인문학의 모습을 진단하고 또 그 장래를 꾸려나가야 한다. 전통의 연속선상에서 창의를 도모하지 못한 우리에게 '전통-성찰'이라는 구도의 쟁점은 실감이 나지 않는다. 일제 강점기와 서구 추수기를 거치면서 우리 정신의 맥리(脈理)들을 제대로 챙기지 못한 우리에게 '연속-단절'이라는 논쟁 구도도 우리의 현실을 제대로 짚어주는 이야기가 아니다. "역사성이 있는 것이면 무엇이든 길과 맥(脈)을 잃지 않는 법이다."48) 그리고 그러한 길과 맥의 특성은 마치 오래 살림해온 집안의 특성처럼 "있을 것이 있을 데 있고 없을 것은 없다."49)는 것이다. 전통을 창의적으로 비판하고 계승하는 과정 속에서 역사성의 여러 갈래들은 제 무게와 자리를 찾는다. 그러나 우리 주위에는 오래되어 탄탄하고 믿을 수 있는 길이 보이지 않는다. 그저 사위에는 현란한 플래카드가 나부끼는 온갖 신작로가 어지럽게 펼쳐져 있을 뿐이다. 특히 근대에 들어 역사의 맥을 제대로 추스려오지 못한 우리의 땅에는 '무엇이나 아무 곳에서나 있고, 무엇이라도 어디에도 없다.'는 현상으로 가득하다. 지금 도처에서 목도하고 있는 '문화적 잡탕주의'의 내력인 것이다. 한편에서는 울긋불긋한 옷을 입은 포스트모더니즘의 수입상들이 탈(脫)계몽을 외치는가 하면, 한쪽에서는 기본적인 합리성도 갖추지 못한 봉건의 잔재들이 버젓이 활개치고 있다. 전통을 복원한다는 노력도 세계화라는 제스처도 졸속한 혼합주의로 전락하고 있다. 통시적 맥과 무게를 얻지 못한 채 공시적 혼합이 원색의 표피 문화만을 양산하고 있는 것이다. 도대체 '뿌리 깊은 나무'도 '샘이 깊은 물'도 보이지 않는 것이다.

최근 바람직한 반성적 모색이 두드러지고 있긴 하지만, 그간 이 땅에서 이루어지는 근대성 논의도 우리 역사의 특이성을 제대로 살펴주지 않았다. 가령 포스트모더니즘이 이 땅의 현실에 어떻게 수용될 수 있을 것인가 하는 문제나, 근대적 이성은 이제 용도 폐기되어야 하는가 하는 따위의 문제는 엄밀하게 말해서

---

48) 김영민(1995a), 48쪽.
49) 같은 글, 47쪽.

우리의 근대성 그리고 근대성 속의 우리를 차분하게 대면하면서 자생한 문제가 아니다.

　　지난해 학계의 관심이 '해방 50주년'에 몰려 있었다면, 올해 상반기는 '근대성'의 문제에 놓여 있다. 해방 50주년을 맞아 그동안 쌓아올린 학문의 성과와 한계를 진단했던 학계는, 올해 들어 그 반성적 사유의 힘을 다시 '근대성'에 대한 논의에 쏟아붓고 있다. (…중략…) 임현진 서울대 교수(사회학과)는 "포스트모더니즘이 한국의 근대화 프로젝트에 내장된 분단 체제와 모순, 국민 경제의 왜곡, 민중 주권의 배제와 같은 문제를 다룰 수 있을지 회의적이다."고 말한다. 이런 대립은 근대 이성에 대한 시각 차이에서 보다 뚜렷이 엿볼 수 있다. 포스트모더니즘에 기대는 탈근대적 전망은 근대 이성의 '용도 폐기'를 주장한다. 그들에게 있어 이성은 '독단적'인 것이다. 그러나 박이문 포항공대 교수(철학), 송두율 훔볼트대 교수(철학), 김우창 고려대 교수(영문학)는 이성은 여전히 '살아 있다'고 선언한다. 그들은 전환기의 새로운 이성을 찾아나선다.[50]

　　포스트모더니즘을 포함한 수입 담론을 분별 없이 유행시키고 그 논의에 코를 박는 태도에는 이미 적지않은 반성과 비판이 있었다. 이 같은 비판과 자제의 연장선상에서 소위 '토착화(土着化)' 논의가 활성화되기도 했다. 서구의 담론이 우리의 현실에 수용될 필요와 가능성을 따지고, 그 구체적인 방법을 살피는 태도는 수입상의 반성찰성에 비해 한결 나아진 것이 사실이다.
　　그러나 근본적으로 따지고 들면, "포스트모더니즘이 한국의 근대화 프로젝트에 내장된 분단 체제와 모순, 국민 경제의 왜곡, 민중 주권의 배제와 같은 문제를 다룰 수 있을지 회의적이다."라는 식의 비판 자체가 근대성에 대한 자생적 논의의 힘과 방향을 잃었기 때문에 생긴다는 우려를 금할 수 없다. 이미 지적한 대로, 지금의 우리에게 필요한 근대성 논의, 그리고 전체 학문 세계의 현실적 토대를 구축하고 향후의 새로운 인문 정신의 계발을 위

---

50) "1996년 상반기 학술대회 결산", 교수신문, 1996년 7월 29일자.

한 근거가 될 근대성 논의는 수입 담론에 대한 우리의 대응이 그 주류를 이루어서는 안 된다.

근대성이니 근대적 이성이라는 개념 자체가 서구의 지성사가 생산한 고유명사임을 잊어서는 안 된다. 그리고 근대적 이성을 폐기해야 한다느니, 그동안 간과했던 합리성의 다른 측면을 부각시켜야 한다느니, 새로운 이성의 개념을 창안해야 한다느니 하는 따위의 논의도 그들 지성사의 터와 역사 속에서 자생한 숙제다. 우리의 현실과 우리의 경험과 우리의 언어로써 자생시킨 이치와 그 맥을 꾸려내지 못하는 한 우리의 근대성 논의는 그 실체를 제대로 드러내지 못한다.

중요한 것은 서구화의 밀물 속에서 이루어진 우리 근대성의 자율과 타율, 그 명암과 희비, 그 영욕과 성패를 가려서 따지는 것이며, 그러한 복합적이며 타율적인 근대성에 휘말린 우리 학문의 성격과 문제는 또 무엇인지를 분석하고 비판하는 것이다. 정작 중요한 것은 우리의 근대성이 어떤 우리를 만들어 놓았는지, 근대성의 논의에 발목을 잡힌 우리가 누구인지를 따지는 일이다. 인문학의 존립이 위협 받는 지금에야 뒤늦게 우리 인문 정신의 복권을 꿈꾸는 우리들이 우선 해야 할 일은 우리의 근대가 무엇이었으며, 그 근대 속의 우리는 누구인지를 밝히는 일이다.

제 2 장

졸부의 내력 : 우리 근대성과 인문학의 과제*

1. 우리 각자가 자기 역사의 무게, 그리고 그 책임을 느끼지 못하면서 살아가고 있다는 점은 매우 심각한 병이다. 이 병은 자각 증세마저 희귀하다는 사실에서 그 심각성을 더한다. 심지어 이 자각을 마비시키는 기술이 권력과 금력을 보장하는 지경에 이른다.

무릇 살아 있는 것은 자기 역사를 만드는 과정이요, 그 흐름이다. 역사의 맥이란 자신의 전통을 창의적으로 계승하고 비판적으로 온축(蘊蓄)한 사회의 혈류와 같은 것이다. 이것은 각 개인의 사람살이와 그 모듬살이의 길을 만든다. 그러므로 역사성이 있는 것이면 무엇이든 길과 맥을 잃지 않는 법이다. 우리 사회를 휘덮고 있는 오멘의 출처는 역사의 거름체를 통해 검증을 거친 길과 맥이 보이지 않는다는 사실에 있다. 소위 '뼈대'가 있다면, 일개 집안의 일도 원칙적으로 좇아야 할 길과 맥이 있는 법이다. 맥과 길이 있어야 일에 효율과 깊이를 아울러 살릴 수 있는 것이다. 살림살이가 튼실하면, 한 집안이든 전체 사회든, 있을 것이 있을 데 있고 없을 것은 없다는 특성을 지닌다.

---

*이 글은 제주대학교 인문학연구소가 "인문학에서 본 세기말의 상황"이라는 주제로 연 심포지엄(1997년 4월 18일)에서 발표한 것이다. 다소 개작한 것이 『현대사상』(1997년 여름)에 실렸고, 이 글은 이를 다시 개작한 것이다. 이 글의 취지와 표현의 일부는 다음의 글과 겹친다. 김영민(1996g).

그러나 거듭된 내우외환으로 우리 역사의 맥과 전통을 제대로 건사할 수 없었던 우리 사회는, 해방 이후 눈부신 물적 성장을 거듭하여 '무엇이나 아무 곳에서나 있고, 무엇이라도 어디에도 없다.'는 잡탕주의 현상으로 눈이 부시다. 온고지신과 법고창신의 길과 맥이 보이지 않는 것이다. 한편에서는 현란한 탈현대의 담론 그리고 그 파편적 행태들이 난무하는가 하면, 한쪽에서는 삶의 길을 이루는 기초적 상식과 합리조차 망각한 무지와 봉건의 잔재들이 버젓이 활개치고 있는 것도 그 단면의 하나다. 그야말로 짬뽕이며 개밥이다. 작금의 때늦은 복고주의도 한시석 유행이나 향수로 그치고, 세계화도 내실 없는 제스처에 머물고 있다. 요컨대, 이 모든 것이 역사의 무게와 두께를 제대로 갖추지 못한 졸속한 혼합주의에 지나지 않는다.

2. 인문 정신의 빛에서 보는 우리 사회의 아픈 모습은 우선 '절맥(絕脈)'의 사실에서 출발한다. 역사와 전통의 맥이 끊어지고, 그 빈 터에 자생력이나 주체성을 좀먹는 온갖 잡탕의 수입품들이 들끓고, 그 수입품의 거품 사이로 가쁜 숨을 몰아쉬며 헤엄쳐 다니는 졸부들의 마을──그것이 내가 살고 있는 오늘의 우리 사회다. 학인이든 상인이든, 이 졸부의 그림자에서 비켜서기란 쉽지 않다. 우리 근대화의 핵은 졸부주의이기 때문이다.

3. 인문 정신을 정의하는 방식도 가지가지다. 그러나 분명한 점은 그것이 '세상의 사람'이 아니라 '사람의 세상'을 지향하는 정신 문화적 추동력이라는 것이다. 그것은 삶의 근원적 의미와 가치에 정신과 태도의 최종심급을 두려는 노력의 과정이며 그 성과다. 그것은 모든 앎의 권리 원천이 삶이며, 따라서 앎이 그 생명력과 자율성을 유지하기 위해서는 늘 삶으로 수렴되어야 한

다는 사실을 명념하는 정신이며 이를 구체화시키는 실천이다. 그러므로 그 정신은 삶의 구체와 복잡 그리고 역사의 흐름이 만드는 깊이와 그 묘(妙)에 늘 민감하게 응대하려는 태도를 잃지 않으려는 노력이기도 하다. 인간다움, 삶의 자연스러움과 그 진정성 그리고 모듬살이를 위한 합리성의 전통을 창발적으로 계승하며, 그 내실을 지금에 맞게 가꾸는 정신이다.

나아가서 우리 땅, 이 시대에 필요한 인문 정신은 삶의 터와 역사에 뿌리를 내려서 생각의 자생성과 주체성을 기르고 사대(事大)의 눈치와 추수(追隨)의 허위 의식에서 해방되는 것이기도 하다. 특별히 우리 지식인들의 경우, 그 노력은 현실과 언어의 괴리를 메우려는 구체적인 지략과 용기며, 삶과 앎 사이, 글과 뜻 사이의 소통과 공조를 현실화하려는 담론의 생산과 그 실천인 것이다.

'곱씹어보지 않는 삶은 살 가치가 없다.'——인문 정신의 원형적인 지혜를 담은 소크라테스의 경구다. '생각하는 백성이라야 산다.'고 외친 어느 분의 음성도 아직 귓가에 맴돈다. 그러나 분명 지금의 우리 사회는 자기 성찰에 매서운 사람이 살 만한 곳은 아니다. 이것은 우리의 도심(都心)이 '방어하는 운전'만으로는 제대로 차를 굴릴 수 없는 이치와 마찬가지다. 이 속보(速步)의 천민자본주의 사회에서는 자신을 반성하는 생활이 곧 손해로 이어진다. 그러니 철학마저 처세술로 둔갑하여 상략의 하수인이 되는 것도 어쩌면 당연한 일인지 모른다. 방어가 아쉽다면 남이 방어하도록 운전하면 될 것이고, 반성이 정 아쉽다면 남을 반성하게 만들면 될 일이다.

인문 정신은 자기 성찰을 통해서 성숙을 도모하고, 또 성숙을 바탕으로 해방과 변혁과 화이부동(和而不同)의 조화를 추진하는 삶의 근원적 동력이었다. 그러나 식민지와 전쟁의 질곡 이후 겨우 40~50년, 급속한, 심지어 '돌진적'[1], 그러므로 졸속한 농축 산

---

1) 한상진(외)(1997), 213쪽.

업화와 표층 근대화를 받들고 시중드는 와중에서 인문 정신은 그저 우스운 삽화의 하나로 전락하고 말았다. 근대화의 초석이 었던 효자 자연과학도 아니고, 민주화의 투사였던 적자(嫡子) 사회과학도 아니고, 새 시대의 전령인 예술도 아닌 주제에 인문학은 이제 말만 많고 벌이는 시원찮은 서자(庶子)에 지나지 않는다. 그것은 이제 '돈 안 되는' 잡담이라는 왜곡된 소문에 시달린다.

4. 전통적으로 인문학은 '큰 배움터'의 중심을 차지했지만, 이제 대학과 교육 당국은 노골적으로 인문학을 서자 취급하고 있다. 1996년 11월 7일, 전국의 인문대 학장들이 제주대에 모여 '인문학 제주 선언'을 채택한 바 있다. 이들은 이구동성으로 "전쟁에 임하는 군인과 같은 각오로 우리 사회의 중병을 치료"해야 할 것을 역설하고, 인문학이 이 국가적 과업의 교두보 역할을 해야 한다고 입을 모았다.

강단에서 경험하는 인문학의 현실은 한마디로 황폐하다고 교수들은 입을 모은다. 실용성이라는 미명 아래 처세술과 천박한 상업주의의 물결이 대학을 휩쓸고 있는 실정이다. 생산력과 경쟁력 제일주의의 기치 아래 대학을 고등 기술 학원으로 만들고, 세계화라는 구호 아래 자신의 전통과 역사를 잃어버린 채 외국어 학원을 서둘고 있는 것이다.

5. 인문 정신의 빛에서 보는 우리 사회의 문제점 가운데 하나는, 그것이 '한몫 잡을 수 있는 사회'라는 사실에 있다. 어디에 다투어 몰려가서 개척할 서부가 남아 있는 것도 아니고, 마침 임기응변의 술수로 일확천금을 노릴 수 있는 전후(戰後)의 혼란기인 것도 아닌데, 여전히 '한몫 잡을 수 있는 사회'가 계속된다는

사실 속에 화근의 단층이 온존해 있다. 가령 하룻밤에 노래방이나 전화방이 전국을 휩쓸 수 있는 그 순발력은, 우리 사회의 기초와 뼈대가 부실한 틈을 타고 솟아나는 음풍(陰風)에 다름 아니다. 지구의 다른 쪽에서는 근대성에 대한 자생적 비판이 무성하고 심지어 '역사의 종말'을 입에 올리는 세기말, 그러나 아직도 우리의 세상은 '한몫 잡을 수 있는 소문'이 유행하고, 시세(時勢)와 유행이 대세를 결정하는 피상성의 잔치에 휩쓸려 있다.

프롬이 지적한 이른바 '소유 양식(having-mode)'의 삶이 지배하는 사회다. 졸속한 경제주의와 천박한 자본주의의 토대 위에 세워진 이 졸부들의 마을 어귀에는 '소유하므로 존재한다(habeo ergo sum).'는 팻말이 옹골차게, 부끄러운 줄도 모르고 솟아 있다. 삶을 도외시하고 앎의 허위 의식 속에 기생하는 '깊이'의 형이상학을 제외하면 우리 사회에서 '깊이'로 따지는 존재란 이미 희귀종이다.

거의 전부문의 과소비와 상업주의 지표에서 단연 세계 수위를 유지하고 있는 우리 사회에서는 자기 성찰과 성숙이라는 인문학적 가치를 화두처럼 붙안고 사는 삶이란 대개의 경우 모험이며, 심지어 박해의 조건이다.

이 시대가 인문 정신이 골몰해온 '오래된 깊이'의 가치를 내팽개치고 '생생한 빠르기'에 열광하는 추세도 같은 내게는 화근으로 비친다. 한몫 잡는 데에는 무엇보다도 빨라야 하는 것이다. 템포와 순발력의 시대, 데이터와 통신의 시대, 속도와 물량의 시대, 역사를 헤집어서 생각의 깊이를 구하려는 사람은 오히려 뒤쳐진다. 기존의 유통망만 고분고분 좇아다니면 정보가 넘쳐나는 판에 구태여 성가신 비판 정신이나 묵은 지혜의 깊이를 구하려는 태도는 시류를 외면하는 딸깍발이 선비의 구태에 지나지 않아보인다. 그러니 교육마저도 "돈만 내면 즉석에서 흔쾌히 모든 걸 전수해주는 오늘날의 화끈한 싸부님들"과 "아무 때나 발랄하게 하산하는 발랄한 제자들"[2]의 거래로 변질되고 말았다.

정보는 삶의 구체나 복잡과 오래 접촉하고 견디면서 얻어낸 시간성의 지혜가 아니다. 정보란 말 그대로 '시간이 없는' 시대의 공간 지식인 것이다. 이미 온갖 종류의 신매체들이 접촉을 대신해주고, 멀티미디어의 정보망이 시간과 시간적 체험을 공간 병렬(空間並列)의 조작으로 바꾸어버린 현실 속에서 삶의 구체와 복잡이라는 고전적 권리 원천에 집착하는 인문학자들의 운명은 맹랑해보인다. 이 경박한 근대화, 이 불온한 산업화의 정점에서 인문학은 이제 자신의 음성마저 낯설다.

　6. 반복하지만, 우리 사회는 정신 문화의 자생적 이치와 주체적 입장이 제대로 계승되지 못한 '문화적 잡탕주의'의 천국이다. 이 잡탕주의와 그 토대를 이루는 졸부 의식을 한데 엮어두면 바로 우리의 자화상이 드러난다. '잡탕 속의 졸부'—이것이다.
　졸부의 특색은 우선 마음이 허전하다는 데 있다. 일확(一攫)만 달러의 재력과는 달리 정신 문화의 전통과 그 내실은 졸지에 갖추어지지 않기 때문이다. 하루 아침이면 집안 곳곳을 각종의 골동품과 수입품으로 번드레하게 채울 수 있지만, 마음의 허전함은 졸속한 방식으로는 달랠 길이 없는 법이다. 마음을 달랠 길 없으니, 결국은 몸을 통한 대리 만족의 방식이 유별날 수밖에 없다. 전화방, 캬바레, 룸살롱, 티켓다방, 스탠드바, 러브호텔, 노래방, 단란주점, 퇴폐이발소, 증기탕 등으로 다변화되고 있는 수많은 향락 매체, 천문학적인 음식 쓰레기의 양, 전국민의 삐삐화와 휴대폰화, 파행으로 치닫는 각종의 레저 문화, 그리고 국제적인 망신거리인 보신 향락 관광 등은 모두 마음, 곧 역사를 잃어버린 졸부의 전형적 행태에 다름 아니다.
　졸부도 구색을 갖추려는 듯 가훈을 내걸었는데, 금박을 입힌 문장이 넷이다. '우리는 곧바로 써먹을 수 있는 것에만 관심을

---

2) 유하(1995), "돌아온 외팔이: 영화사회학."

모은다.'는 것이 그 첫째다. 졸부의 기반은 졸속과 조급이므로, 곧바로 써먹을 수 없는 것은 늘 관심 밖으로 밀려난다. 자신의 영역은 그 내실에 상관없이 '단기 완성'으로 끝을 보고, 늘 남의 영역을 기웃거리면서 돈 벌 기회를 노려야 한다. 요컨대 조급한 일차적 실용주의다. 처세술이 정보화 시대의 인문학으로 호도되는 배경도 마찬가지다. 몸의 묵은 길은 처세술이 대신하고, 마음의 삭은 지혜는 정보가 대체하는 것이다. 그러므로 역사의 길이나 삶의 지혜 그리고 인간의 이치와 그 성숙을 따지는 인문 정신이 이 집안에서는 당연히 별무소용이다.

'우리에게는 어제도 내일도 없고 오직 오늘만 있을 뿐이다.'가 그 둘째다. 졸부란 말 그대로 부의 축적이 졸지에, 즉 장기적인 계획이나 지속적인 노력이 없이 이루어진 꼴을 가리킨다. 그러니 급속한 근대화에 때늦은 '성찰'을 부르짖는 것도 이 졸부의 가훈을 생각하면 당연하다. 졸부는 기쁜 만큼 불안할 수밖에 없다. 그 부유(富裕)가 반드시 부유(浮遊)하기 때문이다. 따라서 늘 그 현재의 상태에 급급해 하면서 기껏해야 '자기 증폭의 보수주의자'로 머문다. '지금과 여기'의 공시적·일차원적 현장성에만 코를 박고 있는 집안이니, 특히 시간성과 깊이 그리고 자기 성찰의 학문인 철학과 인문학이 제대로 대접받지 못할 것은 너무나 뻔하다.

'우리는 소중화(小中華) 의식과 바나나 콤플렉스를 계승한다.'가 그 세 번째 가훈이다. 졸부가 전통의 힘과 깊이에 바탕을 둔 주체성을 잘 간수할 리 없다. 졸부는 오히려 역사와 전통의 맥과 흐름새를 무시함으로써 가능해진 사태이기 때문이다. 역사의 길위에 마치 장애물처럼 솟아오른 졸부는 당연히 자생력도 안중에 없다. 따라서 이 졸부의 집안에서는 자생력을 키우고자 애쓰고 주체성을 길러나가려고 고민하는 자는 모두 이단으로 정죄된다. 금목걸이 혹은 외제의 주(註)를 주렁주렁 달고 다니는 졸부들이 국산품 애용 운동이나 혹은 우리 학문의 주체성에 고운 시선을 보낼 리 없다. 이 집안에서는 자신의 솔직한 음성이 터부시된다. 화려한 수입 의상과 현란한 수입 담론 속에 자신의 육체와 육성을 숨기는 것이 출세의 비결이며 그 증표이기 때문이다. 솔직한 그래서 삶과 소통되는 육성은 모두 역사의 길에 동참하는 법이니, 역사를 망각함으로써 입지를 얻은 졸부들에게는 성가실 수밖에 없다. 어차피 처세와 출세가 지상 목표인 경박한 근대화의 튀기들이므로 제때 눈치나 잘 보고 수입품의 이윤이나 제때 챙기는 것이 현명할 뿐이다.

'우리는 삶의 질(質)을 놀보지 않는다.'가 그 마지막 계명이다. 이것은 부의 그늘에 가려서 삶의 자연스러움과 그 인간다움이 오히려 소외되는 꼴을 일컫는다. 졸부의 집안에서 특별히 두드러지는 특성은 거꾸로 돈이 삶을 지배한다는 것이다. 이 졸부의 마을에서 사상의 첨단을 수놓은 이런저런 담론들이 여름 밤의 한때를 장식하는 혜성 같은 볼거리로 끝나버리는 이유도 마찬가지다. 이 졸부 의식은 우리 사회의 곳곳에 바퀴벌레처럼 증식하고 있으며, 급기야 거대한 허위 의식의 콤플렉스를 이루고 있다. 교실의 안팎, 사원(寺院)의 안팎, 직장의 안팎, 의식의 안팎이 구조적으로 소외되어 있는 이 졸부의 땅에서는 어쩌면 어쩔 수 없는 현상일지도 모른다.

7. 우선 교실의 안팎이 조장하는 소외와 배리의 허위 구조에 주목하자. 앎이 삶으로부터 체계적으로 소외되고, 마침내 삶의 성숙과 변화를 이끌어내지 못하는 텅빈 기표의 덩어리(話墮)로 전락했다는 지적은 분명 오늘 우리 지식인들이 느끼는 자괴감의 원천이다. 특히 대사회적 실천성의 지표에서 눈에 띄는 성과를 보이지 못해온 인문학의 경우, 교육 관료들에 의해서 학문의 존폐 문제까지 거론되고 있는 실정이다.

어차피 인문학이야 자성에 기민한 법, 다시, 강의자로서의 우리, 그리고 우리의 일차적 활동 공간인 교실의 모습을 되돌아보자. 인문학의 음성이 우리 사회에서 메아리 없는 원칙과 구호로 추락하는 것은 우선 교실 안팎의 지형이 너무나 심한 대조를 보인다는 사실,3) 그래서 두 영역 사이의 소통과 공조가 단절되고 급기야 구조적 소외와 배리의 지경에 이르고 있다는 사실에서 그 원인을 찾아볼 수 있다: "교실 안의 단순성과 명료성은 교실 바깥의 복잡성과 애매성을 자주 호도하고 학생들로 하여금 삶의 현장감에서 동떨어진 앎의 테크닉에 경도하게 한다."4)

무릇 앎의 권리 원천은 삶이고, 또 삶의 성숙과 변화를 추구하는 인문학이란 워낙 삶과의 긴밀한 통풍으로 그 탄성과 활력을 유지하는 법이니, 문제의 핵은 인문학의 담론과 그 실천이 우리 현실의 지형으로부터 동떨어진 (외제의) 불꽃놀이에 머물고 있다는 사실에 있다. 물론 이 소외 구조의 자기 합리화가 굳어져 생긴 허위 의식은 비단 인문학이 강의되는 교실 안팎에서만 서식하는 것이 아니다. 이것은 역사의 줄기와 삶의 터를 돌보지 않은 채 정신 문화의 자생력과 주체성을 망실해버린 우리 사회의 한 단면에 불과하다.

새로운 밀레니엄의 시작이 코 앞으로 다가온 지금, 우리 학문 혹은 좁게는 우리 인문학의 위기, 그 실체를 나는 앎과 삶의 소외를 구조화하는 여러 조건들 속에서 확인한다. "인간의 행위가 행위자에게 낯선 힘이 되어 그를 소외시키고 마침내 그를 예속시킨다."5)는 마르크스의 지적과 유사하게, 인간의 앎은 그 앎의 모태이자 주체인 삶에게 낯선 힘으로 굳어져 그를 소외시키고 마침내 그를 예속시키는 지경에 이르고 있는 셈이다.

---

3) 이 대목의 논의는 다음의 글에서 상설되어 있다. 김영민(1996d), 906쪽 이하.
4) 같은 글, 907쪽.
5) Marx & Engels(1977), 53쪽.

8. 이와 밀접하게 연관된 또 하나의 아픈 단면은, "현실은 엄연한 한국의 현실인데 강단의 언어는 외국어며, 현장은 처연하게 땅 위에 누워 있는데 강단의 언어와 처방은 외국으로 하늘을 날고 있었다."[6]는 것이다.

자생력과 주체성은 상보적이다. 그러므로 주체성을 제대로 챙기지 못하면 필경 타율에 묶인다. 그 다음은 뻔하다. 이른바 '정신의 구한말(舊韓末)'이 다시 시작되는 것이다. 지금에사 적지않는 견제가 공론화되었지만, 한때 우리 역사와 터의 특이성을 무시한 채 이루어진 포스트모더니즘 논생도 성신의 구한말이 벌이는 화려한 불꽃놀이에 다름 아니었다.

학문이란 워낙 계승된 전통을 창의적으로 혁파해가는 열린 공론의 장이니, 무슨 때늦은 지역주의나 국수주의를 외치자는 것이 아니다. 무릇 공부의 과정이 자신의 개성과 음성이 깊은 차이를 이루도록 배려하고, 그 차이가 나름의 역사를 이루어 다른 이치들과 경합하는 열린 마당을 열어가는 것이라고 한다면, 우리 역사와 터에 그 뿌리를 둔 정신 문화적 전통의 창의적 계승을 통해서 자생력과 주체성을 기르는 일은 너무도 당연하지 않겠는가. 이미 적지않은 비판이 있었지만, 아직도 우리 땅의 학인들 중 상당수는 수입상과 중계상 그리고 유통상의 역할에(도도하게) 허덕이고 있다.

앎과 삶의 소외 문제 그리고 식민성은 서로 합병증의 관계에 있다. 이 병증은 우선 건강하고 자율적이며 내실 있는 근대성의 경험이 없었다는 역사적 불행으로 소급된다. 최첨단 담론의 유희가 난무하는 가운데 봉건의 잔재들이 여전히 기승을 부리고 있는 이 잡탕의 현실도 같은 배경에서 재생산되고 있다. 식민성의 덫은 생각보다 깊이 그리고 견고하게 박혀 있다. 서구의 근대를 수입하고 익혀서 우리의 봉건을 계몽시키고, 서구의 탈근대성을 배워서 우리 정신 문화의 전망을 모색하는 것만으로는 이

---

6) 김정근(1995a), 9~10쪽.

덫의 그림자로부터 자유로울 수가 없다. 서양은 원전(原典)의 고향이 아니라 참조의 땅덩어리일 뿐이라는 사실을 너무 쉽게 잊는다.(사실, 극히 쉽게 잊게 되는 구조 속에 우리는 살고 있다.) '서양 배우기'는 물론 필요한 작업이지만, '서양 바라기'는 전혀 다른 문제를 포함한다. 그것은 다른 역사와 다른 터에서 살아온 우리들의 길은 아니다.

9. 다시, 문제의 씨앗은 특히 우리 근대사의 질곡과 파행으로 거슬러 올라간다. 타율과 상처의 역사였던 우리의 근대, 그 아픔 속에서 우리의 정신사적 전통은 절맥되었고, 우리의 터가 삭히고 우리의 역사가 묵힌 이치들을 창의적으로 계승하지 못한 그 텅빈 자리에 기회주의, 문화적 잡탕, 지적 허위 의식, 식민성 그리고 삶과 앎의 소외가 거품처럼 범람하고 있는 것이다. 주체적인 역사와 자생력 있는 전통을 통해서 인문 정신이 온축된 사회에서는 이 같은 거품 문화가 발을 붙일 리 없다. 거품은 가볍고, 인문 정신의 핵인 역사성은 무겁기 때문이다.

그러니 자기 철학의 전통을 구하고, 그 바탕 위에 굳건히 서서 나름의 개성과 스타일을 계발하려는 이들이 오히려 하나같이 소외되고 박해받는다. 공부하는 것에도 오직 사세 판단에 빠르고 시류에 영합하는 것만이 살아남는 길인 셈이다. 그러니, 가령, 정보화 열풍이나 영어 패권주의가 하루 아침에 낯뜨거운 기승을 부리고, 보신주의와 처세술의 상략이 창궐하고, 권위주의나 사이비 신비주의가 암처럼 증식하고, 우리 앎과 삶의 여러 영역에서 '눈치보기'가 그렇게 성행하는 것도 당연할 수밖에 없지 않겠는가. 인문 정신이 뿌리를 내리고, 또 우리 사회의 성숙과 변혁의 힘으로 기능하기 위해서는 각성한 개인들의 음성과 글이 필요하다. 그러나 그것만으로는 태부족이다. 체계적인 연대와 그 연대의 역사가 필요하다. 법고창신과 온고지신의 길고 튼실한 역사가 뒷받침하지 않고서는 불가능한 일이다. 성숙과 변혁이란 눈밝은 어느 개인에 의해서 이루어지는 보물찾기가 아니기 때문이다. 그러나 우리의 역사, 특히 근대사는 자생력도 주체성도 갖추지 못한 상태에서 절맥의 수모를 강요당했다. 파행적 근대가 남긴 가장 불행한 점은 우리의 현재와 우리의 과거 사이에 심각한 정신 문화적 공백을 남겼다는 사실이다. 여러 평자들이 근대의 실패를 무엇보다도 '정신의 황폐화'에 두는 이유가 바로 여기에 있다.

문화와 사상에서의 절맥이란 치명적이다. 개인의 저금통장과는 달리, 문화와 사상의 영역에서는 '한몫 잡기', 다시 말해서 졸부가 가능하지 않기 때문이다. 그러나 우리 사회의 겉은 전형적인 졸부의 모습을 하고 있다. 물신주의에 가까운 소비주의, 경박한 실용주의, 기술만능주의, 선정적인 국제화와 세계화 그리고 문화혼합주의와 식민주의. 이 모든 것은 정신 문화의 절맥과 파행 위에서 급조된 근대화의 부작용이다. 땀흘려 '새마을'을 세우고 피흘려 '조국 근대화'를 이룩한 주역들은 내 말을 책상머리 공론으로 치부하겠지만, 그들의 공과에 관계없이 사태의 전모는 이미 심각한 지경에 이르렀다고 본다.

10. 심각한 표정을 따라 지으며 원인 치료할 수 있는 처방을 요구할 것이다. 사실 비판마저 공론화되고 있지 않은 실정이니, 더러 처방과 대안을 모색하는 발걸음이 차마 외롭다. 과연 졸부의 집안답게 얄팍한 대증요법만 요란할 뿐이다. 사실, 원인 치료에 대해서 나는 비관적이다. 그간 우리 인문학의 자생력과 주체성을 되찾는 작업을 내 학문의 한 줄기로 잡아 미미하나마 나름의 노력을 기울여왔고, 그 과정에서 '인문학의 글쓰기'[7]를 통해 그 구체적 처방의 일부를 제시하기도 했다.

---

7) 김영민(1996b), 김영민(1997b).

처방이 시급한 것이 사실이다. 아니, 우리 현실을 냉철히 따진다면 이미 늦었다고 해야 할 것이다. 그러나 역사의 온축을 통한 사람살이의 지혜에 그 터를 두는 인문학에서는 처방에 서두르는 짓도 그리 바람직하지 않아보인다. 각성한 개인들의 음성이 각지에서 들려오고, 이들의 연대가 드문드문 소식을 만들기도 한다. 그러나 역사와 구조 속에 그 화근이 있는 이상, 내 판단에는 어차피 결정적인 처방전은 꿈일 뿐이다. 우선은 역사적인 흐름새에서 우리 인문 정신의 과거와 현실을 파악하고, 사람살이의 학문인 인문학과 인문 정신이 사람살이로부터 소외된 현실을 진단하며, 앎과 삶의 통풍을 위해서 각자가 선 자리에서부터 노력하는 것—이것뿐이다.

책상머리 처방전이 무슨 소용이 있으랴. 그러나 최소한 관심 있는 이들 사이에 공론의 장을 촉발시킬 수 있으리라는 희망을 가지고 앞의 분석과 비판에 근거해서 몇 가지 제안을 해본다.

졸부의 집안을 다스리는 네 가지 가훈과 대조되는 아래의 제안은 내 개인의 공부길에서 얻은 조그만 결심의 일부에 지나지 않는다. 그리고 이 제안의 지향점은 모두 '정신 문화의 주체성과 자생성'을 배양하는 것에 모아진다. '정신 문화의 주체성과 자생성의 배양'은 곧 내가 말해온 '심층 근대화'의 과제를 이루는 것이기도 하다. 또 이것은 우리 한 사람 한 사람이 생활의 현장에서 삶과 앎의 긴장을 견디고 조율하며 역사의 무게를 느끼고 살아간다는 뜻에 다름 아니다.

□ 제 안

① '쌓자, 그리고 지속하자.' 5000년의 유구한 역사와는 상관없이, 현금 우리 사회의 핵은 졸속함이다. 역사의 질곡에 따른 전통의 단절, 계속되는 전망의 부재 그리고 이로 말미암은 정신적

황폐화 내지 진공 상태는 이 졸속함을 부추기고 정당화해서 사태를 더욱 어둡게 만들고 있다. 우리 각자가 자신의 영역에서 전통과 역사를 만들어가야 한다. 이를 위해서는 각 영역에서 각자의 경험과 스타일, 언어와 지혜를 계속해서 쌓아가는 노력이 있어야 한다. 전문성의 아름다움은 오직 삶의 길이 묵혀진 역사에서 나온다. 가령, 수백 년의 가업을 일으킬 각오로 노래방을 개업해야 하며, 수십 대를 이어갈 구상 아래 국수집을 경영해야 한다.

② '이웃을 돌아보자.' 외국의 수입 담론에 대한 인용과 주석은 넘쳐나고 있는데, 우리 땅에 함께 살아가고 있는 이웃은 기이한 자조(自嘲)와 허위 의식의 구조 속에서 소외시키고 있다. 과연, "우리는 기록과 평가에 인색하다."8) 그러나 우리 땅의 선배와 동료 학인들이 이룬 지적·문화적 성취에 각별히 주목하고 그 기록과 평가가 공론화되도록 하지 않으면 우리는 식민성과 무기력의 늪에서 영영 헤어날 수 없다. 이것이야말로 정신 문화적 자생력을 기를 수 있는 가장 구체적이며 쉬운 방식이다. 비록 미약한 논의와 음성이라도, 상호 경쟁과 평가를 통해서 쌓아가지 않으면 영영 우리의 음성을 낼 수 없게 된다. 파리와 케임브리지의 큰 성취에 눈이 멀어, 전주와 대구에서 벌어지는 조그만 성취를 돌보지 않는 행태를 이제는 종식시켜야 한다.

③ '자신의 자리를 확인하자.' 수입된 원전과 대가 그리고 학문성과 논문의 형식에 대한 타율적 강박과 식민지적 허위 의식에서 벗어나 우리 역사와 지형에 어울리는 학문성의 내실을 키워나가자. 우리 삶의 스타일이 깊어지고, 그 깊이가 역사를 이룬 것이 곧 우리의 학문으로 드러날 수 있도록 자신의 터와 입장을 밝혀나가는 훈련을 계속하자.

---

8) 강준만(1997), 7쪽.

④ '심층 근대화의 과제에 동참하자.' 졸속하고 파행적인 우리의 근대는 이제 돌이킬 수 없다. 매우 비관적인 진단이지만, 역사를 되돌릴 수 없는 이상, 그리고 '국민개조론' 따위를 들먹일 수도 없는 이상, 세계화에 편승해서 기술 유토피아로 이주할 수도 없는 이상, 원인 치료는 불가능하다고 본다. 어차피 땜질의 적실성과 효율성이 문제다. 달리 말하자면, 표층·과도·편파·타율적 근대화에 대한 대항 담론, 보완 및 견제 세력 그리고 개선책을 체계적·연대적으로 모색하고 실천해나가야 한다. 이를 위해서 1980년대 사회과학의 성과를 수렴하고 다가오는 문화 예술의 전망을 적극적으로 끌어들인 바탕 위에 인문학 세력이 설계하고 주도하는 운동 차원의 노력이 계발되고 지속되어야 한다.

제 3 장

인문학의 길 없는 길
—성숙의 인문학

1. 반 복

어느 정도의 결실을 내놓을 만한 논변의 역사를 지녔음에도 불구하고 별스런 생산성을 보이지도 못한 채 같은 질문들을 되풀이하고 있는 영역이 있다. '인문학'이라는 고민과 탐색, 그리고 성숙의 길이 바로 그것이다.

가령, 인류학이나 고고학 서적을 통해서 알게 되는 고대인들의 삶의 여러 모습은 매우 낯설게 느껴진다. 근대적 합리성을 의미와 가치의 잣대로 내세우기 좋아하는 우리의 눈에는 배변을 위한 장치에서부터 장례의 풍습에 이르기까지 신기하고 괴이한 것 투성이일 수밖에 없다. 그러나 이미 문화의 다양을 일상 속에 광범위하게 수용하고 있을 뿐만 아니라, '문화 자본'(P. 부르디외)이라는 말처럼 문화적 감각이 곧 처세와 출세의 장치이자 그 표징이 된 현대 사회에서 이러한 신기나 괴이를 곧 무의미로 치부할 사람은 없을 것이다. 근대의 계몽주의적 관점, 그러므로 전통적 관점에 따르면, 문명화 혹은 개인의 성숙은 모두 어둠과 무의미의 영역을 줄이고, 밝음(enlightenment)과 의미의 영역을 넓히는 활동을 체계화·세련화시킨 것에 다름 아니다. 프로이드와 함께, 그리고 프로이드처럼, '무의미한 꿈은 없다.'고 외치는 것은 모두 계몽주의의 자손들이다. 사실, 이처럼 역사적 고구(考究)에 기대지 않더라도, 사태를 공정하고 꼼꼼히 관찰한다면, 우리 생활 세계의 어느 면모가 해석이나 자리매김이 어려울 정도로 낯선 무의미의 심연을 이루는 경우는 드물다. 번역이라는 대조와 상보의 원칙에서 잘 드러나듯이, 문화 속의 여러 변수들은 가끔 오해와 혼돈의 바람을 몰아오지만, 바람이 숙지고 사태의 전모를 일람할 수 있는 눈을 얻으면 대개의 변수들은 새로운 배움과 일기일경(一機一境)의 성숙을 위한 풍성한 계기가 되는 것이다. 먼지가 떠서 시야가 어지러워도 산은 산대로 남아 있듯이, 첫 만남에서 생소하기만 하던 변수와 차이들도 모두 삶과 세상의 전체 지형 속에서 나름대로 패턴화된 자신의 자리를 지니고 있는 법이어서, 대개는 '인간됨(being-human)'이라는 우리 삶의 공통 조건을 꼼꼼히 되짚어보기만 해도 넉넉히 이해될 수 있을 것이기 때문이다.[1]

생각의 독과점 시대는 급속하게 지나가고 있다. 하나의 이념과 이데올로기에 보조를 맞추어 삶을 정향(定向)했던 '열정의 시대'가 지나가고 있는 것이다. 그러나 우리의 1980년대가 지나갔다고 해서 1990년대의 무분별이 용인될 수 없듯이, 열정이 식었다고 해서 공감과 합의의 터조차 무시하는 상대주의적 냉소가 우리의 삶을 오래 이끌 수 있는 것은 아니다. 내가 말해온 '일리의 해석학'으로 옮겨 말하자면, 진리도 무리도 삶의 진정성에 이르지 못한다는 뜻이다. 삶의 구체성과 동반하기에는, 진리는 지나치게 무겁고 무리는 지나치게 가벼운 것이다. 여러 이질적인 생각이나 습속이 섞이는 중에 느껴지는 낯섦들은 대체로 하나의 잣대로써 말끔하게 설명될 수도 없지만, 동시에 이해를 포기해야 할 만큼 멀리 있는 타자도 아니다.

인문학이 골몰해온 물음들도 문화 상대주의적 변인들에 시달

---

1) '패턴화'나 '인간됨'이라는 개념의 용법과 용례에 대해서는 다음 책을 참조할 것. 김영민(1996a).

린다. 삶의 주요한 측면이 문화의 흐름과 성취 속에서 그 전형을 얻는다는 사실을 생각하면 이것은 너무나 당연한 지적이다. 그러나 소위 '되풀이되는 문제들'로서의 인문학은 복식(服飾)의 형태나 취락의 구조를 다루는 영역과는 분명히 다르다. 우선, 동서고금에 두루 제기된 인간과 삶의 물음들은 되풀이되어온 탓도 있겠지만 워낙 우리에게 친숙한 것들이다. 가령 '인간의 가치'나 '삶의 의의'와 같은 물음은 인간됨의 조건과 삶의 한계 속에서 매일을 살고 있는 우리 모두에게 보편적인 호소력을 지닌 것으로 다가든다. 이 보편성으로 인해서, 식탁에서 젓가락을 잡는지 삼지창을 드는지, 혹은 변소에서 부드러운 종이가 쓰이는지 손가락이 쓰이는지, 하는 따위의 문제와는 격이 다른 물음으로 생각될 것이다. 이 다름을 강조하고, 또 이에 골몰한 나머지 다음 인용문에서처럼 종종 신비화되는 문제를 낳기도 하는 것이 사실이다. 그러나 이 '인문학적 다름'이야말로 어쨌든 포기될 수 없는 특성이자 미덕일 것이다.

> 철학적 진리는 영원의 철학(die philosophia perennis), 즉 아무도 자신을 위해 요구할 수 없으며, 또 철학하는 모든 사람들이 문제 삼고 있고, 현실적으로 철학하는 일이 이루어지는 곳에서는 어디에서나 현존하고 있는 그러한 영원한 철학인 것이다."[2]

반복하지만, 실존적 보편성에 바탕을 둔 인간의 물음도 여러 컨텍스트의 변수와 그 역사에서 면제될 수는 없다.(인간이야말로 텍스트와 컨텍스트의 긴장이 성취한 가장 탁월하고 아름다운 역사적 존재가 아닌가.) 예를 들어, 인문학사를 일별하면, 근대는 인간의 물음을 정교하고 체계적으로 맥락화시키는 과정에 다름 아니다. 그러나 인간과 그 물음은 여러 맥락 속으로 해체되어버리기에는 너무나 집요한 구석이 있고, 우리는 그 집요함으로부

---

2) Karl Jaspers(1991), 258쪽.

터 나름의 보편성을 걸러낼 수 있을지도 모른다. 예의, 인문학의 '호소력'은 당연히 이 보편성의 심금에 그 원천을 둘 것이다. 거듭 흐르는 세월을 거스르기라도 하듯 물음이 반복되면서도 여전히 매력을 잃지 않는 것—바로 그것이 인문학의 물음이며, 그 물음의 비밀인 것이다.

매사, 친숙해지면 매력을 잃는 것이 보통이다. 그러나 우리가 인문학에 골몰하는 것은, 아마도 가장 친숙한 것 속에서 느끼는 가장 낯선 매력 때문이라고 해도 좋을 것이다. 늘 반복되면서도 진지하고, 늘 언급되면서도 쉽사리 그 속내를 보이지 않는 것. 왜 그럴까? 그것은 인문학이란 결국 거울 속의 자기를 보고 느끼는 친화감과 소외감의 배리(背理)가 그 추진력이 되기 때문일까?

> ......
> 거울속의나는왼손잡이오
> 내말을못알아듣는딱한귀가두개나있소
>
> 거울속의나는왼손잡이오
> 내握手를받을줄모르는—握手를모르는왼손이오
>
> 거울때문에나는거울속의나를만져보지를못하는구료마는
> 거울이아니었던들내가어찌거울속의나를만나보기만이라도했겠소
>
> ......3)

인문학의 물음들은 반복된다. 반복되면서 스스로 그 전형이 모색되고, 또 그 전형이 경색한 틀에 묶이지 않도록 하는 탄성이 붙는다. 2000년 전, 양의 동서에 나뉘어 살며 묻던 선인들의 그 물음은 지금의 우리에게도 여전히 낯설지 않게 느껴지고, 따지고 캐들어도 그 물음의 가치나 깊이는 고갈되지 않는다. 바로 이

---

3) 李箱(1991), 51쪽. 「거울」의 일부.

반복의 뜻을 깨치는 일은 인문학 공부의 성격과 의의를 파악하는 데에 많은 시사가 될 것이다. 아니, 이것은 그 자체로 인문학 공부길의 한 전형을 이룰 수 있을 것이다. 어느 분야에서건 물음과 답변 사이의 팽팽한 긴장과 어울림은 공부의 요체이겠지만, 대개 인문학은 물음에서 그 성취의 절반을 가늠할 수 있기 때문이다.

2. 상수와 변수

삶 그리고 그 삶의 길을 이루는 여러 부분들 중 '상수'라고 부를 만한 것들은 대체로 생각보다 많지 않은 법이다. 동서양을 막론하고 중세에 비해 근대란 삶이 다양한 모습을 띠는 시기이고, 사회의 구심을 지지했던 상수들이 그 위세를 잃어가는 시기다. 그러니, '이데올로기에서 문화로'라는 슬로건이 유행하듯이, '상수에서 변수로'라는 캐치프레이즈도 나름의 적의성(適宜性)이 있어보인다. 이렇게 보자면, 포스트모더니즘도 '변수들의 반란'에 다름 아니다. 2000년대의 문턱을 밟으면서 니힐과 독설을 뱉고 있는 작금의 지식인들의 합창도 "상수라고 부를 만한 것들은 대체로 생각보다 많지 않은 법"이라는 후렴구로 끝난다고 할 수 있을 것이다. 한편, 합창을 혐오한다는 그들의 생각이 어느덧 한 흐름의 합창을 이루었다는 사실은 매우 역설적이다. 그들과 그들의 직계 선배들이 금세기 내내 패대기를 쳤던 이념들도 말하자면 '상수중심주의(常數中心主義)'라고 이름붙일 수 있는 생각의 침전일 것이다.

이 상수중심주의의 한 가지로 여러 형태의 본질철학(Wesensphilosophie)을 거론할 수 있다. 삶과 세상의 속절 없는 변전을 목도하면서 무상을 넘어선 불변의 본질에 관심을 갖는 것은 일견 매우 자연스러운 삶의 정서일 것이다. 사실 본질에 집착하는 정신적 태도와 이를 뒷받침하는 체제와 제도를 비판하는 일은 이제 배운 이들의 한결같은 취미가 된 듯하다. 그러나 난비(亂飛)하는 현상의 변수를 넘어서서 부동의 상수를 희구하는 것은 소박한 생활인들의 정서에서도 그리 낯선 것은 아니다.

무릇 학문의 가장 오래된 이념이 보편성이나 정합성이니, '난비하는 변수'보다는 굳건히 자기 자리를 지키고 있는 상수에 많은 관심을 쏟았던 것은 일견 매우 자연스러워 보인다. 당연히 이것은 인문학의 경우도 예외가 아니다. 사멸과 망각의 운명을 피할 수 없는 인생은 사유와 글을 통해서나마 불멸의 꿈을 꾸고 있었던 것일까. 스스로를 자조(自嘲)할 수 있는 (최소한의) 성숙의 단계에 이르기 전, 인문 정신은 늘 본질주의, 즉 상수중심주의의 권위와 굴레에서 자유로울 수가 없었다. 특히 종교와 과학이 삶의 복잡다단한 현실을 지나치게 간섭하거나 규제하던 시대는 상수의 중앙집권적 통제로 말미암아 제대로 된 인문 정신이 꽃필 수 없었다. 물론 냉소만으로 인문 정신을 버텨갈 수는 없지만, 경직된 통제를 용기 있고 체계적으로 비웃는 정신 속에서 흔히 인문 정신의 정채(精彩)를 본다. 정신의 쉼없는 지향과 측량할 수 없는 삶의 오의(奧義)를 그 터전으로 삼는 인문적 감수성을 한 가지의 모습으로 잡아둘 수 없기 때문이다. 이는 김병연의 시를 한 수 읊거나 볼테르의 희곡 한 편을 훑는 것만으로도 자명해질 일이다.

그렇다고 인문학의 공부가 변수들의 방종과 산란 속을 유유자적하며 배회하는 것만으로 이루어지지는 않는다. 본질의 액자로 굳어가는 상수들의 시녀 노릇에 만족할 수도 없지만, 변수들의 무분별한 춤사위의 그늘 속에서 마냥 노닐 수 있는 것도 아니다. 중세의 수도원 철학처럼 우상으로 변질해가는 체제의 종복이 되어서도 곤란하지만, 작금의 배알도 줏대도 없는 상대주의처럼 빌붙을 구멍과 튀어오를 발판만 찾아다니는 감각만으로도 인문학은 설 수 없다. 나는 이러한 취지를 인문학의 일리지평과 연관

해서 다음과 같이 표현한 적이 있다:

> 경색된 역사의 질곡으로부터의 탈출이 곧장 방황으로 이어질 필요는 없다. 박제된 진리에 대한 염오가 곧장 무리의 카니발로 이어질 필요도 없다. 본질주의의 구심력을 벗어난다고 해서 곧장 변수의 파편들만이 난무하는 미친 상상으로 질주할 필요도 없다. 외눈박이 괴물이 싫다고 해서 눈만 달린 천안귀(千眼鬼)를 좋아할 필요도 없다.[4]

인문학은, 말하자면, 방탕도 금욕도 아니다. 내가 말하는 인문학은 '절제' 속에 선다. 그 절제 속에서 상수와 변수, 절대와 상대, 추종과 오해, 그리고 진리와 무리의 양극을 한 가슴에 품는 넉넉한 성숙의 지평을 드러낸다. 그러므로, '매사 절제가 최고의 상태다(modus omnibus rebus…optimus est habitu).'라는 말은 비단 처세를 위한 경구만이 아니다. 방탕과 금욕이 나름의 가치를 얻게 되는 것도 절제라는, 돌아갈 터전이 있기 때문이다.

김수영의 시어를 빌어 말하자면, 그 절제는 혁명 속에서도 찾을 수 없고, 그렇다고 답보(踏步)나 죽은 평화나 나태나 무위 속에서 찾을 수 있는 것도 아닐 터다:

> 그러나 나는 오늘 아침의 때묻은 혁명을 위해서
> 어차피 한마디 할 말이 있다
> 이것을 나는 나의 일기첩에서
> 찾을 수밖에 없었다
>
> 中庸은 여기에는 없다
> (나는 여기에서 다시 한번 숙고한다
> 계사 건너 신축가옥에서 마치질하는
> 소리가 들린다)
> (중략)

---

4) 김영민(1996b), 170쪽.

여기에 있는 것은 중용이 아니라
踏步다 죽은 평화다 나타(懶惰)다 無爲다
(단 '중용이 아니라'의 다음에 '반동이다'라는
말은 지워져 있다
끝으로 '모두 적당히 가면을 쓰고 있다'라는
한 줄도 빼어놓기로 한다)
(후략)

—김수영, 「中庸에 대하여」

　인문학은 삶의 행태와 그 패턴에 대단히 민감하다. 그것은 인문학 공부가 뿌리를 내리고 있는 터며, 그 실질적 내용이기 때문이다.
　그리고 그것은 김수영의 말처럼 혁명도 아니고 무위도 아니다. 그것은 움직이지 않는 본질도 아니고 움직이기만 하는 현상도 아니다. 그것은 책임만이 있는 절대주의도 아니고 권리만이 있는 상대주의도 아니다. 그것은 죽음같이 잔잔한 진리도 아니고 죽음을 앞둔 단말마적 무리도 아니다. 인문학이 묻는 것은 삶의 굳어 있는 상수도, 편편(片片)이 날리는 변수도 아니다. 인문학의 관심은 우리 삶의 조건으로 뿌리를 내리지 못한 채 봄볕에 잘아드는 고드름 같은, 혹은 한 겹 미풍에 떠밀려가는 허물 같은 변수에 있는 것도 아니요, 문을 닫아건 채 자족의 공간 속을 미망(迷妄)으로 채우는 따개비 같은 상수에 있는 것도 아니다.
　알다시피, 배운 이들 중 상당수가 이미 상수중심주의에 실망해 있다. 마찬가지로 많은 사람들이 유행처럼 떼를 지어 '변수옹호론'이나 '탈(脫)상수의 즐거움'을 외치고 있는 현실이다. 상수의 독재와 독선 속에서는 인문학적 감수성을 제대로 키울 수 없다는 반성은 당연하고 시의적절하다. 역으로, 꽃가루처럼 낱낱이 휘날리는 변수만으로도 인문학의 내용을 채울 수 없는 법이다. 본질주의의 구심력에 개성과 표정이 없이 휩쓸려들 위험도

의당 경계해야겠지만, 뚜렷한 패턴조차 형성하지 못하는 개체 변수들의 휘날림을 느끼고 즐기는 것만으로도 인문학이 설 수 없기 때문이다. 김우창의 글에도 유사한 표현이 있어 잠시 소개한다:

> …대체로 인문학은 일회적인 일화에 불과한 듯하면서도 어떠한 전이 가능성을 가지고 있으며, 법칙적인 엄밀한 필연성을 지니고 있는 것은 아니면서 어떤 전형성을 보여주는, 범례에 깊이 관계되어 있는 것으로 보인다. 인문학에서 역사와 전통이 중요한 것도 이러한 관련에서 설명될 수 있는 것이 아닌가 한다.[5]

그러니, 상수에 빌붙지도 않고 변수로 처지지도 않는 모습의 인문학 혹은, 진리에 책임을 전가하지도 않고 무리 속에 권리를 무한정 뱉어버리지도 않는 인문학적 방식이 필요하다. 이미 여러 곳에서 논급한 바 있는 나의 '일리' 개념도 상수의 인력과 변수의 무중력을 넘어서서 인간의 삶과 역사의 구체적 모습에 가까이 다가갈 수 있게 하기 위한 해석학적 장치다. 논의의 맥에 꼭 끼는 맛은 없지만, 아쉬운 대로 볼테르의 역사학 방법을 이용해서 논점을 예시할 수 있을 듯하다:

> 기병대대나 포병대대가 점령하고 점령당하는 일, 마을을 빼앗고 되찾는 일이란 역사 속에 가득찬 잘잘한 일에 지나지 않는다. 예술과 인간 정신의 진보를 빼버리고나면 후세의 관심을 끌 만한 것은 찾아보기 힘들다. 나는 전쟁사가 아니라 사회사를 쓰고자 한다. 가족내의 삶이 어떠했는지, 그리고 인간이 공통으로 계발해온 기예(技藝)가 무엇인지를 알고자 하는 것이다. 내 목표는 인간 정신의 역사를 쓰는 것이지 소잘한 사실들의 세목을 밝히는 것이 아니다. …내가 추구하는 것은 인간 문명이 진보한 과정과 그 단계인 것이다.[6]

---

5) 김우창(1993), "인간에 대한 물음: 인문학의 과제에 대한 성찰", 18쪽.
6) Voltaire, Voltaire in His Letters, 다음에서 재인용. Will Durant(1961), 169쪽.

귀재 볼테르의 역사 연구는 유럽 정신의 흐름과 그 패턴을 체계적으로 드러내고자한 최초의 시도라는 평가를 받고 있다. '역사철학(la philosophie de l'historie)'이라는 용어를 처음으로 사용한 볼테르는 또한 그 이름에 걸맞는 내용을 생산해낸 인물이기도 하다. 잘 알려진 것처럼, '저 흉측한 것을 때려부수자(ecrasez l'infame).'고 외치며 당시의 교권 타파에 앞장선 그는 중세 종교적 구도의 연역적·중앙집권적·목적론적 사관으로부터 결연하게 등을 돌린다. 이미 체제의 액자 속에 금박된 상수가 손댈 수 없는 휘광 속에 좌정해 있다면, 볼테르의 역사 서술은 그 휘광에 눈이 멀어 지적 성실을 팔아버리는 허위 의식에서 멀리 벗어나 있었던 것이다. 상수의 눈치나 보면서 삶을 보내기에는 너무나 독설적이었던 볼테르이지만, 난무하는 변수들 앞에서 궁색해지기에도 너무나 총명하였다고나 할까. 현상의 부침(浮沈)이나 사실과 그 단편들의 집적만으로 진정한 역사 서술이 가능하지 않음을 직감한 그는 유럽 지성사의 축을 꿸 수 있는 '패턴'을 찾는 데 주력하게 된다. 말하자면, 상수의 독재와 변수의 비산이라는 양극을 지양하면서 나름의 역사철학이 뒷받침하는 '패턴사(history of patterns)'를 지향한 것이다.

인문학이 관심을 두는 것이 삶의 상수인지 변수인지를 다시 물어보자. 상수중심주의라는 전통의 짐에 허덕여온 사상사의 유훈을 새기는 것만으로도 변수쪽에 몸을 의탁하는 것이 현명하지 않을까. 아니면 변수에만 기대어 바람처럼 살아갈 수는 없다는 일상의 증언에 유의하는 것으로써 다시 상수로 회귀해야 좋을까.

이미 여러 표현으로 시사했듯이, 사상사의 각질도, 일상사의 편린도 모두 인문학이 오래 머물 수 있는 대목이 되지 못한다. 오히려, 비유하자면, 사상사의 뼈대와 일상사의 비늘이 만나고 섞이는 부분에 주목하는 편이 좋을 듯하다. 그리고 특히 이들이 만나고 섞이는 방식과 그 패턴에 각별한 관심을 두는 편이 현명할 듯하다. 이는 텍스트와 컨텍스트의 섞임과 그 구조의 탐색에 전념하고자 하는 내 해석학의 방향과도 일치한다.[7] 인문학은 경직된 상수의 행진만으로도, 무분별한 변수의 유희만으로도 설 수 없다.

인문학은 '부드러운 절제의 정신', '길을 잃지 않는 섬세의 정신', 혹은 '일리로 드러나는 복잡성의 정신'[8]으로 운용되어야 한다. 그 넉넉하고도 예민한 마음은 상수의 견고한 성채에 퍼질러 앉아 있지도 못하고, 숲과 골짜기만을 찾아 배회하지도 못한다.

인문학을 '사람무늬배움(人文學)[9]'으로 풀어서, 내 취지를 다시 새겨보자. 한 시대를 주도하는 사상으로부터 염색체에 이르기까지 사람살이의 여러 요소들은 그 정도의 차이가 있을 뿐 영원히 변치않는 상수는 아니다. 말 그대로 무상(無常)한 것이 세상의 이치다. 그런 뜻에서, 손금이든, 습관의 모습이든, 혹은 인식의 구조든, 우리 삶의 무늬를 이루는 것들은 당연히 무상하다. 그 무늬에 영원히 변치 않는 특성이나 지위를 부여할 수 없는 것이다. 그러나 그렇다고 해서 인문학의 탐구 대상이 되는 사람살이의 무늬들을 하루 아침에 쓰고벗을 수 있는 탈처럼 가벼운 것으로 치부할 수도 없다. 무릇 모든 무늬는 짧지 않는 역사성의 표정인 것이다. 그러므로 상수보다는 역동적이며 개방적이되, 변수보다는 무겁고 책임 있는 속성과 위치를 얻게 된다. 인문학은 사람살이의 무늬를 탐구한다. 그 무늬는 상수의 행진과 변수의 유희가 만나고 섞이는 접선의 모습인 것이다.

---

7) 이 대목과 연관된 논의는 다음을 참조할 것. 김영민(1996a).

8) 김영민(1996b), 277쪽.

9) 워낙 文은 무늬를 뜻하는 紋과 같은 글자다. 인문학의 유래를 따지는 조동일의 글에 이에 대한 간략한 소개가 있다. 조동일(1997), 211쪽. 이 책의 앞머리(19~21쪽)에 내 책(1996b)에 대한 단평이 있는데, 망서린 끝에 교수신문(1997년 5월 12일자)에 "학문은 정신의 스포츠가 아닌 和而不同의 아름다움입니다"라는 제목의 반박문을 싣게 되었다. 후에 몇몇 일간지에서 이 논쟁을 보도하기도 했는데, 쟁점과 논의의 배경을 전혀 살펴주지 않은 무분별한 기사 일색이었다.

삶에 영원한 상수도, 변치 않을 변수도 없다. 이 평범한 사실
은 사람살이를 다루는 인문학의 논의에 귀중한 지혜가 된다. 만
세를 누릴 듯한 성루도 하루 아침에 무너져 그 위용을 한갓 잡초
아래 감추는 법이고, 진창 속의 돌 부스러기에도 신전의 계명을
새길 명운이 있는 법―이것이 역사의 교훈이 아니던가. 그러니,
무릇 상수의 위세를 누린 것들은 잠시 고개를 숙일 일이고, 변수
라고 주변을 돌던 것들은 잠시 고개를 들 일이다.

내가 (말)하는 인문학10)은 고개를 듦과 숙임으로 말미암은 척
력과 인력의 교차, 그 긴장의 역학에 주목한다. 해서 그것은 정
학(靜學)이 아니라 동학(動學)인 것이다.11) 삶의 변죽에서 떠밀
려 다니던 변수들이 상수의 길로 들어서서 바뀌어가는 모습과
그 패턴은 인문학의 탐침이 즐기는 주제다. 마찬가지로, 삶의 전
부를 설명해줄 것 같던 상수들이 균열을 일으키고 그 틈 사이로
작고 새로운 이야기들이 생기는 모습과 그 패턴을 밝히는 것도

---

10) '말하는 인문학'이란 곧 '하는 인문학'이어야 한다. 내가 하는 인문학은, 이미
여러 차례 논급했지만, 대상중심주의에서 벗어나 '인간됨의 인간학'(humanics of
being-human)으로 나아가는 관계동학이다.(1996a, 145쪽 이하 참조.) 인문학자의 요
체는 인문학에 대해서 말하는 것이 아니라 인문학을 하는 것에 있음을 잊지 말아야
한다. 말하자면, 인문학이란 '인문학적인 무엇'을 찾거나 그것에 대해서 말하는 것
이 아니다. 오히려 그것은 '무엇이든 인문학적으로' 하는 것이다. 이왕주 교수와 함
께 쓴 최근의 책(1997a) 서문에서 '작품에 대한 글쓰기'가 아니라 '작품으로 하는
글쓰기'라는 이념을 내세운 것도 유사한 문제 의식의 발로다. 이는 특히 인문학에
대한 적지않은 글쓰기와 담론들이 '비인문학적' 방식으로 이루어지는 작금의 추세
에 비추어 강조되어야 마땅하다.(작금 인문학의 테두리에 든다고 자평하는 글들 중
상당수는 사이비 혹은 의사 자연과학으로 분류해야 할 판이다.) 인문학은 뜻 읽기
만으로 그 소임을 다하지 못하며, 당연히 글쓰기를 통해서 그 탄력 있는 개방성에
대처해나가야 한다. 마찬가지로, 글쓰기가 인문학 작업의 정채(精彩)라든가, '뜻의
학문'의 일방적 횡포에서 벗어나 뜻과 글이 창의적 긴장을 이루는 부분을 넓혀가자
는 내 오랜 주장은 이러한 배경에서 가능해지는 것이다. 다음 책 중 특히 "뜻과 글
의 경계에서"를 참조할 것. 김영민(1997b).
11) 김영민(1996a), 138쪽 이하 참조.

인문학이 시선을 거두지 말아야 할 테마들이다.

그러니 인문학은 무엇을 묻는가. 인문학은 삶의 상수를 지향하는 딱딱한 패턴들과 삶의 변수로 무너져내리는 부드러운 패턴들을 아울러 묻는다. 그 부드러움과 딱딱함이 서로 어떻게 견제하며 또 조화하는지를 묻는다. 그 견제와 조화의 과정을 탐색함으로써 삶과 역사의 상수와 변수들이 역동적으로 어울려 만들어내는 풍성한 다양성, 그리고 그 생명력을 묻는다. 아울러 인문학은 딱딱해지는 패턴들이 응고되어 우상으로 둔갑하지 않도록 경계하며, 부드러워지는 패턴들이 박피처럼 갈라져 자취 없이 날아가지 않도록 돌본다.

요컨대 인문학은 인간됨과 삶, 그리고 세상의 실제 모습을 이루는 여러 길을, 그리고 그 길들의 네트워크를 묻는다. 삶의 상수 같은 것들과 변수 같은 것들이 함께 만들고 또 허물어버리는 수많은 길과 그 지형을 묻는다. 그리하여 사막과 바다 위에서도 길을 만들고, 궁전과 도시의 길도 없애버리는 그 이치를 묻는 것이다.

3. 인간됨[12]과 패턴

인간을 '됨'의 과정과 역사 속에서 보려는 태도는 이제 별스러울 것이 못 된다. 내가 '시각적 낭만주의' 혹은 '명사적 상상력'이라고 부른 습벽에 대한 비판은 이미 여러 형태로 학인들 사이에 꽤 넓게 공론화되었다.

사실 명사적 상상력 속에 구금된 인간관 혹은 자아관은 어느 시대에 국한되지 않는 보편적인 습벽이다. 그러나 서구의 경우, 특히 계몽의 이념이 이와 긴밀하게 관련되어 있다. 푸코의 설명처럼 계몽이 "이성을 보편적으로 사용하는 것, 자유롭게 사용하

---

12) 이 대목의 취지는 다음의 글과 관련된다. 김영민(1996a), 특히 145쪽 이하.

는 것, 공적으로 사용하는 것이 서로 겹치게 될 때 비로소 존재하게 되는 것"13)이라면, 그 보편성, 자유 그리고 공공성의 이면에는 이성의 통일성과 자율성에 대한 명사적 형이상학이 전제되어 있는 것이다. 이것은 뉴턴의 기계적 우주관과 유비 관계에 있었던 로크의 요소론적 인간관에서 분명하게 확인된다. 그러나 보편성, 자유, 공공성의 주체를 토의하는 우리들은, 그리 멀지 않은 과거에 우리 존재의 자긍심을 침해하는 침팬지까지 함께 토의해야 할 역사를 안고 있다:

   인간 진화의 시간대를 둘러싼 명백한 불협화에도 불구하고, 그간의 연구들은 인간과 침팬지 사이의 근친성을 매우 설득력 있게 강조한다. 예를 들어, 윌슨(Allan Willson)과 킹(Marie-Claire King)은 인간과 침팬지의 여러 단백질 구조를 상호 비교했는데, 둘 사이의 차이는 거의 없었다. 단백질 구조의 99%가 똑같았던 것이다!14)

   흔히 생물학은 형이상학적 사변에 골몰하는 지식인의 허위 의식에 찬물을 끼얹는다. 그러나 이 논의를 위해서 침팬지까지 들먹일 필요는 없다. 주체의 자율성과 통일성을 의심하는 분위기는 현대의 철학적 담론을 꿰는 주요한 흐름을 이루고 있기 때문이다:

   문제는 바로 여기에 있다. '주체의 죽음'에 관한 논의는 단지 데카르트적 코기토의 죽음을 선언하는 데 그치지 않고, 절대 근거 혹은 최종 근거(하이데거가 이해하는 의미의 '주체')의 추구, 이성의 계몽을 통한 무한한 진보의 신화, 그리고 세계사를 신의 자기 생성 과정으로 보는 역사신학에 종지부를 찍자는 움직임이다. 이렇게 볼 때 주체의 죽음에서 문제시되는 주체는 하나의 개별자를 지칭하는 말이 아니라 '현대성' 혹은 '현대'의 기획 자체와 인간에게 부여된 자리를 일컫는 말이다.15)

---

13) Foucault(1995), 346쪽.
14) Leakey(1977), 49쪽.

15) 강영안(1996), 101~102쪽. 문예출판사가 보내온 강교수의 책을 읽으면서 느낀 점이 있어 적어둔다. 아래의 글은 문화일보에 잠시 연재한 '김영민의 독서일기'(1997년 2월)에 실렸던 것이다:

심오한 사색을 일삼는다는 이들은 웬일인지 글쓰기에 게으르다. 그들은 대체로 산지사방에서 베껴온 논문 한 편을 연중 행사처럼 바치는 것으로써 한 해의 심오함을 마무리한다. 서양에서는 '글을 쓰지 않으면 망한다.'(publish or perish)는 경구가 공공연한데, 우리는 오히려 '글을 쓰면 망한다.'(publish and perish)는 나태한 보신주의가 학계에까지 침윤해 있는 것이다. 문제는, 사색의 심오함도 희귀하지만, 그 희귀한 심오함마저 글쓰기와 무관하다는 것이다. 글쓰기에 나태하고 무능한 그들의 도피처는 이른바 '뜻의 학문'이다. '뜻의 학문'은 흔히 게으른 독재(혼잣말)로 흐른다. 그들은 심오한 뜻으로 가득찬 사색에 몰두하느라고 글쓰기에 게으르고, 허위의식으로까지 치닫고 있는 그 심오함 속에서 마침내 익사한다. 심오한 사색과 탄탄한 글쓰기가 서로 통풍하는 일은 특히 학문의 자생력과 주체성이 심각하게 훼손되어 있는 우리의 경우 매우 중요한 미덕이다. 뜻과 글이 이어지고 마침내 앎과 삶이 자연스럽게 소통되는 경지는 우리의 미래 학문을 위한 화두가 되어야 할 것이기 때문이다. 나는 글과 뜻이 서로 조금도 양보하지 않고 팽팽한 긴장을 유지하고 있는 책을 좋아한다. 이것은 인식론과 미학이 경합하는 접점이며, 전통과 표정이 어울리는 경계이고, 마음의 안팎이 교통하는 지경이다. 수입한 뜻만을 몰염치하게 내세우는 '심오한 허위'도 문제지만, 한갓 유행으로 끝날 글의 매무새만을 챙기는 짓도 내 구미에 맞지 않는다.

지난해 늦가을에 만난 강영안 교수의 「주체는 죽었는가」는 이 점에서 행복한 경험이었다. 우선 그의 한글은 깔끔하게 절제되어 무리없이 읽힌다. 내 경험에는, 영어나 독일어로 씌인 책의 경우, '무리없이 읽힌다.'는 평가가 오히려 어색할 것이다. 그러나 우리는 아직도 우리의 글로써 우리의 생각을 간추려내고 이를 보편화해야 하는 단계다. 우리의 근대 언어사가 증명하듯이, 여전히 글과 뜻의 창의적 긴장 관계가 확립되지 못한 것이다.

주체의 개념사를 통해서 서양 현대철학의 성격과 그 흐름을 일별할 수 있게 해주는 이 책은, 인용의 태도에서부터 논의의 전개에 이르기까지 강교수의 건실한 스칼라십을 잘 보여준다. 서양 근대철학사의 중요한 한 갈래는 주체의 철학이 형성·변형·확장·쇠락해가는 과정이다. 원자의 핵 같은 주체가 '발견'되고, 그 주체의 요소론적 형이상학이 '비판'되고, 욕망과 언어 등을 통해서 '재구성'되고, 마침내 '해체'되는 과정을 통해서 서양철학사의 과거를 훑고 그 미래를 그려보는 이 책은 서양 사상사에 관심을 갖는 이들의 좋은 길잡이가 될 것이다. 특히 국내에서는 아직도 생소한 레비나스의 철학를 개략적이나마 소개한 것은 그것 자체로 흥미거리겠

'됨'의 인간학은 (휴먼)빙으로부터 (빙)휴먼을 구해내고, 명사적 상상력으로부터 삶의 더운 숨결을 건져내고, 사유의 박제로부터 생명의 기운을 구해내려는 시도다. 이는 역사 속을 흘러가는 사람살이의 구체적 궤적에 충실하려는 태도일 뿐이다. 상수와 변수의 역동적 조율을 다룬 논의에서 시사한 대로, '됨'을 강조한다고 해서 인간을 비본질의 무상으로만 묘사하자는 것은 아니다. 그러므로 가없는 세월 동안 육체와 정신의 지향성을 유지해온 인간의 역정을 너무 가볍게 희화화하는 태도도 마땅히 경계해야 할 것이다.

　바로 이 긴장의 접선 속에 '패턴'이라는 개념이 나름의 역할을 한다. 인간과 그 삶의 길들이 '패턴'이라고 부를 수 있는 느슨한 맥리를 좇아서 움직인다. 그것은 느슨해서 고정된 이정표를 달 수 없을 정도이지만, 그렇다고 아무나 함부로 샛길을 만들 수 있을 만큼 유동적이지도 않다. 냉정히 보자면, 우리 삶의 모습은 대체로 '느슨한 길'이며, 삶의 생명력은 그 '느슨함'과 '길' 사이의 역동적 긴장에 다름 아니다.[16] 물론, 혁명과 광기가 역사의

지만, 동시에, 모더니즘은 너무 딱딱해서, 또 포스트모더니즘은 너무 물러서 먹을 수 없었던 우리에게 이 둘을 지양하는 새로운 철학의 가능성을 시사하기도 한다. 나는 다만, 강교수의 학문이 '뜻의 학문'과 '글의 학문' 중 어느 쪽으로 기울고 있는지 궁금할 뿐이다.

16) 내 글을 "건전한 상식에 기반한 절충주의"라고 부른 이가 있는데, 주로 이런 식의 논의를 가리킨 것으로 판단된다. 김재인(1997), 403쪽. 특히 진리와 무리 사이의 해석학적 긴장을 일리지평(一理地平)으로 살려내려는 일련의 내 노력은 피상적으로는 일종의 '절충'으로 읽히기 쉽다. 그러나 그간의 여러 꼼꼼한 평자들의 지적처럼 그것은 절충과는 아무런 상관이 없다. 내가 골몰하는 '역동적 긴장'이란 이쪽 저쪽에서 적당한 부분을 조금씩 뜯어내어 결합하려는 태도가 아니기 때문이다. "건전한 상식" 운운함은, '건전해보이는 상식'의 이면을 파헤치는 것으로 내 학문의 한 줄기를 삼아온 나에게는 더욱 우습고 황당한 노릇이다. 한 술 더 떠서, 「컨텍스트로, 패턴으로」에서의 내 논의(특히 '책의 죽음'과 관련된 논의)가 데리다 등에 의해서 이루어진 해체 논의를 무시하고 이루어진 것이어서, 결국 건전한 상식주의의 이면에 개입하고 있는 '형이상학적 계기'를 놓치고 있다고 비판하는 지경에 이른다.

주름을 만들듯이, 삶에 극단이 없을 리 없다. 극단이 때로 삶의 길을 좌우하는 것은 사실이지만, 그러나 극단이 그대로 삶의 길을 이루는 것은 아니다. 극단은 필경 패턴에 이르지 못하며, 그렇지 않다면, 그것은 필경 극단이라고 할 수도 없을 것이다.

사소한 습관의 행태에서부터 유전자의 구성에 이르기까지, 그리고 슬픔에 대처하는 방식에서부터 종교 체험의 형태에 이르기까지, 삶의 모든 영역에는 수많은 패턴들이 살아 꿈틀거리고 있다. 조금 생급스러운 느낌이 있겠으나, 패턴의 활력을 미묘하고 극명하게 보여주는 사례 하나를 소개하고자 한다:

유아(乳兒)에게 말을 붙여보면, 특이한 일이 벌어진다. 팔을 휘젓거나 목구멍에서 꼴락꼴락거리는 소리를 내거나, 또렷한 눈망울을 굴리며 빤히 쳐다보면서 아무리 근엄한 사람이라도 미소를 금치 못하게 한다. (그러나 정작 중요한 사실은) 아기의 몸이 잘 조율된, 매우 미소한 근육 운동으로 물결치듯이 움직인다는 것인데, 이것은 특별히 정교한 전자 장

타인의 논의를 특정한, 그리고 임의로 선택한 틀 속에 구금하고 왜곡시키는 이것, 바로 이것이 내가 줄곧 지적해온 문화(文禍)의 사례가 아니고 무엇이랴. 내 글의 취지와 그 일리를 제대로 읽어내는 것이 우선이고, 해체논의의 눈으로 내 글을 자의적으로 환원시키는 것은 다음, 아주 다음에 할 짓이다. 그것은 학문의 식민성의 당돌한 징표일 뿐이다.

김재인이 같은 과 선생인 김상환 교수, 그리고 선배인 이정우 교수의 글을 매우 긍정적으로 풀어내고 있는 것이 내 눈에 띄었다. 사담으로 들릴 수도 있겠지만, 이와 유사한 패턴의 경험이 반복된다는 것은 매우 흥미롭다. 1996년 가을, 서울의 J대학 대학원 신문에서 내 글을 두고 당사자인 내가 빠진 채 여러 차례의 논쟁이 수개월에 걸쳐서 교환되었다. 내 생각을 주로 비판한 Y라는 영문과 대학원생의 논거는 같은 과 강내희 교수의 입장과 대단히 닮아 있었는데, 애초 문제의 발단이 된 내 글은 강내희 교수 등과 함께 참여한 심포지엄에서 발제한 것이었다. 1997년 봄, 부산의 P대학 대학 신문에는 하버마스를 개괄적으로 소개하는 소논문이 실렸다. 글의 필자인 대학원생 L은 내 책 중 어느 한 권의 주지(主旨)를 단 한 줄로, 그것도, 매우 자의적·일방적으로 매도한 뒤, 별안간 자기 지도 교수의 생각에 대조적인 찬사를 보내면서 글의 매듭을 짓고 있다. 이것은 모두 공론에 이르지 못할 사담일까?

치에 의해서만 감지된다. 최근에 발견된 이 놀라운 반응은 언어가 얼마나 견고하게 우리 인간의 뇌 속에 뿌리 내리고 있는지를 잘 보여준다.[17]

"패턴은 컨텍스트와 텍스트 사이에 생긴 긴장의 형태"[18]라고 밝힌 적이 있다. 죽은 부분들을 함께 모은 절충이 아니라, 이미 그것 자체로 생명력을 지닌 긴장이다. 정황과 필요에 따라 새로운 패턴들이 이루어져 삶의 조건으로 수렴되기도 하고, 효용을 잃어버린 낡은 패턴들은 자생력을 잃은 채 폐기되기도 한다. 혹은 마치 산호처럼 스스로를 증식시키기도 하며, 혹은 허물을 벗는 곤충처럼 겉모습을 계속 바꾸기도 한다. 흡연이 폐암을 유발시키는 것이나, 과일을 주식으로 삼던 털복숭이의 수상(樹上) 생활을 청산하고 잡식성의 맨몸뚱이 수렵 생활을 택하게 된 것이나, 그리고 체위 등의 성 문화의 변천에 따라 여성의 질(膣)이 항문으로부터 점차 멀어지게 된 것[19]은 모두 패턴화의 다양한 모습에 지나지 않는다. 이들은 모두 '됨'으로서의 인간 현상을 이루어가는 과정인 것이다.

인간과 그 삶은 닫힘과 열림, 안정과 모험, 자폐와 성숙 사이를 이어주는 수없는 패턴들의 연쇄망으로 구성되어 있다고 해도 과언이 아니다. 생성되고 성장하고 쇠락하며 폐기되는 패턴들은 살아 있는 유기체와 실질적으로 다를 바 없다. 패턴의 다양성과 그 역동성을 통해서 인간의 삶은 스스로를 끊임없이 표현하고 있는 셈이다. 인간의 현실성과 가능성은 늘 삶의 길을 따라서 패턴화된다. 사실 패턴화는 변전하는 환경에 직면하여 스스로의 현실성을 보존하면서 새로운 가능성을 실현시켜야 하는 모든 유기체들의 자연스러운 생존·생활 전략이다. 모든 패턴은 원칙적으로 꼬투리가 열린 개곡선 같은 성격을 지닌다. 그러나 곡선도

---

17) Leakey(1977), 166쪽.
18) 김영민(1996a), 78쪽.
19) Morris(1991), 80쪽 이하 참조.

선으로서의 역할을 수행하기는 마찬가지다. 그러므로 패턴의 역사와 그 생리를 무시하고 섣불리 선의 이곳 저곳에 구멍을 내는 것은 매우 위험하다. 그 대가는 흔히 실패, 구금, 추방, 소외, 질병, 상해, 심지어 죽음이다. 작은 구멍으로 패턴의 길고 무거운 길을 단숨에 바꾸려는 짓은 하루의 혁명으로 유토피아를 바라는 짓처럼 무모하다.

삶은 곧 패턴사로써 그 형식적 흐름새를 가늠할 수 있다. 마찬가지로 '됨'으로서의 인간이란 패턴의 긴장을 탄성 있게 유지·발전시키는 과정이자 그 역사에 다름 아니다. 이 인간학은 '삶의 상수를 지향하는 딱딱한 패턴들과 삶의 변수로 무너져내리는 부드러운 패턴들'이 함께 어울려 만드는 네트워크의 역동성에 초점을 맞춘다. 그리고, 그 인간학에 기초한 인문학은 인간이 '됨'이 되고, 다시 '됨'이 인간이 되는 교차 대구적 상보성을 묻는 것이다.

4. 성 숙

나는 인문학의 이념을 성숙 그리고 변혁이라고 밝혀왔다. 그러나 성숙이 없는 변혁이란 필경 한시적 미봉책에 그칠 것이며, 인문학은 제도에 앞서 사람을 묻는 것이 당연하므로, 성숙을 우선적인 과제요 이념으로 내세워도 좋을 것이다. 물론, 성숙을 제도와 동떨어진 개인의 인성 문제로 환원시키는 태도를 지지하는 것은 아니다.

이 성숙이라는 개념에 특별한 문헌학적 고증을 달 필요도 없다. 우리들이 자주 사용하는 일상 용어에서 출발하면 족하다.

인성의 어느 한켠에 성숙소(成熟素) 같은 본질적 단위나 토대가 있을 리 없다. 그렇다고 '성숙'이라는 표찰을 달아주거나 문신을 새겨줄 만한 마땅한 표정이나 언사를 집어내어 분류할 수 있는 것도 아니다. 성숙을 담지한 무슨 보물 상자 같은 본질이나 실체에 골몰하는 형이상학도 피하되, 처세술이나 기껏해야 인성론의 주위를 맴돌 현상론도 아울러 경계한다는 뜻이다. 여기서는 '표징(標徵)'으로서의 성숙을 토의하고자 한다. 사전에 실린 표징의 뜻은 '겉으로 나타나는 특징'이다. 그러니 이것은 엄밀히 말하자면 속의 것도 아니요 겉만의 것도 아니다. 그것은 속이 겉으로 나타나면서 자신을 절제하고 조율한 형태로서, 진화·진보하는 생명체로서는 매우 자연스러운 현상이다. 중용에도 '속에서 이루어진 것은 겉으로 형체를 만든다(成於中形於外).'고 하지 않았는가.

여기서도 '긴장'이 중요하다. 겉과 속 사이의 긴장을 잃지 않으려는 유연한 태도로 문제에 접근하는 것이 긴요하다는 말이다. 표징은 아우라가 없는 활자도 아니고, 아우라만 있는 계시도 아니기 때문이다. 징표로서의 성숙을 말할 수 있으려면 다음과 같은 몇 가지를 살피는 것이 요긴하다:

① 우선 그 징표들이 반복해서 나타나야 할 것이다. 한두 번 스쳐가는 흔적만으로는 예의 '긴장'을 확인할 수가 없다.
② 그 반복을 통해서 그 징표가 역사의 인준을 받을 수 있어야 할 것이다. 여기서의 '역사'란 흔적이나 계시와 대조되는 개념이다. 성숙의 지평이나 그 깊이는 흔적의 현상론이나 계시의 본질론으로 규명될 수 없기 때문이다.
③ 그 역사의 인준은 개인 혹은 집단의 삶의 패턴으로 끊임없이 되살아나야 한다. 역사의 생명력은 결국 사람살이와 그 모듬살이의 길을 통해서 확인받을 수밖에 없기 때문이다.

인문학의 이념으로 제시된 성숙이라는 개념에는 자연과학의 전통적 이념에 대한 대구 의식(對句意識)이 작용하고 있다. 대조가 아니라 굳이 '대구'라고 한 것은 편협한 인문학주의를 경계하고 인문학과 자연과학 사이의 상보성에 유의하기 위한 배려다.

물론 이 글은 인문학의 학적 특이성이 강조될 수밖에 없는 한계를 지니지만, 자획(字劃)이 여백을 배려하듯이, 쓰이지 않는 것도 쓰이는 것에 의해서 배려받을 수 있는 방식이 있기에 하는 말이다. 또한 자연과학도 성숙의 문제과 무관한 작업인 것은 아니다. 공부의 분야는 다르더라도, 가령 넓어지면서 성실을 배우고 깊어지면서 관후(寬厚)를 배우는 점에서야 서로 통하는 면이 없을 것인가.

물론 19세기까지 물리과학이 주도한 자연과학은 스스로의 광휘에 취한 나머지 관용이나 성실 등, 성찰을 위한 성숙과 여유가 없었던 것이 사실이다. 볼테르의 표현대로 '천 년 만에 한 명 나올까 말까한 천재'인 뉴턴이 1687년에 이룩한 업적으로 대변되는 근대 과학의 영화는 최소한 19세기말 실증과학의 한계가 여러모로 노정될 때까지 계속되면서 스스로의 자만을 깊이 자성하지 못했던 것이다.

그러나 지금은 사정이 많이 달라졌다. 흄의 인과율 비판 이래 새로운 과학철학의 '반(反)방법'에 이르기까지, 방식의 정확성이 사태의 객관성을 보장한다는 생각은 여러 가지 심각한 도전에 직면해왔다. 아니, 이제는 '과학'이라는 개념 자체가 혼란에 빠져 있다는 진단이 오히려 자연스럽다:

> 질문 A(과학이란 무엇인가)에는 단답이 없다. 과학철학의 여러 학파들은 과학의 성격과 운용에 대해서 서로 다른 답변을 제시하고 있다. 게다가 과학자들, 정치인들 그리고 소위 일반 대중의 대변인들도 각자 나름의 주장을 펴고 있는 실정이다. 그러니 과학의 본성은 아직 어둠 속에 묻혀 있다고 말하는 쪽이 가장 진실에 가까울 것이다.[20]

겸손이니 관용 그리고 성실 등, 인문학의 자기 성찰적 가치였던 것들이 자연과학자들의 탐구 활동 속에도 스며들고 있다. 당

---

20) Feyerabend(1982), 73쪽.

연히 그 역도 가능하다: "과학적 성과는 한 문화가 가지는 근본적 가정, 가치, 지향, 지적인 태도에 지대한 영향을 미칠 수 있"기 때문이다.[21] 어쨌든 우리 시대, 특히 전문가들이 활동하고 있는 영역이라면 이제 '절대적 확신' 등속의 말을 옹골차게 내뱉을 수 없는 분위기를 읽을 수 있다. 과학의 실증주의적 자만을 뒷받침했던 정확성과 객관성 그리고 설명 가능성의 이념들은 전 같은 위세를 누리지 못하고 있고, 인문학적 색채를 지닌 자기 성찰의 목소리가 잔잔하지만 깊이 파급되고 있다. 벼가 익을수록 고개를 숙인다는 속담은 이제 전문성의 깊이를 더해가는 사람들에게는 피할 수 없는 현실이 되고 있는 것이다.

내가 강조하고 싶은 것은 다음과 같다. 첫째, 초기 근대 과학의 특징은 겸손한 의식이었다. 거기에는 '오직 제한된 범위 안에서만 유효하다.'는 엄격한 제한 관계가 언급되어 있었다. 둘째, 그런데 이 겸손함의 대부분이 19세기를 지나면서 상실되었다. 물리학적 지식은 자연 전체에 적용될 수 있다고 생각했으며, 물리학자들은 철학자가 되기를 바랐다. 또한 진실한 철학자는 과학적이어야 한다는 것이 요구되기도 하였다. 셋째, 오늘날 물리학은 근본적 변화, 즉 과학의 본래 특성인 자기 한정성으로 복귀하고 있는 중이다. 넷째, 과학이 갖고 있는 철학적 내용은 과학 자신의 한계성을 인식했을 때에만 보존된다.[22]

포프(Alexander Pope)의 시에 표현되어 있는 뉴턴 찬미[23]에서

---

21) 정병훈, "인문학과 자연과학: 두 개의 문화인가?", 김우창(외)(1993), 225쪽. 이어서 그는 "따라서 과학과 인문학을 가치, 지향성, 의미의 개입 여부로 구분하는 인문학주의는 정당화될 수 없다."고 덧붙인 뒤, "자연과학과 인문학은 전체 문화의 한 요소일 뿐이지, 별개의 문화로 취급되어서는 안 된다."고 주장한다. 그런데 이러한 논의에서 짚어볼 필요가 있는 문제 중의 하나는, 과학과 인문학을 구분짓는 잣대와 그 방식이 논자에 따라서 인문학적으로 기울 수도 있고 혹은 과학적일 수도 있다는 점이다.
22) Werner Heisenberg, "과학은 자신의 한계를 의식하고 있는가?", Wilber(ed.)(1990) 94쪽.

극명하게 드러나듯이, 반신(半神)으로 격상한 뉴턴의 범례를 좇아 근대 과학이 지성사에서 전무후무한 위세를 누린 것이 사실이다. 그러나 역사란 움직이는 것으로 그 생명력을 유지하는 것이니, 설익은 엄숙을 떨며 지성사의 노른자위 구실을 하던 근대 과학도 19세기를 채 마치기도 전부터 균열이 잦고 누수(漏水)가 빈번하였다. 니체의 표현을 빌자면, 명랑한 정신들이 중력의 정신을 죽이게 되면서 엄숙주의로 뻣뻣했던 목들은 그제서야 익은 고개를 숙이기 시작했던 셈이다.24) 딱딱한 과학주의의 자만과 신화에서 벗어난 금세기의 석학들이 인문학의 전통적 이념들과 급속히 친화하고 있음은 관심 있는 이들의 상식이다.25)

인문적 가치에 대한 인문학과 자연과학의 대구적 상보성, 그리고 성숙 개념의 다의성과 애매성에 대한 기왕의 비판에도 불구하고 성숙은 내게 매우 매력적으로 다가온다. 김상환의 표현을 원용한다면, 성숙은 '인간과 형이상학이 맺고 있는 공속적 운명'을 확인시켜줄 뿐만 아니라 인간 개념의 역사적 취약성을 보완해줄 수 있는 화두이기도 하다:

왜냐하면 오늘날 인문주의가 부딪친 한계는 전통으로의 복귀나 인간(또는 주체)에 대한 재규정을 통해서 해소될 수 있는 성질의 것이 아닌 것처럼 보이기 때문이다. (중략) 그것은 무엇보다도 인문주의적 인간과 그것을 위협하는 것 사이의 관계에 대한 불충분한 이해 때문이며, 인간의 개념이 철학적 혹은 형이상학적 사유와 더불어 맺고 있는 어떤 공속적 운명에 대한 무지 때문이다. 즉, 인간 개념의 역사는 아직도 자명하지 않은 토대 위에 서 있다. 오늘날 인문주의가 위기를 맞고 있다면, 이는 이 인간 개념의 역사적 취약성이 노출되기 시작했기 때문이다.26)

---

23) Nature and Nature's laws lay hid in night / God said, Let Newton be! and all was light! 다음에서 재인용. Butterfield, et all(1963), 93쪽.

24) Nietzsche(1976), 68쪽.

25) 이 상식의 대강을 일람하려면 다음 책이 좋을 것이다. Augros(1986).

26) 김상환(1996), 319쪽. 김상환 교수의 글쓰기는 글과 뜻 사이의 긴장을 이해하고

사실 앞에서 언급한 '표징으로서의 성숙'이 명석한 개념은 아니다. 아쉬운 대로 계속 자연과학의 형편을 살피고 이와 대화하는 방식으로 논의를 이어가자.

빠름과 새로움에 민감한 금세기의 학문적 정서가 후위보다는 전위(前衛)를, 동일성보다는 차이를, 중심보다는 주변을 주제화하려는 태도를 유지해왔으므로, 특히 인문 정신에 유의하는 이들은 과학의 경우에도 그 상수보다는 변수와 변인들에 각별한 관심을 보여왔던 것이 사실이다. 또 여러 종언주의나 탈근대성 논의의 물결은 근대 과학의 재구성 내지는 흔들림이 갖는 철학적 함의에 발빠른 흥미를 보이기도 했다.

그러나 과학자들의 활동에 만화경 같은 변수들의 파노라마가 필요 이상으로 과장되어서는 사태의 실상에 이르지 못한다. 패턴을 형성할 만한 전형이 나타나는 것은, '원리의 학문'이라고 할 수 있는 자연과학의 경우 너무도 당연하다. 가령, 역사에서 반복해서 나타나는 전형에 대한 지적이 이미 사마천의『사기』에서 읽을 수 있으니,27) 고도의 추상화를 기반으로 삼는 자연과학에서야 오죽하랴. 우선 과학적 사유와 활동의 패턴들을 솎아낸 후, 이를 인문학적 탐색과 대조시키고, 특히 후자의 노력과 그 길이 성숙과 어떤 관련을 맺고 있는지를 탐구해보자는 것이다. 인문학 위기론의 내인(內因) 중의 하나로서, 인문학이 근세 이후 눈부시게 팽창한 자연과학의 위세에 눌려 스스로 제 자리를 잃었다는, 진부한 사실이 여전히 지적되고 있는 점28)을 감안하더

살려나간다는 점에서, '뜻 중심주의', 혹은 '뜻의 학문'에 매몰되었던 구태와 명백히 대조적이다. 철학자로서는 그 외에도 인하대의 김진석 교수나 부산대의 이왕주 교수의 노력을 평가해야 할 것이다. 안타까운 것은, 국내의 인문학자 중 적지않은 수가 방대한 지식을 축적하고 있으면서도, 그 지식이 머리 속의 '뜻'으로 조직화되어 있을 뿐, 인문학적 글쓰기의 정치함이나 부드러움으로 풀어내지 못한다는 것이다. 이제는 '인문학에 대한 글쓰기'가 아니라 '인문학으로서의 글쓰기'가 필요한 때다. 말하자면, 인문학의 안팎에 그 이름에 알맞는 실질을 채울 때가 온 것이다.
27) Watson(1995), 191쪽 이하 참조.

라도 이 논제는 아직 유효하다고 판단된다.

우선, 여러 자연과학적 활동의 토대를 이루는 신념으로서 '설명할 수 있음(explicability)'[29]을 들 수 있을 것이다. 탈레스에서부터 스티븐 호킹에 이르기까지 서구의 과학사를 향도한 정신은, 신화와 혼돈 그리고 무한성을 몰아내고, 이성과 합리 그리고 유한성의 세계를 넓히려는 태도로 구체화되었다. 이것은 다름아닌 설명 가능성의 신념을 극대화하려는 전통으로 요약될 수 있다. 그들에게 있어서 설명 가능성이란 세상을 대하고 이해하는 단순한 하나의 선택이 아니었다. 내 판단에는, 설명 가능성이라는 신념의 뭉치는 서구의 지성사를 엮어온 형이상학과 신학 그리고 인간학의 고리들을 이어주는 방법론적인 축이 된다. 설명의 로고스로서의 신, 설명하는 인간의 이성, 합리적으로 설명될 수 있는 우주, 그리고 설명의 도구인 수학.[30] 바로 이것이 서양의 사상사를 굴러가게 만드는 4개의 바퀴인 셈이다. 설명의 자신감, 그리고 이를 구체화하고 때로는 변용한 일련의 사건들은 바로 근대 과학 기술 문명의 소프트웨어와 하드웨어에 해당한다.

당연히, 인문학은 설명 가능성의 낙관주의에 동참하지 못한다. 여기에, "계보(系譜)와 어록에 정통한 것보다 일생일대사(一生一大事)를 관통하는 기력"[31]을 구하면서, 대화적 변증법을 생략하

---

28) 1997년 5월 29일, 전남대의 인문학연구소가 주최한 인문학 심포지엄 '휴머니즘의 회복과 인문학'의 발표문들에서도 인문학의 성격 규정은 여전히 자연과학과의 대조 의식을 배경으로 삼고 있다. 가령 김영한 교수는 "인문학이 과학의 길을 걷게 되면서부터 인문학자들은 비과학적 방법이란 이유에서 문학적·상상적 요소를 최대한 배제했고, 객관적·가치 중립적 태도를 취해야 한다는 입장에서 미적·윤리적 측면을 애써 외면했다."는 점을 인문학 위기론의 역사적 배경으로 거론한다. 관련 기사: "'인간됨'을 모색하는 고단한 지적 여정의 한 풍경", 교수신문, 1997년 6월 9일자.
29) 다음은 서구의 자연과학적 세계관과 설명 가능성 사이의 관련성을 따진 글인데, 이 대목을 보다 깊게 이해하는 데에 도움이 될 것이다. 김영민(1992), 7~16쪽.
30) 김영민(1992), 11쪽.
31) 일지(1992), 18쪽.

고 마치 칼싸움이나 하듯 전격적으로 달려드는 선문답[32]의 인문주의 전통까지 내세울 것도 없다. 인간의 인간됨, 그 길과 성격을 묻는 인문학이 설명 가능성의 원리나 방식, 그리고 이를 뒷받침하는 형이상학을 전제한다는 것은, 말하자면, '인간에 대한 예의'가 아니다. 널리 알려져 있다시피, 철학적 해석학의 전통은 자연과적 설명 모델의 보편성과 특권에 반기를 들면서 인문, 예술 그리고 종교에서의 분야별·방법론적 자율성을 모색해온 지 1세기를 넘기고 있다. 이미 딜타이(1833~1911)도 의미의 창조 활동과 그 표현 속에 인간됨의 본질을 두고 있고, 따라서 인과적 설명(erklaeren)이 아니라 이해(verstehen)의 방식을 제안하고 있는 것이다.

인문학은 분명히 설명 가능성의 낙관주의에 부화(附和)하지 않는다. 그러나 비관주의나 불가지론의 한 구석에 웅크리고 있는 것도 아니다.(사실, 내가 패턴이라는 개념에 천착하는 것도, 그 개념이 이 낙관주의와 비관주의를 동시에 지양하면서 인식과 이해의 새로운 지평을 열어준다고 믿기 때문이다.) 인문학의 개념과 성격이 비교적 모호한 것은 사실이지만, 이것은 비관이나 패배의 표시로 볼 것만은 아니다.[33] 오히려 이것을 자연과학이

---

32) 심재룡(1992), 94~95쪽.
33) "인문학문의 개념과 성격이 모호해서 학문 이전의 상태에서 벗어나지 못하고 있으며, 그런 형편을 타개해야 할 책임이 있는 철학이 자기 영역을 제대로 돌보지 못하는 무능을 드러내다가 멀리 자연학문을 찾아가 남의 집에서 머슴살이나 하고 있다." 조동일(1997), 222쪽. 이 대목과 상관없이, 평소 조교수의 글을 읽으면서 자주 느끼는 바를 간략히 피력한다: 요컨대, 그의 분석은 절차탁마의 섬세한 논쟁으로 빚어낸 정교한 맛이 적고, 글쓰기는 국문학 전공자로서는 너무 투박하고 건조하며, 결론은 곧잘 직설적이며 도식적인 단정으로 내닫는다. 특히 그가 글의 토대로서 섭렵하고 축적한 방대한 자료를 일람하노라면 나로서는 이해할 수 없는 궁금증에 휩싸이는 것을 어찌 할 수 없다. 내 논지를 분명히 하기 위해서 다소 투박한 비유를 동원하자면, '이렇게 많은, 그리고 좋은 자재(資材)를 가진 사람이 이렇게 엉성한 집을 지을 수 있는가?'라는 궁금증인 것이다. 그 자신도 새로운 글쓰기에 대한 관심을 표명한 적이 있지만, 내 판단에는, 조교수의 글쓰기야말로 전면적인 개혁이

나 사회과학과는 다른, 인문학 공부의 고유한 방식과 성격, 그 나름의 깊이와 묘를 살려나갈 수 있는 조건으로 승화시켜나갈 수 있으리라고 본다. 물론 이것이, 이미 지적했듯이, 일방적인 인문학주의를 부추기는 태도로 비춰져서는 곤란하다. 내가 말하는 인문학의 성격과 방식은 19세기말 문화과학(Kulturwissenschaft)과 자연과학(Naturwissenschaft)을 준별하면서 사용했던 경직된 잣대만으로는 제대로 읽어낼 수가 없다. 리케르트의 말을 들어보자:

> 한쪽의 경우에서는, 개관할 수 없는 무수히 많은 객체들이 보편적 개념의 한 체계 안에 들어온다. 이때 이 체계는 이 다수의 객체 중 어떤 '임의의' 사례에도 타당할 것을 목적으로 하고 있으며 또 항상 새로이 '되풀이되는' 것을 서술한다는 것을 목적하는 체계다. 이에 반하여 다른 한편의 경우에서는, 일련의 특정한 일면적 현실이 포착되어 모든 '개개의' 현실의 특수성과 개성이 표현되며 또 '어디서고 두 번 다시 없었던' 것이 서술되어야 한다. 이러한 '과제'의 상위(相違)로부터 논리적으로 상이한 사유 수단과 사유 형식이 필연적으로 생겨나게 된다.[34]

나는 "보편적 개념의 체계"를 그리는 것[35]도, "어디서고 두 번

필요하다고 본다. 내가, 그의 글이 '인문학으로서의 글쓰기'라기보다는 '인문학에 대한 글쓰기'에 머물러 있다고 판단하는 것도 마찬가지의 배경이 있다.

당연히 매사에 공과(功過)가 있고, 우리처럼 척박한 학문 풍토에 좌절하지 않고 방대한 작업을 해내는 조교수 같은 선배를 대하면서 그 과(過)에 집착하는 짓은 공정하지 않다고 본다. 그러나 이미 그의 성취에 대한 공론이 상당하고 또 많은 부분은 내가 품평할 수 있는 영역이 아니다. 다만 내 관심에 따라서 내게 거슬리는 부분만을 짚어두며, 비록 여기서의 내 비판이 너무 소략하고 총괄적이어서 내실이 없다는 점은 자인하지만, 조교수의 의지에 따라서는 작은 자기 성찰의 계기가 될 수도 있을 것이라고 생각한다. 당연히, 조교수가 우리 인문학계에서 갖는 위상과 가치를 감안하지 않았다면 이 글을 욕심내지 않았을 것이다.

34) Rickert(1973), 114쪽.
35) 이 점에서 대개의 진보적 지식인들은 의견을 같이 한다. '보편적 개념의 체계'

다시 없었던 것"을 서술하는 것도 우리 인문학의 과제가 아니라고 생각한다. 인문학의 물음은 반복되는 전형성이 있으면서도, 동시에 보편적 개념의 체계 속에 액자화할 수 없는 생명력이 있기 때문이다. 고쳐 말하자면, 설명 가능성의 원리를 신봉하지도 않지만, 마찬가지로 '학문 이전의 혼돈 상태'[36]에 만족하는 것도 인문학의 길이 아니다. 이 대목에서 인문학의 길이 긴장의 접선을 그려간다는 내 오래된 주장을 되새기는 것이 좋을 듯하다.

근대 자연과학적 설명의 토대를 이루는 것은 형이상학적 요소론, 양화(量化) 그리고 등가성(等價性)의 원리며, 그간 주로 사태의 인과를 밝히는 일에 몰두해왔다. 이와는 대조적으로, 질적 차이와 다양성이 지배하는 소위 생활 세계(Lebenswelt)나 천인원융(天人圓融)의 삶을 하나의 방식과 원리로써 설명할 수 없을 것은

는 보편주의적 전제를 깔고 있게 마련이고, 또 그 전제는 거대 담론의 욕심에서 거리를 두기 어렵다. 작금 보편적 이론과 수입 거대 담론에 장단을 맞추는 지식인들이 부지불식간에 빠져 있는 정신적 늪에 대한 비판의 음성이 높아지고 있는 것도 사실이다. 월러스틴은 사회과학에서 보편주의의 탈을 쓴 유럽 중심주의를 파헤치면서, 비서구 문명에 대한 양식화 · 추상화된 진술을 경계한다. Wallerstein(1997), 398쪽. 보편주의가 결국은 강자의 이익을 대변할 수밖에 없는 현실적 여건에 대한 지적도 눈에 띈다. "한편으로 보편주의는 이 모순(보편주의와 인종차별주의 · 성차별주의)이 진정한 것이 아니라는 결론에 이르게 되는데, 이는 그러한 무제한적인 투쟁이 실은 진취성에 대한 자극제며, 따라서 그에 따른 어떠한 특권도 모든 사람이 동등한 기회를 부여받은 상황에서 어떤 개인이 뛰어난 능력을 발휘한 결과로서 정당화되기 때문이라는 것이다. 이 같은 주장은 20세기에 능력주의라는 이름으로 성문화되어왔으며, 이 능력주의 속에서는 자본주의적 축적 과정에서 정상에 오른 자들이 그럴 만한 자격을 갖춘 사람들로 여겨졌다." Wallerstein(1994), 164쪽. 이 와중에서, 조동일 교수는 '이제 우리가 거대 이론을 만들 때다.'라고 외치며 큰 일을 벌인다. 나는 개인적으로 '거대 이론' 따위가 없는 세상에서 살고 싶은 사람이지만, 그러나 결국 일의 공과는 그의 역량에 달린 문제다. 조동일(1997a), 199쪽 이하.
36) 이 대목과 관련된 내 입장은 「복잡성과 애매성」이라는 에세이 속에 그 일부가 드러나 있다. 나는 인문학적 앎의 근원적 권리 원천인 삶의 복잡성이 '학문 이전의 혼란'을 조장한다고 믿지 않는다. "일리 있음에 맞닿아 있는 복잡성은 혼란의 원천이 아니라 해석학적 자신감의 표현일 뿐"이기 때문이다. 김영민(1996a), 150쪽 이하.

당연하다. 설명 가능성이라는 믿음이 나름의 형이상학에서 우러나는 태도였다면, 설명에 대한 근원적인 불신도 나름의 형이상학을 지니고 있을 법하다.

소략하게나마 정리해본 중국철학의 전통을 대비시켜서 이 대목의 논의를 계속해보자. 잘 알려져 있듯이, 설명 가능성의 낙관을 뒷받침하고 있는 근대 서구의 우주관은 요소론적 형이상학과 동근원을 이루고 있는 '기계론'이다. 말 그대로 그리스 신의 원형적 합리성이 배어 있는 코스모스를 단일한 기계처럼 여긴다는 뜻이다. 기계론이 득세하는 와중에서도 주의주의(volutarism) 등, 신의 숨결을 보존하기 위한 장치가 없었던 것은 아니지만, '영혼이 빠진 우주'는 급속하게 기계화되어 갔던 것이다. 우주를 신과 인간의 자의(恣意)가 빠져버린 일종의 기계로 본 것이 뉴턴을 정점으로 삼는 물리역학 중심의 근대 과학을 태동시킨 형이상학적 배경이었던 사실은 과학사의 상식이다:

> 코페르니쿠스로부터 19세기말 사이에 물리과학이 이룩한 진보는 기계적 우주라는 관념이 발전됨으로써 가능해진 것이었다. 따라서, 입자나 원자의 운동에 맞추어서 모든 현상을 설명하려고 하였고, 모든 운동은 엄밀한 법칙 아래 있다고 믿어졌다.[37]

우주의 전부를 손아귀에 쥐어서 설명하려 했고, 급기야는 라메트리로 하여금 '인간기계론(L'homme-machine. 1747)'을 당차게 외치게 만들었던 이 '설명의 형이상학'은 케플러의 펜을 통해서 소박하지만 가장 명료하게 제시되고 있다:

> 우주가 모종의 신성하고 살아 있는 존재가 아니라 일종의 시계 장치임을 보이는 것이 내 목적입니다. 거의 모든 잡다한 운동들이 극도로 단순한, 자기적이며 물질적인 힘에 의해서 야기되는 것처럼, 시계의 모든

---

37) McKenzie(1960), 32쪽.

운동도 간단한 추에 의해서 발생하는 것입니다. 아울러 저는 이러한 물리적 원인들이 어떤 식으로 수학적이며 기하학적인 표현을 얻을 수 있는지에 대해서도 밝히고자 합니다.(요하네스 케플러의 편지, 1605년 3월 28일, 프라하)[38]

설명의 형이상학이 서구의 근대를 통해 구체화된 우주관을 기계론이라고 한다면, 중국철학의 전통에 나타난 우주관은 '만물유생론(萬物有生論)'쯤 될 것이다.[39] 사실 '자기 조직하는 우주(self-organizing cosmos)' 등, 현대의 서양 천체물리학에서도 죽어 있는 기계가 아닌 살아 있는 유기체라는 개념을 단순한 메타포 이상으로 진지하게 응용하고 있는 추세다. 그러니 '동양의 빛(lux ex oriente)'이 이 대목에서도 한 줄기의 지혜를 선취하고 있는지 모를 일이다:

우리가 물리학을 일러 유기적 에너지의 패턴이라고 한다면, '유기적(organic)'이라는 낱말이 관심을 끌 것이다. 그것은 살아 있다는 뜻이기 때문이다. 대부분의 사람들은 물리학이 진자나 당구공과 같은 죽은 물건들에 관한 학문이라고 생각한다. 심지어 많은 물리학자들도 이와 같은 상식에 동의한다. 그러나 이 사실은 그렇게 쉽게 확신할 일이 아니다.[40]

우주란 만상을 포괄하는 생명의 약동이며, 만상에 충만한 대생기(大生氣. vital impetus)로서, 잠시도 창조와 화육을 쉬지 않으며, 어느 곳이든 유행되고 관통되지 않는 데가 없다.[41]

정이천(程伊川)에서 주자로 이어지는 '성즉리(性卽理)'의 철학을 객관유심론, 육상산과 왕양명의 '심즉리(心卽理)'의 철학을

---

38) 독서 중 채록한 것으로, 전거 불명.
39) 방동미(1992), 48쪽.
40) Zukav(1979), 70쪽.
41) 방동미(1992), 51쪽.

주관유심론으로 분류하고, 이와 비교해서 장횡거에서 왕부지로 계승되는 기(氣)의 철학은 보통 유물론이라고 칭하는 것이 통설이다. 그러나 여기서 뜻하는 유물론이란 근세 서양의 기계론과는 무관하다.[42] 이 전통에서는, 서구의 자연관에 적용되었던 과학적 유물론이 매우 생소한 태도다.

니이담은 이를 '유기적 자연주의(organic naturalism)'라고 부르는데, 그 요의는 방교수와 다를 바 없다.[43] 널리 알려져 있듯이, 소위 유기적 전일론(organic holism)에 젖어온 중국인들은 "하나와 많은 것을, 또는 정신적인 것과 물질적인 것을 분리하는 것을 극도로 싫어한다."[44] 기의 철학을 유물론이라고 분류할 때에도 천지의 생명 원리와 분리되지 않은 물질 원리를 뜻하는 것이다.[45]

그러나 양화와 등가성에 근거한 환원의 원리로써 우주를 설명했던 서구인들에게 이런 식의 무차별성이란 그야말로 전과학적 혼돈에 지나지 않아보인다. 근대 과학 혁명의 요체가 '마음이 내재하는 유기체로서의 우주관'을 내세웠던 아리스토텔레스주의를 청산하고, '불활성(不活性)의 물체로 구성되며 물리적 필연성으로 운동하는 하나의 기계적 우주관'을 확정시키는 과정이었기 때문이다.[46] 물론, 브루노도 있었고, 뵈메도 있었고, 윌리엄 블레이크도 있었다:

모래 한 알 속에서 세상을,
그리고 한 송이 들꽃 속에서 천국을 보도록
그대 손바닥에 무한을,
한 시간 속에 영원을 간직하라.[47]

---

42) 島田虔次(1994), 81쪽.
43) Needham(1991), 50쪽.
44) Needham(1991), 50쪽.
45) 島田虔次(1994), 81쪽.
46) 근대 과학 혁명에 대해서는 다음을 참조할 것. 김영식(1991).

그러나 시인과 신비가들의 음성은 신이(神異)하고, 따라서 생경한 예외로 치부되었으며, 넓게 보아서 피타고라스, 갈릴레오, 데카르트, 뉴턴, 아인슈타인 그리고 호킹이 믿었던 수학주의의 물결 속에서 휩쓸리고 말 지류에 지나지 못했다. 부분과 전체의 원융(圓融)에 기반한 담론을 전(前)과학, 혹은 비과학으로 본 근대 서구의 과학적 전통은 정신과 자연의 융섭 현상도 단지 범주의 혼동으로 폄하할 뿐이었다.[48]

인문학의 성격을 비교적으로 가늠하려고 노력하면서, 자연과학적 활동의 토대를 이루는 신념 중의 하나인 설명의 형이상학을 잠시 논의했다. 이와 긴밀하게 맞물려 있는 것이 소위 물심이원론이다. 팽창할 대로 팽창한 (종교적) 마음의 그늘 아래 과학적 사유가 제대로 숙성할 수 없었던 중세에 비해, 근세는 바로 그 마음에 바람 구멍이 생기는 과정이다. 이로써 퇴색해가는 종교적 유심론이 발호하는 과학적 유물론과 힘겨운 싸움을 치르는 기나긴 과정이기도 하다. 마르크스는 부르주아지의 지배권이 확장되는 과도기에 볼 수 있는 현상을 서술하면서, "신앙의 열광, 기사의 감격, 도시인의 감상(感傷)이란 열정적인 환희를 얼음같이 차가운 이해타산의 물에 빠뜨려버렸다."[49]고 했는데, '이해타산'을 '과학적 유물론'으로 치환한다면, 여기서 논의중인 시점의 지적 분위기를 어느 정도 읽을 수 있을 것이다. 상술한 기계론은 바로 이 물심이원론의 형이상학적 바탕 위에서 전개된다. 우주를 신의 간섭으로부터 독립해서 움직이는 기계로 보려는 태도는 메르센(M. Mersenne. 1588~1648), 가쌍디(P' Gassendi. 1592~1655)

---

47) To see a world in a grain of sand / And a Heaven in a wild flower, Hold infinity in the palm of your hand/ And Eternity in an hour. 블레이크(William Blake, 1757~1827)의 시, 「순수의 점복(auguries of innocence)」 중 일부.
48) 흥미롭게도 동물행동학에서 출발, 현대의 다양한 학제간 연구 성과를 바탕으로 이 같은 형이상학적 이원론을 매우 정교하고 설득력 있게 비판한 책들이 있어 소개한다. Bateson(1990), Watson(1992).
49) Marx & Engels(1994), 26쪽.

그리고 홉즈(T. Hobbes. 1588~1679) 등에 이르러서는 완연한 모습을 보이고 있는데, 물심이원론이란 르네상스 자연주의를 극복하고 바야흐로 제 모습을 찾아가는 기계론적 우주론을 형이상학적으로 정당화시키려는 노력으로 읽혀질 수 있는 것이다.50)

요컨대 물심이원론, 설명 가능성의 신념, 기계론적 우주관 그리고 요소론 등의 복합적 장치는 하나의 세계를 나름의 방식으로 말끔하게 처리할 수 있는 구색을 갖춘 셈이다.

그러면, 이쯤 해서 다시 이 절의 주제인 성숙의 문제로 돌아가자. 우선, 설명의 이념을 불쏘시개로 삼아 들불처럼 퍼져나갔던 자연과학의 공부와 그 성과는 성숙과 어떤 관계를 맺는가? 성숙을 특히 인문학의 이념으로 내세웠지만, 글머리에서 밝힌 것처럼, 공부의 분야는 달라도 깊어지면서 익어가고, 넓어지면서 성실을 배우는 것에 통하는 면이 없지 않을 터다. 그러나 과학적 설명 가능성의 이념을 뒷받침하고 있는 기계론적 세계관, 요소론 그리고 이원론에는 한결같이 인간이 빠져 있다. 가치 중립적 객관성을 곧 과학성의 요체라고 여겼던 전통에서는 당연한 결과였다.51) 객관성과 수학적 정밀성의 이념을 추구했던 그들의 입

---

50) 물심이원론의 전통에 관한 한 데카르트가 특히 노골적이다. 그는 유한 실체를 능동형 현재분사의 '사유하고 있는 실체(res cogitans)'와 수동형 과거분사로 표시된 '존재당한 실체(res extensa)'로 대별한다. 플라톤에서 그 씨앗을 보고 기독교철학에서 상식화된 물심이원론이 마침내 그를 통해서 철학적 정식(定式)을 얻게 된 셈이었다. 이로써, '존재당한 실체'만으로 운용되는 우주의 기계적인 설명을 형이상학적으로 뒷받침하는 토대가 건설된다. 아는 대로, 데카르트의 이원론에 대한 비판은 이미 홍수를 이루었고, 또 그 전형이 드러났으므로 여기에 따로 소개하지 않는다. 문제점에 대한 간략한 스케치는 다음을 참조할 것. Cottingham(1986), 119쪽 이하.
51) 이 글에서는 인문학의 학문적 특성과 이념을 논하면서 그 상대역으로 주로 근대과학(철학)관을 논급하고 있다. 이 대목에서의 논의도 그런 제한된 맥락 속에서 이루어진다. 20세기 철학의 주도적 줄기 중 하나로서 인정받고 있는 소위 '새로운 과학철학'은 이 논의에, 비록 미시적이지만 주목할 만한 변수를 첨가한다. 가령, 종래의 과학철학이 타박당하는 대목 중의 하나가 이론(가치) 중립적 관찰 언어의 가능성인데, 이것은 바로 인간의 문제가 개입되는 부분이기도 하다. 관련되는 내용은

장에서 본다면, 체계와 방법의 내적 필연성에 따라서 인간은 당연히 사상(捨象)되어야 할 비과학의 군더더기일 뿐이다. 객관성(에 근거한 예측 가능성)과 단순성이라는 과학적 이념이 줄지어 행진하는 틈에 인간이라는 자의(恣意)와 욕심과 복잡성의 덩어리가 낄 수는 없다고 믿기 때문이다.

『아인슈타인에 반대하는 백 명의 저자들』이라는 책이 출간된 것을 본 아인슈타인은, "내 생각이 틀렸다면 한 명만으로도 족해!"라고 시큰둥하게 내뱉었다고 한다.[52] 일개 에피소드로서 흥미로 넘길 수 있는 이야기다. 그러나 이것은 근대 과학의 틀에 가장 중요한 위협이었던 바로 그 학자가 근대 과학의 이념이 규정한 학문성의 전통을 고스란히 전승하고 있는 모습을 보이며, 그리고 우리는 그 모습 속에 담긴 자연과학의 학문적 특성을 되짚어볼 수 있다. 이 맥락 속에서 확인되는 자연과학은 이론의 객관성과 정확성에 근거한 진위(眞僞)의 경쟁에 다름 아니다. 그것은 인간의 모든 파토스가 등식(equations)의 로고스 속으로 냉동되는 과정인 것이다. 아인슈타인은 등식이 영원한 것이라고까지 외친다. 이것은 1952년에 그가 이스라엘 정부로부터 대통령직을 제의받고는 사양하면서 어느 사담에서 한 말이다:

제게는 등식이 더 중요해요. 정치란 지금의 것일 뿐이지만 등식은 영원하기 때문이지요.[53]

'등식의 영원성'이라는 테마를 두고도 긴 설전이 오갈 수 있겠다. 그러나 논의의 초점은 자연과학자인 그가 등식의 영원성을 말하는 데 비해서 인문학자인 나는 '사람의 역사성'에 주목한다는 것이다. 그리고 그 역사성의 한 지향을 나는 성숙에 걸고 있

다음을 참조할 것. Rose(1989), 특히 13장. Lakatos, et. al.(ed)(1980). Brown(1995).
52) Hawking(1989), 188쪽.
53) Hawking(1989), 188쪽.

는 것이다. 바로 이 점에서 자연과학은 이 글이 모색하는 '성숙의 인문학'과 극명한 차이를 드러낸다. 인문학은 생각의 위계를 정하는 정신의 스포츠가 아니라 화이부동(和而不同)의 아름다움을 통한 성숙의 깊이에 그 오지(奧旨)가 있기 때문이다. 아인슈타인을 비롯해서 나름대로 성숙한 자연과학자들을 적지않게 찾아볼 수 있겠지만, 성숙은 그들의 학문적 주제가 아니다. 물론 최근 과학사회학의 성과를 바탕으로 과학 기술의 윤리적 책임이 부각되면서 과학과 인간성 사이의 관련성을 따지는 작업이 있어왔다.54) 폰 바이제커처럼 소위 '금욕적 과학 기술'을 천명하는 사람도 있지만, 금욕과 인성의 성숙 그리고 학문성 사이의 내밀한 관계를 풀어내는 것은 그들의 관심이 아니다. 인간의 역사적 성숙 그리고 성숙의 역사55)에 대한 천착은 자연과학이나 그 아

---

54) Merton(1973).

55) 나는 늘 역사성이라는 범주를 각별히 중요시해왔다. 어느 글에서는 내 자신을 '역사의 깊은 힘에 깊이 찬탄하는 자'라고 자평한 적도 있으며, 역사성, 학제성, 개방성을 학문적 지향으로 내세워 왔다. 김영민(1996a), 36쪽. 김영민(1993). 내가 추구하고 이해하는 인문학의 요체는 시간성·역사성이다. 이 주장의 해설은 거듭된 것이어서 여기서 재론하지 않는다. 이 문맥의 용례—이 용례가 제한시킨 논의의 층위와 갈래에 유의해야 한다—에 엄격히 따르면, 자연과학은 비교적 비(非)시간적이거나 반(反)역사적 성격이 강한 학문적 노력이다. 아인슈타인이 자연과학적 등식을 일러 '영원한 것'이라고 한 데에서도 이 성격은 두드러진다.(당연히, 과학사나 과학사회사를 들먹인다고 해서 논지를 뒤집을 수 있는 것은 아니다.) 처음에 지적한 대로 인문학은 삶의 역사 속에서 '반복되는 것'일 수는 있지만, 인간의 역사를 벗어난 '영원한 것'은 아니기 때문이다. 나는 이런 뜻에서 다음과 같은 주장은 혼동의 소지가 다분하다고 판단된다: "유럽 문명권어 'science'와 동아시아 '通察'이 학문에서 하는 두 가지 활동을 지칭하는 상대어다.…(중략)…과학은 오랜 기간에 걸친 점차적인 작업을 통해서 이루어지지만, 통찰은 한꺼번에 깨달을 수 있다. 그래서 과학은 점수(漸修)의 작업이고, 통찰은 돈오(頓悟)의 작업이라고 할 수 있다." 조동일(1997), 298, 300~301쪽. 사실 이 대목은 매우 중요한 시각의 차이를 내비치고 있지만, 여기서는 더 이상 상론하지 않겠다. 이 글, 그리고 다른 여러 글에서 제시한 나의 인문학관을 참조할 것.

류가 넘볼 수 없는 인문학의 숙업인 것이다.('숙업'도 역사의 반복된 음성에 불과하지만 말이다.)

그러나, 다시, 중국 전통에서 볼 수 있는 사실과 가치의 화해(和諧)[56]는, 존재와 의미, 객체와 주체, 대상과 의식 그리고 존재론과 가치론의 이분법을 용인하지 않는다. 그러므로 개인의 삶속에 혼재하고 있는 복잡성을 인위적으로 규제한 채 사물과 사태 그 자체를 단순하게 재현하려는 근대 서구의 자연과학적 태도는 매우 생소하게 느껴질 수밖에 없다. 반복되지만, 이 생소함의 근거는 결국 우주(자연)관으로 귀착된다. 중국인의 경우, 자연은 보편적 생명의 흐름이 자신을 드러내고 자연의 본래적 가치가 만물에 가득 차 있는 광대무변한 세계다.[57] 인식 주체로 기울어진 서구의 의식과는 달리 도덕적 마음이 우선시되듯이, 중국인이 보았던 우주도 일종의 '도덕적 유기체'로서 상호 조화로운 운용의 맥을 이루고 있는 것이었다.[58] 서구 근대 과학의 설명논리는 동질적 요소로 구성되는 기계론의 형이상학을 배경으로 가능해진 것이니, 과학적 설명의 근원 범주인 시간과 공간조차 이질적으로 이해된다면 '영원한 등식'을 매개로 한 설명이란 애초 성립할 수 없는 것이다:

> 또 중국적 세계관에는 동질적인 시공관(時空觀)이 존재하지 않았는데, 예를 들면 각 방위와 각 계절은 오행 중의 하나와 관련되어 거기에 해당하는 본질을 구유하는 것으로 믿었다. 이러한 비동질적 시공관은 운수 좋은 시간과 나쁜 시간, 성스러운 공간과 세속적인 공간 등을 구분하면서 계절과 장소에 따라 각각 다른 의미를 부여했던 원시적 사유와 밀접한 관련을 맺고 있다.[59]

---

56) 이 부분의 논의는 다음 글에 요약되어 있다. 김용옥(1989), 83~99쪽.
57) 방동미(1992), 23쪽.
58) Granet(1985), 320쪽 이하.
59) 김필년(1992), 62~63쪽. 인용문 중의 "원시적" 운운함은 카시러의 평가로서 여기서는 따로 괘념치 않는다. Cassirer(1953), 169쪽 이하. 김필년의 책은 글 전체가

설명 가능성이라는 개념을 매개로 삼아 서구의 근대 과학적 태도와 다른 중국적 공부의 특이성을 캐기 위한 과정에서 논의가 좀 길어졌다. 이것은 결국 자연과학과 다른 인문학 공부의 특색을 드러내고, 또 그 특색 속에서 성숙이라는 이념이 어떤 위치를 차지하고 있는지를 알아보기 위한 것이었다.

우선 두드러지는 점은 인간의 위상과 그 의미의 차이다: 근대 서구의 자연과학적 전통은 설명 가능성이라는 신념을 체계화하면서 나름의 논리를 좇아 과학적 객관성을 확보하기 위해서 인간을 삭제했고, 또 그로 인한 성과는 과학기술사가 익히 증명하는 바와 같다. 이미 논급한 대로, 양화·기계론·수학주의·객관성·엄밀성·요소론·단순성 등의 과학적 태도와 방식은 인간과 그 삶의 아우라를 제거함으로써 비로소 가능해진다.

그러니, 인문학이 관심을 두는 소위 '인간의 무늬'는 당연히 그런 식의 설명의 대상이 될 수 없다. 설명 가능성의 신념이 열매를 맺은 근대 과학의 텃밭은 인간을 몰아낸 몰인간의 토대 위에서 일구어진 것이기 때문이다.

이쯤하면 담박 설명(erklären)과 이해(verstehen)라는 낯익은 구별을 떠올릴 것이다. 이미 소략히 언급한 대로, 19세기말, 딜타이 등이 자연과학의 실증주의적 방법에 대비되는 정신과학60)의 독

몇 개의 기본 전제를 축으로 계속 돌아가는 모습이, 당연하겠지만, 학위 논문의 냄새가 짙다. 가령, "(중국의) 현실적, 실용적 세계관에서는 그리스에서와 같이 추상적 법칙관과 체계적 수학 및 형식논리학이 발전할 수 없었으며, 그리고 근대적·수학적 자연과학도 발전할 수 없었다."(56쪽)든지, "중국적 세계관이 원시적 세계관으로부터의 진화적 발전이라고 한다면 그리스 원자론 및 근대 과학의 기계론적 세계상은 원시적 사유로부터의 혁명적인 탈피 내지 혁신적인 창조라고 말할 수 있다."(63쪽)는 것이 논의의 중심축을 이룬다. 그러나 국내에서 생산된 이 분야의 저작이 극히 빈약한 가운데 반가운 작업이며, 평이하고 친절한 서술로 이 분야의 가이드가 될 만하다.
60) 딜타이는 '정신과학(Geistwissenschaft)'의 용례를 다음과 같이 정리한 바 있다: "18세기, 이런 유형의 학습을 통칭할 필요가 생겼을 때 '도덕과학(the moral

자적 방식을 모색하면서, 의미와 가치와 해석의 영역인 인간의 세계는 인과적 설명이 아니라 체험을 통한 표현, 그리고 이에 대한 이해로써 규명되어야함을 언명한 바 있고, 아는 대로 이는 현대 해석학사의 한 분기점을 이루었다:

> 인간에 대한 연구는 체험, 표현 그리고 이해 사이의 삼각 관계에 의존한다. 그러므로 연구가 제대로 진척되기 위해서는 체험의 내용이 점차 밝혀져야 하는 것 못지 않게 체험의 깊이도 중요한 것이다; 정신의 모든 객관적 표현을 이해해야 함은 물론이거니와 다른 표현들로부터 정신적 내용을 체계적이며 완벽하게 이끌어낼 수 있어야 한다.61)

그러나 인문학과 성숙의 관련을 밝히는데 주력하고자 하는 이 글에서는, 비록 해석학사의 주요 논의들이 현대 인문학의 형성과 전개에 매우 중요하지만 그 세세한 소개를 피하고자 한다. 늘 정의(定義)를 둘러싼 논쟁이란 별 유용하지 못한 점도 있고, 또 이 글에서는 자연과학적 설명 가능성을 매개로, 인문학의 성격, 그리고 특히 성숙과 관련된 그 의의를 따져보고자 한 것이니, 여기서 다시 해석학사를 일람하는 것은 지나치게 용장(冗長)스러울 것이기 때문이다.

인간과 삶의 역사가 빠진 학문에서 성숙이 어떤 위치를 지닐 수 있겠는가. 아니, 인간을 사상(捨象)하고 세상을 추상함으로써 그 객관성과 정확성을 얻을 수 있었던 공부는 인간에게 무엇을 주는가. 우리가 상상할 수 없을만치 많은 것을 선물한 것이 사실

---

science)', '정신과학', 혹은 심지어 '문화과학(the cultural science)'이라고 불리기도 했다. 이처럼 이름이 바뀐 사실만 보아도 그 중 어느 하나를 꼬집어 딱히 적절하다고 고집할 수 없음을 알 수 있다. 그래서 여기에 내가 뜻하는 바를 밝혀두고자 한다. 그것은 몽테스키외가 법의 정신을 말할 때 뜻한 것이며, 헤겔이 객관적 정신을, 그리고 예링(Rudolf von Jhering. 1818~1892)이 로마법의 정신을 말할 때 사용한 의미인 것이다." Dilthey(1979), 175쪽.
61) Dilthey(1979), 177쪽.

이다. 어쩌면 서양 과학 문명의 대다수가 그 선물 꾸러미에서 나왔다고 해도 과언이 아닐 것이다.

그러나 인문학의 특성과 성숙의 의의를 사찰(思察)하는 이 글의 취지에 맞게 논의를 이끌어보자. 그것은, 간단히, 그리고 다소 애매하지만, '정답'이라고 할 수 있을 것이다. 인간의 삶과 정신이 빠진 물음을 대하고서야 '정답'은, 조금은 오만하게, 스스로를 내세울 수 있다. 여기서의 정답은 단답(單答)이거니와 단답(斷答)이기도 하다. 그러나 복잡한 인간의 삶과 정신을 다루는 학문이라면 단정(斷正)[62]이 오히려 왜곡일 터다:

> 그러나 수학적 자연 탐구는 정확히 계산하기 때문에 정밀한 것이 아니다. 오히려 그것이 대상 영역에 자신을 구속하는 방식이 정밀해야 하기 때문에 정확하게 계산해야 하는 것이다. 이에 반해서, 모든 정신과학, 심지어 생명체에 관한 모든 학문조차도 엄밀한(streng) 학이 되기 위해서는 필연적으로 부정밀(unexakt)해야 한다.[63]

자연과학적 탐색과 그 태도의 미덕, 즉 엄밀함과 정확함이란 잘라 말하면 모두 '단 하나의 정확한 답변'을 얻기 위해서 배려된 장치다. 인간을 둘러싼 애매모호하고 주관적인 변인들을 걷어냄으로써 사태의 실상이 단순 엄밀한 수학적 등식을 통해서 객관적으로 표현될 수 있기 때문이다. '인간이 사라진 진공 속에서 유일무이한 진리에 집착하는 열정'만을 두고보자면, 종래의

---

62) 문맥에 따라 한시적으로 구성한 조어.
63) Heidegger(1995), 20쪽. 하이데거의 독어를 읽을 만한 우리 글로 옮기는 일이 지난지사임을 인정한다. 나는 그의 「존재와 시간」에 대한 어느 역문을 두고 우리 인문학의 글쓰기 현실을 비판하고 개탄한 적이 있지만, 당시 역자의 고민을 전혀 외면한 것은 아니었다. 김영민(1996c), 144쪽. 역서를 낸 적도 없는 내 말이 지나친 간섭으로 비칠지 모르지만, 그러나 내 소견에는 이 책의 역자 최상욱도 이 점에서 한번쯤 단단한 자기 성찰이 필요하다. 그의 번역은 대체로 읽을 만하지만, 때때로 하이데거에 말려들어 우리 글의 논리와 숨결을 잃어버린다.

과학이 중세의 종교와 닮아 있었다고 한다면 지나친 평가일까?

인간을 드러냄으로써 '학문성'을 챙기는 공부, '정확한 단답'을 얻는 데 치중하는 공부는 성숙과 어떤 관련을 맺을 수 있는가. 우선 인문학의 공부가 '정확한 단답'을 얻는 자리에서 끝나는 것이 아니라는 점을 기억해야 한다. 첫 절(節)에서 '반복'의 뜻을 강조하며 시사했듯이, 인문학과 철학은 정확한 해결에 집착하기보다는 물음 그 자체, 그리고 물음의 반복이 지니는 의미에 주목한다는 사실에서도 쉽게 짐작해볼 수 있다.

> 철학자들이 같은 질문들을 수천 년간 계속하면서도 해답을 구하지 못했을 뿐만 아니라 해답을 찾을 가능성마저 분명해보이지 않을 때; 어떤 종류의 해답을 기대하고 있는가, 그리고 어떤 것이 해답으로 여겨질 것인가 하는 점에 대해서마저 동의하지 못하는 경우가 많을 때, 하나의 해답을 구하기 위해서 애쓰는 것을 잠시 중지하고 질문 그 자체에 관심을 돌려보는 것이 현명할지 모른다.[64]

퀴즈처럼 단답으로 마감하는 것이야 예외로 치더라도, 공부에 '문제풀이'의 계기가 없을 수 없는 법이다. 비록 삶의 세상이 복잡미묘하고 이를 둘러싼 여러 겹의 컨텍스트들과 그 역동적 교착(交錯)의 상황이 논의를 더욱 어렵게 만들지만, 그 꼬인 자리가 눈에 들고 그 매듭이 손에 잡혀 '길'을 좇아가보면 의외로 문제가 풀려가는 느낌도 있을 것이다.

하나의 정답, 곧 단답에 만족함은 인문학 공부와는 거리가 있지만, 심지어 수심(修心)과 수신(修身)의 과정에서도 우선은 손에 잡히고 눈에 보이는 법식을 제대로 좇는 과정이 필수적이다. 온화한 미소를 머금고 과학의 자성과 겸손을 혀 끝에 올리는 이들도 구구단부터 시작했고, 은현(隱玄)한 계시를 읊조리는 예언자들도 대개 계명을 암기하는 순서로 그 첫걸음을 삼았다. 등식

---

64) Emmet(1987), 85쪽.

이든 시(詩)든 선인들의 역사가 확인해온 길과 법식을 도외시하고 처음부터 섣부른 변주(變奏)로 돌입할 수는 없는 법이다. "도(道)는 똥이나 오줌에도 있다."는 장자(莊子)의 대답[65]도 똥오줌을 가리지 못하는 초심자가 암기할 것이 아니며, 수리로써 읽는 질서의 세계를 생략한 채 '퍼지(fuzzy)'니 '혼돈(chaos)' 이론에 탐닉할 수 없듯이, 격(格)과 식(式)을 익히지 않은 채 이루어지는 춤 동작은 당연히 그 생명이 짧은 법이다. 법식에 얽매이지 않는 맛과 멋은 인문학적 성숙의 고유한 선물이지만, 법식의 탁마(琢磨) 없이 맛과 멋을 욕심내는 것은 무리한 짓이다. 무릎이 삭아 내릴만치 꿇어앉아 있는 밤이 깊어져야 신이 내려오고, 선승의 허리에 가슴이 닿아야 화두가 정겨워지고, 파지(破紙)가 산을 이루고 쓰고 남은 먹물이 호수를 이루어야 붓놀림이 가벼워지고, 좋이 3년은 마당을 쓸어야 마음을 쓸 수 있는 지경이 보이는 법이라고 했던가. 그러니, 성숙의 멋으로 가는 길에 핀 들꽃 한 송이인들 어찌 눈물겹지 않으랴.

그러나 단답에 이르는 강박은 성숙의 인문학이 내내 취할 태도가 아니다. 인문학 공부에서 단답을 내세워 답변의 위계를 정하는 짓도 생소하거니와, 시간성을 그 생명으로 치는 인문학에서 강박이라니, 당치도 않다. 설혹 답을 얻었다고 하더라도 답이 덕(德)과 성숙의 몸을 얻어 마침내 삶의 변혁으로 이어지지 않는 이상 아직 그것은 공부가 아니다. 인문학이란 문제를 말끔히 풀자는 것도 아니며, 단박 깨쳐 부처가 되자는 것도 아니다:

> 단박 깨치면 부처와 같으나 여러 생에 익한 버릇이 깊어서, 바람은 멎었지만 물결은 아직 출렁이고, 이치는 드러났지만 망상은 그대로 침노한다.[66]

---

65) Kaltenmark(1993), 161쪽.
66) 지눌(1993), 96쪽.

내가 늘 '인식중심주의'를 경계하는 뜻도 여기에 있는 것이다. 무슨 종류이든, 공부에 인식이 중요하지 않을 리 없다. 그러나 인문학, 특히 내가 계발하려는 성숙의 인문학은 인식이 그 중심을 이루지 않는다. 특히 단답식의 인식이나, 내 몸과 삶이 따라가지 못하는 커다란 깨침을 오히려 경계한다.

근대의 유일한 단답이었던 뉴턴의 물리학이 '원리의 물리학(physics of principles)'이라고 불렸듯이, 대체로 단답이란 '원리와 방법'의 선물이다. 즉 기계적인 원리와 이를 제대로 운용할 수 있는 방법은 하니의 올바른 답변을 선택할 수 있는 몰개성적 능력을 준다.

그러나 인문학은 경직된 원리와 방법에 우선권을 주지 않는다. 물론 무원칙과 반방법을 천명하려는 것은 아니다. 무릇, 학문이란 무리(無理)의 묘(妙)에 의탁할 수 없는 법이다. 인문학의 경지에 춤추기가 있다면, 그것은 줄서기를 생략한 채 이루어지는 것이 아니며, 법식의 탁마 없이 인문학의 성숙을 기할 수 없다는 점은 이미 지적한 바와 같다. 『도덕경』을 빌어 취지를 밝히자면, 그 공부의 과정은 하루하루 늘어가는 학문과 하루하루 줄어가는 도(道)를 동시에 포섭하는 것이라고 해도 좋을 것이다:

> 학문을 익힐 때에는 하루하루 배운 것이 늘어간다. 도를 실천할 때에는 하루하루 할 일이 줄어간다. 줄어든 데다가 또 줄어들게 되면 결국에는 아무런 행동도 하지 않는 경지에까지 이르게 된다. 이렇듯 아무런 행동도 하지 않는 경지에 이르고 나서야 비로소 모든 것이 이루어지는 것이다.[67]

---

[67] 48章. 爲學日盛 爲道日損 損之又損 以至於無爲 無爲而無不爲. 라우(D. C. Lau)는 이렇게 영역했다: In the pursuit of learning one knows more everyday; in the pursuit of the way one does less everyday. One does less and less until one does nothing at all, and when one does nothing at all there is nothing that is undone. Lao Tzu(1975), 109쪽.

아무튼 인문학의 공부는 원리와 그 운용 방법을 몰개성적으로 익히는 것으로는 태부족이다. 이 점은 인문학 공부의 행로를 밝혀주고, 성숙과의 뗄 수 없는 관계를 시사한다. 가치 중립의 단답을 향한 몰개성적 행진은 "삶과 세상의 원천적 복잡성과 이와 유관한 층위 구분을 통한 일리(一理)들의 제시"[68]를 그 중요한 소임으로 삼는 인문학의 섬세에 이르지 못한다.

인문학은 근본적으로 단순성이 아닌 복잡성의 학문이다. 과학적 단순성으로 환원되지 않는 우리 삶의 층층 면면과 그 역사는 '원리에서 단답에' 이르는 폐쇄적·특권적 채널을 원천적으로 무효화시키는 것이다. 미시와 거시 세계의 정보가 속속 드러난 지금, 대상 세계도 그 나름대로 매우 복잡하다는 것은 이미 상식이 되었다. 그러나 그 즉자적 복잡성은 의식 현상을 분기점으로 고도의 문화적 존재로 진화한 인간과 그 삶의 복잡성과는 질적으로 다르다. 인문학이란 이 복잡성에 응대하는 길이며, (따라서) 그것은 '길 없는 길'일 수밖에 없는 것이다. 이 길은 당연히 특정한 원리와 방식에 의해서 그 시종과 절차가 결정되는 대신, 시간(역사)의 위상과 역할이 결정적이다. 초(超)시간 속의 인간이나 몰(沒)인간 속의 시간은 모두 복잡하지 않다. 인문학이 마치 '품 속의 아기'처럼 유의해야 하는 복잡성은 바로 이 시간 속의 인간, 그리고 인간 속의 시간에 대한 집요한 배려 때문이다. 인간과 시간의 문제라면 그것은 결국 수신(修身)과 수심(修心), 그리고 이를 동심원으로 삼는 변화의 파장일 것이며, 그러니, 여기서 단답이란 어불성설의 타락이다.

워낙 인문학은 원리와 방식으로 운용되는 체계가 아니지만, 공부가 진척될수록 일견 오히려 점증하는 것만 같은 복잡성을 대면하게 되면 난감해질 수밖에 없다. 복잡성에 따르는 흐릿함은 짙어가고, 의지할 교과서는커녕 원리나 방법마저 없어보일 때, 설명을 욕심내는 것 자체가 미망(迷妄)일 것이다. 설명 가능

---

68) 김영민(1994), 90쪽.

성의 형이상학적 신념을 바탕으로, 주관을 몰아낸 자리에 객관성을, 복잡성을 사상(捨象)함으로써 단순성을, 그리고 유기적 전일성을 없애고 기계적 요소론을 얻어냄으로써 설명의 장관(壯觀)을 이루었던 과학적 모델이 여기서 파산할 것은 당연하다. 원리와 방법, 상궤(常軌)와 범례를 담은 교과서, 객관적 엄밀성, 단순성 등은 모두 설명의 기제인 셈이다. 그러나 구구단과 천자문을 외는 단계를 벗어난 후 오래지 않아 인문학의 길은 시야에서 사라지고 만다. 이정표도 나침반도 없는 '길 없는 길'에서 앞서 산 선생의 발자취마저 곧 모래바람에 묻히고 만다.

문제풀이의 방식으로는 공부가 더 이상 진척되지 않는 것이다. 아니, 마치 무슨 탑돌이라도 하듯이 풀어야 할 문제를 가슴에 품고 몇 달 몇 년을 배회하는 것 자체가 오히려 인문학 공부의 특징이다. 문제를 만나는 그 경험 속에서 물상과 사태는 급격히 복잡미묘해지고 그 층층과 켜켜와 면면은 더욱 예민하고 섬세한 변용을 거듭한다. 원리와 방법에만 충실하면 해답을 보장받던 단순성의 논리는 이미 사라진 지 오래다. 정석(定石)이니 왕도(王道)니 하던 교과서들과 그 속에 담긴 잣대와 법식들은 인간과 삶의 깊이에 녹아내리고 만다. 해답은커녕 문제의 실체를 밝히기 위한 노력만으로도 인문학도는 벅차다.

당연히, 스승의 존재가 빛을 발하는 것이 이때다. 교과서들이 자빠지고, 그 경직된 활자들이 고꾸라질 때라야 오히려 스승은 정채(精彩)를 띤다. 반복되는 훈련을 교도해주던 원리와 방식의 틈을 노리는 제자들에게 길 없는 길을 종횡으로 다니는 스승들의 걸음은 새로운 지평을 선사한다. 단순성의 학문은 원리와 방식의 결과들을 책으로 묶어두는 데 조급하지만, 복잡성의 학문은 길 없는 길 속에서 정답 없는 긴장을 견디며, 책 밖의 책 속에서 스승의 눈길을 견딜 뿐이다. 스승이 다니는 곳은 사다리가 끝난 지점부터다. 그리고 사다리나 계산기와 달리 스승은 편리하지도 친절하지도 않다. 스승과의 만남 속에서는 종종 시종 없는 대화만 있을 뿐이고, 해결 없는 문답만 있을 뿐이고, 안돈(安頓) 없는 긴장만 있을 뿐이다. 그러나 인문학의 공부에서는 스승이라는, 길 아닌 길을 통하는 머나먼 길을 피할 수 없다. 인문학은 어떤 형식이든 만남의 묘(妙)를 통해서 그 성격을 다져가는 학문이니, 제자가 어느덧 스승이 되었다가 또다시 제자가 되는 그 이음매의 놀라움을 통해서 공부의 참된 깊이를 깨닫게 되기 때문이다.

이것은 신비주의를 부추기는 것이 아니다. 무릇 배움에는 앎의 연속적 축적만으로 그 깊이를 다하지 못하는 '경지'가 있는 것이고, 그 경지의 체험이 잠시 활자의 운용을 기롱(譏弄)한다고 해서 신비주의를 들먹일 것은 아니다. 내가 일리라는 개념에 천착하거나 패턴지(知)를 다양하게 예증한 것은 인문학적 이치들의 보편성을 강조하려는 욕심에서다. 다만 이 글에서는 이 보편성의 체험이 성숙으로 이어진다는 점에 유의하는 것이다. 이 과정을 다소 달리 표현하자면 '배회-긴장-성숙'쯤이 될 것인데, 이것은 '원리-정답-해결'의 도식과 대조적으로 읽힐 수 있을 것이다:

> 배회는 성마른 투창(投槍)이 아니라 은근한 점묘의 방식이니, 돌고 돌아 묵은 배회가 원숙할수록 선은 굵어지고 주변은 돋아나고 시야는 평정될 것이다. 결국 배회하고야 마는 것―아마 그것은 인문학자 모두의 고민일 것이며, 삶과 사유의 무게로 인한 섬세한 망설임일 것이고, 탄탄한 배 위에 앉았으되 흐르는 물살에 희롱당하며 강가를 쳐다보아야만 하는 우리 모두의 운명일지도 모른다.[69]

단순성의 학문이 설명 가능성의 형이상학, 인식중심주의, 진리 강박 그리고 문제풀이식 태도로 이루어져 있다면, 복잡성의 인문학은 삶의 근원적 복잡성, 참을성과 연대성, 일리의 해석학 그

---

69) 김영민(1994a), 80쪽.

리고 '문제풀기'와 성숙으로 이루어졌다고 정리해도 좋을 것이다. 문제풀이가 설명을 통한 배제의 논리라면, 문제풀기는 참음과 성숙을 통한 포섭의 논리라고 해도 좋을 것이다.

5. 물 음

배움은 자신을 열어보이는 데서 시작된다. 빗장을 풀지 않고서는 손님을 맞을 수 없는 법이다. 자폐적 만족에 취하는 순간부터 배움은 파산한다. 자기동일성의 온존만을 완상(玩賞)하는 개체란 그저 물상(物像)에 불과할 것이다. 그러므로 배움의 계기는 늘 자아와 타아 사이의 긴장이며, 자기동일성의 의심이다. 달리 표현하면, 배움은 자신을 흔드는 일에서 시작된다. 흔들어서 자신을 드러내고, 열고 드러냄으로써 이웃을 만나고, 만남이 주는 차이를 능동적으로 견디고, 그 견딤이 매개하는 성숙과 변화의 경지를 체득해야 하는 것이다.

일 없이 자신의 문을 열고 터를 흔드는 것이 아니라, 열고 흔들지 않고서는 건강한 삶이 가능하지 않기 때문이라는 사실에 유의해야 한다. 조금 비유의 창을 넓혀서, 가령, 중국이나 북한 등 자본주의에 대한 이념적 우월성·정당성을 국가 형성의 제1의(第一義)로 쳤던 잔존 사회주의 국가[70]가 고육지책으로 설치한 '경제 특구'를 두고 이 논지를 대입해보라. 마찬가지로, 통일 대비와 남한 자본주의의 자기 혁신을 위해서 "남한의 민족주의가 자본주의를 넘어 사회주의적 요소를 자기 속에 포용해낼 수 있을 것인가."[71] 하는 문제 제기의 인문학적 의미를 살펴보라.

배움의 길, 그 문턱에서 강조하는 개방의 필요는 자명해보인다. 배움, 특히 만남의 묘(妙) 속의 그 오의(奧義)를 두는 인문학

---

70) 김연철(1996), 158쪽.
71) 서동만(1996), 370~371쪽.

의 배움에서 자신을 열어보이는 태도의 중요성은 달리 재론할 것도 없다. 그러나 배움을 '채움'으로 여겨온 이들은 채운 다음에 잠궈야 한다는 명사적 상상에서 벗어나지 못한다. 금고 속에 지폐를 채우는 짓으로써 부(富)의 참맛을 느낄 수 없듯이 머리 속에 관념을 채우는 짓으로써도 배움의 참맛을 느낄 수 없다.

"자아와 타아 사이의 긴장" 그리고 "자기동일성의 의심"이 배움의 계기라고 한다면, 그것은 곧 물음을 가리킨다. 배움이 물음으로써 시작되고, 물음으로써 그 생명력과 탄성을 유지하고, 물음으로써 새로운 전망을 키운다는 것은 인문학의 경우 특히 당연하다. 생명에 관한 한 타자를 먹지 않는 것은 곧 죽음이며, 배움에 관한 한 묻지 않는 것은 곧 죽음이다. 프레드릭 대제가 보았던 볼테르는 사람이라는 사실이 유일한 결점72)이었지만, 사람이라는 사실을 유일한 장점으로 내세우며 살아가야 할 대다수의 '털이 없고, 영혼을 가진 두 발 짐승(a featherless biped with a soul)'73)으로서는 어떤 식이든 부단히 물음을 던짐으로써 인간됨의 조건과 한계에 대면할 수밖에 없다. 묻는 행위는 곧 스스로의 결핍과 흔들림, 회의와 긴장을 드러낸다. 그것은 자신 속에 안주하기를 포기한 채 바깥으로 나가서 자신과 다른 차이들을 적극적으로 만나는 것에 어떤 희망을 두는 것이다.

배움이 딱히 무슨 전망을, 더구나 희망을 전제하고서 이루어지는 것은 아니다. 진정한 전망의 부재, 진정한 허무주의는 진정 어려운 짓이고, 대개는 시대의 논리를 교묘하게 편승하고 있는 것에 지나지 않는다는 지적74)은 정확하다.

그러나 내가 말하는 인문학의 배움은, 어느 쪽인가 하면 오히려 전망의 부재, 그리고 꺾어진 희망 속을 버둥거리고 배회하는

---

72) 프레드릭 대제가 볼테르에게 보낸 서신 중에서 발췌. 다음에서 재인용. Durant(1961), 171쪽.
73) Voltaire(1967), 24쪽.
74) 최종욱(1997), 92쪽 이하.

모습으로 비칠 것이다. 그리고 그 인문학에 무슨 품위가 있다면 버둥거리는 모습, 배회하는 모습의 품위에 지나지 않을는지도 모른다. 이것은 불길한 진단이다. "그러나 불길하지만 불안해 하지 않는 것은, 정작 이 싸움에서 중요한 것은 승패가 아니라 '지는 방식'에 있기 때문이다. 인문 정신이란 늘 지는 방식을 통해서 이기기 때문이다."75)

6. 소유와 배움

운동권 사회과학의 전성기를 제외하면 늘 대학생의 필독서 목록에 올랐던 E. 프롬의 『소유와 존재』76)에서는 소유 중심의 삶과 존재 중심의 삶을 조목별로 대조시키고 있다.

프로이드 연구서77)의 마지막을 '참으로 위대한 인물'이라는 평으로 끝낸 바 있는 프롬은 역시 프로이드의 개념을 빌어 소위 '항문형 성격'을 소유 중심의 삶에 비긴다:

프로이드에 따르면, 이 항문 성욕 단계(anal-erotic phase)가 사라지지 않고 종종 성인이 되어서도 잠재해 있는 경우가 있는데, 이 경우 항문 고착형 성격으로 발전하게 된다. 이 유형의 사람은 삶의 에너지 대부분을 돈이나 물질적인 것들뿐만 아니라 느낌과 제스처, 심지어 낱말과 에너지까지를 가지고 모으고 쌓아두는 데 소비한다. 매우 인색한 성격으로서, 정리정돈이나 시간 엄수 그리고 완고함의 정도가 지나친 특성을 아울러 갖는 수가 많다.78)

프로이드의 설명은 오늘날 우리 사회에서 횡행하고 있는 문제

---

75) 김영민(1997c), 9쪽.
76) Fromm(1976).
77) Fromm(1959).
78) Fromm(1976), 77~78쪽.

풀이식, 소유 중심의 배움에도 그대로 적용된다.

오늘날처럼 문화나 상상마저 자본의 논리에 겹겹이 지배당하고 있는 시대에서는 소유 패러다임에서 자유로운 사회나 사람들을 상상하기는 어렵다. 정치·경제 중심의 인식틀에서 벗어나 언어·매체·정보의 인식 범주가 급속히 확장되고 있는 것이 사실이고, 탈냉전의 기류에 편승해서 '이념의 시대에서 문화의 시대로'라는 구호가 안정기79)에 오른 우리 현실의 논리로 여겨지

---

79) 가령 김기수는 1990년대 후반 우리의 현실을 변혁기가 아닌 '안정기'로 보면서, 이러한 때에 "지식인의 사회적 사명을 지나치게 강조하다보면 지성이라는 이름으로 독단에 빠지기 쉽다."고 경계한다. 김기수(1997), 31쪽. 이것은 이남호의 글에 대한 반론의 성격이 짙은데, 이교수는 지식인의 허망과 자기 소외를 지적하면서, "지식인은 자신의 앎에 대해서 뿐만 아니라, 자신의 삶과 세상의 근본 가치에 비추어 자신의 앎이 어떤 의미를 갖는가에 대해서도 회의해야 한다."고 주장하며 "앎과 삶이 일치하는 지성적 문화론"을 내세운 바 있다. 이남호(1997), 17, 24쪽. 둘 사이의 논쟁을 여기서 상설하지는 못하지만, 나로서는 김기수의 생각이 기대고 있는 전제에 문제가 있다고 여겨진다. "어떤 것을 안다는 것은, 그것의 안과 밖에 존재하는 수많은 관계들, 맥락들을 안다는 것이다."(17쪽)는 이남호의 지적은 지극히 당연하지만, 김기수는 자신의 생각에 이 당연한 원칙을 제대로 적용하지 않고 있는 것이 아닐까. 간단히, 그는 자신이 몸담아온 국제주의와 지구촌 보편주의의 물결 속에 우리 사회와 삶의 현실을 가볍게 편승시키려는 혐의를 받을 수 있다. 그는 지금의 우리 현실을 '안정기'라고 진단하고, 그 안정기 속의 우리를 세계 지성사의 구도 속에서 자리매김하려는 전형적인 보편주의자의 모습을 보인다. 그러나 내게는 매우 '불편한' 보편주의로 비치며, 정작 우리에게 필요한 것은 한반도 정신 문화사의 특이성에 근거한 꼼꼼한 현실 분석을 통해서 소위 그 '안정기'의 성격을 해부하는 일이다. 중요한 과제는 오히려 그 표면적 안정 속에 다양한 변혁의 요청과 가능성이 은폐되고 있다는 사실을 밝히는 것이 아닐까? 여담이지만, 내 판단에는 김기수를 포함해서 미국 철학계의 조가경이나 김재권 등, 소위 성공한 유학파 교수들의 학문적 입장은 대체로 '불편한 보편주의'로 기운다. 과연, 삶의 힘은 그만큼 무서운 것인가. 유학에 실패한 무능력자들이 감상적 애국주의자로 변신하는 것은 희극이지만, 유학에 성공하고 학문의 종주국에 남아 있는 능력자들이 어설픈 보편주의에 물들어가는 것은 비극이다. 희극과 달리 비극에 비장미(悲壯美)가 있다는 것은 그나마 다행한 일.

고 있기도 하다. 그러나 "대중 문화의 부상하에 소외되는 지식인 문화의 풍경" 속에서 "모든 지적 창조물이 상품 논리와 기술의 논리에 의해 압도되고 있는 것"[80]이 또 새로운 문제로 부각되고 있다.

소유욕은 단순히 정서나 심리의 문제가 아니다. 그것은 밥통 속에 음식을 채우고 머리통 속에 생각을 채우면서 살아가는 우리 인간종의 생태에 그 뿌리를 대고 있다. 그러나 삶의 에너지 대부분을 가지고 모으고 쌓아두는 데 소비하는 이 소유 중심의 삶은 근대 자본주의의 운용 채널과 밀접한 관련이 있다. 소유 중심의 삶에 익숙할 대로 익숙해져버린 우리들은 근대라는 시대 전체를 인류의 항문 성욕 단계로서 우울한 추억처럼 간직하고 있는지도 모른다. 프로이드가 분류한 항문형 인간의 성격은 근대인의 이상형에 매우 근접하는 것이 사실이다. 항문형의 특징인 "매우 인색한 성격으로서, 정리정돈이나 시간 엄수, 그리고 완고함의 정도가 지나친" 점은 신념과 제도를 합리화하고, 이 땅위에서의 삶을 방법적으로 개선시키며, 근면과 저축을 통해서 자본주의의 기간을 공고히 했던 근대인들의 태도와 대체로 일치한다. 이른바 호모 코기탄스(homo cogitans), 호모 에코노미쿠스, 호모 폴리티쿠스의 이미지는 근대적 국민국가의 삶, 그리고 시장 체제와 서로 뗄 수 없는 관계에 있는 것이다.[81] 마찬가지로 과학 혁명과 산업 혁명에서 보듯이 근대에 있어서 부의 축적과 과학적·합리적 세계의 팽창은 상보적인 관계에 있었다.

항문 성욕의 중요한 조건은 당연히 괄약근이다. 비유하자면, 근대적 소유 중심의 삶이 지배하는 사회의 구조나 심리의 길은 괄약근적으로 통제되고 있다고 할 것이다. 문제는 이 괄약근적 구조와 운용이 우리 교육 체제마저 경직되게 통제한다는 사실에 있다. 소유 중심의 삶이 배움에 미친 영향은 바로 이 괄약적인

---

80) 김성기(1996), 42쪽.
81) 장석만(1995), 270~271쪽.

모습에서 두드러진다. 이러한 모습 속에서는 지평의 확장, 존재의 심화, 그리고 관용과 성숙이 제대로 대접받을 리 없다. 이런 분위기에서 인문학이 골몰하는 인간의 근원적 자기 성찰이란 당연히 푸대접이다:

> 오늘날 인문학이 위기에 처했다는 것은 어떤 특정한 학문의 존폐에 관련된 문제가 아니다. 인문학의 몰락은 인간의 총체적 자기 반성이 조직적으로 위협받고 있음을 의미한다. 현대철학이 인간성을 자유로운 개방성에 무책임하게 내맡겨버린 뒤에, 인간성에 대한 모든 적극적 반성은 낡은 본질주의라고 매도되었다. 그리고 최근에 와서는 삶의 총체성을 지향하는 모든 사유가 전체주의적이라고 비판되고 검열된다. 기술과 자본의 나팔수들은 기술이 삶의 확고한 중심임을, 기술의 지배를 공고히 하기 위해 삶에는 더 이상 정해진 목적도 중심도 없다고 강변한다.82)

인간성에 대한 적극적·총체적 반성은 밑지는 장사다. 정신문화마저 자본의 논리에 묶여 돌아가는 현실 아닌가. 소유 가치, 그리고 사용 가치에 따라 내용물을 조작하고, 그 끝갈망을 매끄럽게 하는 것은 항문의 괄약근이나 우리 교육의 생리나 다를 바 없다. 이런 체제 속의 배움은 아파트를 분양받기 위해서 적금을 드는 행위와 유사하다. 은행에서 적금을 찾아 아파트에 입주하는 것이나 머리 속에서 정보를 찾아 대학에 입학하는 것은 동일한 구조를 지닌다. 둘 다 '축적-배설'의 괄약적 구조에서 그 운용의 힘을 얻는 것이다. 특히 지혜를 정보로 번역해내는 식의 배움이 구조화된 것은 소유 중심의 삶이 낳은 가장 심각한 폐해일 것이다.

대학 신입생을 가르칠 때마다 그들의 체험은 초등학교 5학년 정도에서 멈추어 선 게 아닌가 하는 의심을 나는 종종 한다. 이들을 이해하기

---

82) 김상봉(1997), 7~8쪽. 김상봉의 생각은 내 의도보다는 다소 보수적으로 흐르는 느낌이 있지만, 주목해야 할 문제점을 간략하고 명석하게 짚어내었다고 본다.

위해서는 극도로 경쟁적인 입시 풍토에서 살아남기 위해 자기 나름으로 삶을 직접 살아보는 체험의 기회를 박탈당해 왔을 뿐만 아니라 간접 체험의 장인 책 읽기의 기회마저 빼앗긴 채 살아왔다는 사실을 아는 것이 중요하다. 이들에게 가장 흔하게 나타나는 책 읽기는 도식적 책 읽기일 것이다. 교과서나 참고서 외에는 책을 읽지 않으며—잠시 잠시 스트레스를 풀기 위해서 만화책을 읽는다—읽더라도 매우 수동적으로 읽는 것, 시험 준비를 위한 보충 참고서 보기나 교리 문답 준비를 위한 '성경 읽기'식을 들 수 있겠다. 이러한 도식적 책 읽기에 길들여진 학생들 중에는 대학에 들어와서도 계속 교과서나 읽고 학점 따기, 영어 공부, 취직 공부나 하면서 삶에 대해 폭넓은 관심을 가지지 않고 사는 경우가 많다. 이런 이들은 대학을 졸업하고도 책보다는 일간지, 월간지나 텔레비전 수준에서 '정보'를 얻는 식으로 지낼 것이다.[83]

근원적 자기 성찰이 배제된 상태에서 이루어지는, 정보의 축적과 배설을 통한 문제풀이식 교육은 소유 중심의 사고과 삶이 그 적지않은 부분을 책임져야 할 배움의 형태다. 인문주의자가 아니라고 하더라도 '배움'이라는 말의 역사와 그 정감을 체득하는 이들로서는 이를 배움이라고 부르기에 주저할 것이다. 그것은 그야말로 이른바 '조작적 이성'이 주도하는 테크닉에 지나지 않아보인다. 수십 년 동안 물고기를 잡았어도 바다에 대해서는 아는 것이 없는 어부를 상상할 수 있는가? 그러나, 지금, 수십 년 동안 물고기 요리를 먹었어도 물을 전혀 이해하지 못하는 이들이 양산되고 있는 것이다. 시험만 지나가면 갯벌 위의 게들처럼 순식간에 사라져버릴 정보들을 머리통 속에 단정하고 규모 있게 채워넣는 것이 체세와 출세의 조건이 되는 것이다. 이상한 근대화에 이상한 교육이다.[84]
　배움을 소유의 일종이라고 여기는 태도는 근대주의, 특히 자본주의적 논리가 끝간 데 없이 팽배한 현실에서는 가장 자연스

83) 조혜정(1994), 163쪽.
84) 김영민(1997d).

럽게 보일지도 모른다. 앎이 곧 힘이라는 베이컨적 명제는 이러한 태도의 서구적 연원을 밝혀준다. 그것은 "타자에 대한 이해를 정복 정책의 근간으로 삼았"고, "정복과 선교, 망명과 유학이 서구화 과정의 중요한 연결 고리"로 삼았던 서구적 근대주의의 한 형태일지도 모른다.[85] '앎-힘-소유'의 삼각 관계 말이다. 그리고, 어느 사이, 삶과 앎 사이의 통풍은 전설이 되고, 소유 중심의 삶에 항문 고착형 배움의 확대 재생산만이 활개를 치고 있다.

꼭 끼는 맛은 없지만, 작금 우리 지식계를 풍미하는 포스트모던 문화론의 논의를 대입시켜 하나의 대안을 시사해두자. 가령 김성기는 "선진 서구의 사회 변동을 배경으로 한 포스트모던 논의가 우리에게는 관념 체조의 차원에서 수용되었던 것"이며, "프랑스 이론이란 안경을 갖고서 우리 현실을 이리저리 구경하고 있다는 인상을 지울 수 없"고, 그래서 "유희"이거나 "상업주의의 알리바이"로 전락할 수 있음을 경고한다.[86] 그의 비판-대안은 이렇게 정리되고 있다:

  이 경우 관심의 초점은 주어진 문화 상품의 텍스트로부터 '좋은 삶의 바탕을 넓히는' 문화의 형성으로 옮아가는데, 이 추이는 곧 우리로 하여금 삶과 소통하는 문화 연구, 더 나아가 상업주의의 품에 안기지 않는 그런 문화적 실천 작업을 추동케 할 것이다. (…중략…) 그러나 '세계 속의 우리'로 도약하기에 앞서 '우리 속의 세계'부터 검토하는 일이 필요하다. 예로, 오늘의 세계가 분단 현실의 유지에 관여하는 방식이나 문화적 지적 차원에서의 식민성이 그런 검토의 대상일 것이다.[87]

---

85) 김명섭(1997), 241쪽 이하.
86) 김성기(1996), 117~119쪽. 프랑스철학을 전공하는 이정우는 김성기의 논의에 제동을 건다. 이정우(1997). 그 쟁점은 둘 사이의 토론에서도 이미 드러난 바 있다. 이정우(외)(1997a). 나는 이정우의 생각에 동의하지 않지만, 여기서는 상론하지 못한다. 조만간 글을 준비해서 둘 사이의 논의에 개입할 계획이다.
87) 김성기(1996), 123~124쪽.

"좋은 삶의 바탕을 넓히는" 앎의 역사가 우리에게 없었던 것은 아니다. 다만, 앎과 삶을 주체적·유기적으로 통합할 수 없었던 식민지의 억압 공간, 전쟁과 분단 체제의 공고화로 이어지는 혁명적 사회 변동,[88] 거품 성장과 졸부 의식을 만개시킨 성장지상주의적 근대화, 그리고 동서 이념적 냉전 구도의 일선이라는 지정학적 위치가 낳은 사상의 경직과 황폐 현상이 그 당연한 앎의 구실을 왜곡시켰던 것이다. "얼마 전부터 나는 열심히 공부하는 것과 열심히 사는 것은 아주 다를 수 있다는 생각을 갖고 있다."[89]는 진술은 어느 특정한 지식인 개인의 고백이 아니다. 이것은 삶과 앎의 소외가 구조화·체질화되어 있는 우리 사회의 그림자, 그리고 그 상흔에 대한 이야기다.

배움은 소유와 배설의 메커니즘을 기반으로 한 정신의 위계도(位階圖)나 인공적 문제풀이의 테크닉으로 그쳐서는 안 된다. 그것은 내적인 성숙을 통한 존재의 심화, 그리고 그 덕(德)의 사회적 실천으로 나아가야 한다. 그것은 삶과 앎을 이어주는 실천적 지혜의 기반을 두텁게 하는 작업이 될 것이다.[90] 아무튼 우리 삶의 현실에서 앎이 자생하도록 배려하고, 그 앎이 삶을 되먹임함으로써 상호 유기적 건강성을 회복하는 것은 이 시대를 사는 성찰적·비판적 학인들이 함께 서둘러야 할 과제다.

---

88) 김명섭(1997), 251~252쪽. 한국전쟁이 "불수의적 시민 혁명의 성격"을 지녔다고까지 평가하는 김명섭은 이 전쟁을 통해 봉인된 분단 체제의 기본 성격을 매끄럽게 요약한다. 그 중 남한의 경우만을 소개하면, ①국제 체제적 수준에서 미국 중심의 세계 체제에 통합되었고; ②지역 체제적 수준에서 일본을 중심으로 한 경제적 하부 구조로 편입되었으며; ③국내 체제적 수준에서는 한국전쟁을 통해 봉건적 지주-소작 관계가 효과적으로 청산되어 신흥 자본가의 지원을 받는 권위주의 정권이 출현하였고; ④사상 의식적 수준에서는 반공 이데올로기가 확립되고 기독교를 비롯한 서구 사상이 급속히 유입되었다.
89) 김성기(1996), 147쪽.
90) 이 대목에서, 조금 다른 맥락이긴 하지만, 백낙청의 '지혜론'도 참조해둘 만하다. '지혜론'이라고 하기에는 아직 체계나 그 내실이 부족하지만, 논의의 취지로 보자면 내 글이 만드는 풍경과 어울린다. 백낙청(1994)("지혜의 시대").

7. 만남과 대화의 인문학

배움은, 특히 인문학의 배움은 무엇보다도 만남 속에서 가능해진다. 그것도 사람을 만나는 행위 속에서야 인문학적 배움의 그 결곡한 내실은 제 맛을 낸다. 만남의 뜻을 넓혀서 관찰이나 실험, 대조나 번역, 대입이나 적용, 심지어 상상이나 추체험 등의 여러 행위를 포괄하는 개념으로 볼 수도 있으리라. 그러나 구태여 사람과의 만남을 고집하는 것은 인문학적 배움이 특별히 대화의 과정과 그 역사를 통해서 그 성격과 뜻을 명백히 한다는 사실에 주목하기 때문이다.

가령 사람을 만나는 것과 책을 읽는 것을 비교하면서 논의를 풀어가자.(그러나 미리 지적해둘 것이 있다. 여기에서는 상대적으로 책보다는 사람, 즉 활자보다는 대화에서 인문학적 배움의 원천을 찾으려는 태도가 두드러질 것이다. 그러나 [종이]책과 인문학적 지혜 사이의 오랜 우정에 대한 담론 역시 만만치 않음을 기억해두어야 하겠다. 특히, 정보 혁명과 신매체의 눈부신 발전을 배경으로 소위 '책의 종언'을 따지는 토의에서는 그 인문적 가치를 내세우면서 [종이]책의 의의와 운명을 옹호하는 주장이 흔하다. 가령, "정보화가 될수록 읽기 교육을 배가해야 한다. 읽기 능력만이 사고력과 창의력을 키울 수 있기 때문이다."[91]는 식의 논의 말이다.[92]) 우선 인문학적 배움의 길은 책 속의 정답보다는 사람 속의 스승에 눈을 돌린다. 일리의 해석학을 만들어가면서, 내 스스로 '내 학문은 진리와는 아무런 상관이 없다.'고 말해왔지만, 인문학의 스승은 정답과는 아무런 상관이 없는 것이다. 물론 이 진술은 과장이다. 그러나 최소한 스승에서 정답을 결연히 떼어내는 태도, 그 경지가 있어야 인문학의 배움은 제 길

---

91) 피터 드러커의 말. 다음에서 재인용. 이중한(1997), 6쪽.
92) 다음 글들을 참조. 김영민(1995), 김영민(1996a), 김정근·이용재(1996), 김성곤(1992), Eco(1996).

로 들어선다. 펄프 위에 씌어진 회색빛 이론을 넘어 살아 있는 푸른 나무의 그 생생함에 이르는 것은 우리 인문학의 기본 욕심이다. 그 욕심의 허실과 영욕을 체험하면서 책 속의 글자와 사람 속의 스승 사이의 교호와 길항은 뚜렷해지는 것이다.

책에 담긴 하나의 진리들보다는 스승의 주위를 휘감고 있는 여러 이치들을 만나 성숙을 도모하고, 성숙의 단계마다 개성 있게 펼쳐져 있는 일리들의 풍경과 그 경지에 유의하는 것이 보다 인문학적이다. 스승과 제자 사이의 만남과 이로 인한 사귐과 대화의 긴장이 계속되지 못한 채 책으로부터 일빙적으로 주어지는 단답의 수급(需給)만으로는 인문학이 서지 못한다. 바흐친의 통찰은 이 점에서 도움을 준다.

바흐친은 객관주의자들이 즐겨 사용하는 인식(la connaissance)이라는 말보다 이해(la compréhension)라는 밀이 인문학에 어울린다고 생각하며, 이 점에서는 딜타이나 리케르트, 그리고 막스 베버의 생각을 이어받고 있는 셈이다.93) 그리고 그에 따르면 모든 이해는 대화적이다. 잘 알려진 대로 바흐친은 자연과학과 대비되는 인문학의 특성을 대화성으로 결집시키고 있다. 그는 대화적이기보다는 독백적이며, 다성적(多聲的)이기보다는 단성적이며, 과정보다는 결과를 중시하는 자연과학적 탐색이 독단에 빠질 수 있음을 경고한다. 그리고 이 독선이 우상처럼 붙들고 있는 '절대 진리'나 이를 둘러싸고 있는 허위 의식과 지적 태만은 인문학적 배움의 정신에 위배된다. 그는 탐색의 역동적이며 대화적인 과정 속에 배움의 참 뜻을 두고 있기 때문이다. 자주 인용되는 다음의 글은 대화적 개방성—자신의 표현으로는 '비종결성'—에 대한 선언서라고 할 만하다:

이 세상에서 아직 결정된 것이라고는 아무것도 일어나지 않았고, 세계에 대한 궁극적인 언명도 아직 행해진 바 없다. 세계는 개방적이고 자

---

93) Todorov(1988), 43쪽.

유롭다. 그리고 모든 것은 아직도 미래에 존재하며 그것은 또한 앞으로도 항상 미래에 존재하게 될 것이다.[94]

비종결성이라는 개념은 내가 사용해온 '복잡성'에 시간성을 더한 것이라고 보아도 무방할 것이다. 그런 뜻에서 이 개념은 인문학적 배움의 성격을 비규정적으로 규정한다. 앎의 권리 원천이 삶이라는 바탕에서 본다면, 이것은 만남과 사귐 그리고 대화를 기반으로 삼는 인문학 공부의 근본속성이 아닐 수 없다. 내 생각의 요체는, 책을 통해 정답을 인수(引受)하는 것보다도 사람을 만나고 대화를 통해서 성숙의 경지와 차원을 높여가는 것에 인문학적 배움의 묘(妙)가 있다는 것이다. 그러므로 만남과 대화가 계속되는 긴장 과정에서는 주객이원법으로 규정된 대상을 있는 대로 읽어낸다는 객관주의적 발상이 통하지 않는다. 우선 그것은 살아 있는 상이한 두 정신의 만남이기 때문이다.

> 정신과학들, 그 대상은 하나의 정신이 아니라 (유일한 정신 속에 용해되어서는 안 되는 연구 대상과 연구 주체의) 두 가지 정신이다. 그들의 진정한 대상은 두 정신 사이의 상호 관계와 상호 작용이다.[95]

엄밀히 따지면, "두 정신 사이의 상호 관계"라는 말은 서구의 정신주의라는 혐의를 피하기 어렵다. 내가 텍스트의 전달과 이해에 앞서 특히 만남과 사귐을 중시한 것은 인문학 공부의 정신주의를 경계하고자 한 뜻도 있었다. 만약 인문학의 대화를 순수한 정신의 교감으로 제한한다면 책 속의 정답을 마다하고 사람 속의 스승을 찾는 이치를 따로 설명할 도리가 없을 것이다. 나는 인문학적 배움의 특성을 논하면서, 인식을 통한 문제풀이식의 해결보다는 수신(修身)과 수심(修心)의 일체를 지향하는 성숙에

---

94) Bakhtin(1984), 166쪽.
95) M. Bakhtin, "Iz zapisej 1970~1971 godov", 349쪽. 다음에서 재인용. Todorov(1988), 43쪽.

각별한 액센트를 두어왔는데, 바흐친이 말하는 '깊이'나 '이질성을 극복하되 동화되지 않음' 등의 개념은 이 논의에서 참조할 만하다.

> 인문과학의 대상은 표현하고, 말을 하는 존재다. 이 존재는 그 자신과 결코 일치하지 않으며 바로 이런 이유로, 의미 및 의미 작용에서 그 주체는 고갈되지 않는다. 중요한 것은 점점 더 깊이 인간의 창조적 핵심에 도달하는 것이다. …인문과학에서 정확성이란 타자를 그 자신과 완전히 동화시키지 않은 채, 타자의 이질성을 극복하는 데 있다.[96]

인식의 정확성이나 대상과의 객관적 동일성은 근대 과학적 지식이나 그 음영 속의 의사 과학들이 추구했던 이념이었다. 근대 과학철학사는 이 이념에 금이 가는 모습을 선명하게 보여준다. 그 이념에 집착하는 미망(迷妄)으로부터의 역사적 각성이 정확성보다는 깊이로, 인식보다는 성숙으로, 진리의 절대성보다는 일리의 보편성으로, 그리고 전교(傳敎)보다는 대화로 옮아가게 하는 동기가 되었을 것이다. '요소'를 '발견'해서 단번에 그 핵심을 파악하려는 태도를 반성하고, 오히려 끝없는 대화의 숲을 만드는 데 기여하면서 결국은 그 숲이 되뿜어내는 산소를 즐기는 태도를 얻게 되었다고나 할까. 소설의 담론 이론에 대한 바흐친의 생각은 이 점에서 유익하다.

> 소설의 발전은 그 대화적 성격의 심화, 즉 그 범위의 확장과 정교화로 이루어진다. 대화에 흡수되지 않은 채 중립적으로 굳건히 남아 있는 요소들('반석 같은 진리')은 점점 줄어든다. 대화는 분자 속으로 더 나아가 원자 속으로까지 침투하게 된다.[97]

---

96) Bakhtin, "K metodologii gumanitamykh nauk", 371쪽. 다음에서 재인용. Todorov(1988), 45쪽.
97) Bakhtin(1988), 111쪽.

논의를 정리할 겸해서, 인문학적 배움의 특성을 만남과 대화의 긴장과 그 역사로 보는 태도를 도식화해본다. 인문학에서 도식이 갖는 난점, 그리고 이분법의 위험한 경직성을 감안해서 그 취지만을 살피기 바란다.

단순성	책 속의 정답	읽기	풀이	정확성	인식	位階	진리
복잡성	사람 속의 스승	만남	사귐	깊이	성숙	風景	일리

'목소리 없는 대상'을 앞에 '세워두고(vor-stellen)', 이를 담박 잡아내는(greifen) 정밀 과학과는 달리 인문학은 만남과 사귐을 통해서 대화의 긴장을 조율해가는 과정이다. 문제는 바로 이 긴장의 사실에 있다. 긴장 그 자체가 성숙을 보장하지는 못하지만, 긴장이 없이는 성숙도 없는 법이다. 책읽기를 통해서 문제를 풀고 정확한 해답을 얻어 마침내 진리를 집어내는 작업에는 인문적 성숙에 필요한 긴장의 역사와 그 조율이 부족하다. 내 스스로 "책과의 우정을 대변하는 사람 중의 하나"[98]라고 자임했듯이, 이것은 인문학에서 책읽기의 중요성, 아무리 강조해도 지나치지 않을 그 중요성을 모른 체하려는 심사가 아니다. 그 취지는 책읽기로 다하지 못하는 인문 정신의 내밀한 구석을 다소 강조하여서라도 드러내고자 했을 따름이다.

단순성과 명석성이 진리의 증표로 봉인되는 영역에서 복잡성과의 집요한 대결이 야기하는 인문학적 긴장이 제대접을 받을 리 없다. 오히려 긴장은 혼동의 징표에 지나지 않는다 그러나 인문학의 배움이 이루어지는 과정은 늘 긴장의 연속이다. 그것은 바로 "대화로 인한 동요와 긴장에 넘치는 환경"인 것이다:

대상은 공통된 생각과 관점뿐만 아니라 전혀 다른 가치 판단과 강조

---

98) 김영민(1997c), 9쪽.

에 의해서도 뒤범벅이 되어 있다. 말이 대상을 향할 때 그것은 다른 말과 가치 판단과 강조들간의 대화로 인한 동요와 긴장에 넘치는 환경 속에 발을 디디는 것이며, 그 복합적인 상호 관계망의 안팎에서 엮이는 가운데 그 중 어떤 것과는 섞이고 어떤 것들은 피하며 다른 어떤 것들과는 상호 작용을 하는 것이다.[99]

인문학의 배움은 우선 사람을 만나는 일이며, 특별히 상대의 시선과 그 긴장을 참아내는 일이기도 하다. 이 점에서 다른 종류의 수동적 텍스트를 읽는 일과는 근본적으로 다르다. 표정이 없는 종이 위의 활자 뭉치, 그리고 그 엑기스를 뽑아내는 일에는 조작과 해석의 테크닉이 주효하지만, 사람을 만나 대화를 하는 과정에서는 상대의 일방적이며 도전적인 시선에 나를 마음껏 노출시킬 수 있는 용기와 인내를 필요로 한다. 말하자면, '객관성'이 아니라 '참을성'인 것이다.

상대방의 무차별적인 시선 아래 나를 둘 수 있는 용기는 나에 대한 근본적인 자긍에서 생긴다. 나만의 삶, 그리고 그 삶의 스타일이 깊어지고 나름의 역사를 이룬 가운데 확립된 나만의 사유를 상대방의 첨예한 시선과 그 감찰(監察)에도 불구하고 당당히, 그리고 합리적으로 내세울 수 있는 용기 말이다. 다소 다른 맥락이지만 용기에 대한 틸리히(P. Tillich)의 해명처럼, 사람을 만나고 대화를 나누기 위한 용기는 상대방의 위협적인 시선에도 불구하고 자신의 내면을 긍정하고 이를 함께 나누어보려는 자세일 것이다:

> 용기란 자신의 본성, 자신의 내적인 목적 혹은 엔텔레키(entelechy)를 긍정하는 것이다. 또한 그것은 자신 속에 '…에도 불구하고'라는 속성을 지난 긍정이기도 하다.[100]

---

99) Bakhtin(1988), 84쪽.
100) Tillich(1974), 17쪽.

8. 차이와 긴장의 인문학

배움은 무엇보다도 차이에 대한 감수성에서 시작된다. 만남도, 그리고 대화조차도 차이의 감수성이 없이는 소득이 없다. 그러므로 인문학적 배움으로서의 만남은 다름 아닌 차이와의 사귐이며, 이를 자신의 세계 속에 자리매김해가는 과정이다.

'차이'라는 말은 이제 낯설지 않은 무게와 호소력을 지니게 되었다. 중심을 향한 구심력적 동일성만을 추구해오던 근대적 사유들이 탈중심의 자유로움에 밀리고 있는 작금, 차이에 대한 감각은 이 시대의 지적 풍향을 읽어내는 중요한 단서가 된 듯하다. 차이를 몰아내면서 자기 증폭에 골몰했던 동일성의 철학, 그 거대한 성곽에는 이제 금이 가고, 유배당했던 기민한 짐승들이 마침내 돌아와 서식하기 시작하는 것이다.

차이의 감성은 흔히 '동일성의 철학'과 대조적으로 읽힌다. 그러나 여기에서는 동일성의 철학보다는 (결국은 같은 무리에 속하지만) '진위(眞僞) 강박'이라는 개념과 대비시키면서 논의를 풀어가자. 만남과 대화를 통해 차이, 그리고 그 차이의 역사성을 느끼고, 또 차이들 사이의 조화를 도모한다는 말은 이제 더 이상 경직된 진위 구분 잣대로 인간의 세상을 대하지 않겠다는 뜻이 된다. 특히 로티101)에서 두드러지지만, 진리를 둘러싼 철학적 논쟁은 더 이상 쓸모가 없는 것이거나 최소한 "보류하거나 잊혀져

---

101) 로티의 진리관에 대해서는 다음 책 중 "로티의 진리관"을 참조. 김동식(1994). 로티가 소위 '대화로서의 철학'이라는 개념에 천착하는 것은 그의 생각이 엮어가는 논리에 따르면 당연하지만, 대화의 경지 속에서 인문학의 오지(奧旨)를 구하는 내 입장에서는 바흐친과 함께 로티는 매우 유용하게 쓰일 수 있다. 로티가 철학을 "수사학적 대화(rhetorical conversation)", "교화(edification)를 위한 인류의 대화", 그리고 "이야기 만들기" 등으로 묘사하는 것은 토대주의적 진리 강박에서 벗어난 지평에서 만날 수 있는 하나의 풍경임에 틀림없다. 여기에 상설할 것은 아니지만, 그의 철학관과 나의 인문학관 사이의 뚜렷한 차이는 내가 골몰하는 '경지(境地)'와 '성숙'의 문제, 바로 그 문제의 문제성에 있다고 해야 할 것이다.

야 할" 것이라고 보는 관점이 조금씩 힘을 얻어가는 추세도 바로 이 역사성과 차이의 감성에 대한 인지(人智)의 수준을 말해주는 것이다. 사람을 만나 차이를 배우고, 그 차이가 각자의 삶과 교감할 수 있도록 대화하는 일은 무엇보다도 몇몇 원전을 통해서 정답과 오답을 서로 가리는 일과 분명한 대조를 이룬다.

　단답 중심의 학문적 경직성에서 벗어나 다양성과 복잡성의 아름다움을 즐기는 일은 쉬운 노릇이 아니다. 그것은 그것 자체로 성숙의 과정이다. 작금 정보화한 문화망(網)의 표피를 굴러다니는 이들의 고백과는 다르게, 사실, 다양성과 복잡성이 애초의 어지러움과 성가심을 뿌리치고 나름의 아름다움[一理]으로 드러나는 것은 정녕 경지의 문제다.

　"인간의 발길이 닿지 않았고 아직까지 언어의 대상이 되어보지 못했던 세계에 최초의 말을 가지고 다가갔던 아담"은 "대화적 상호 지향성을 처음부터 끝까지 진정으로 모면할 수 있었"102)지만, 최소한 우리 사이에서는 앵무새 폴과 프라이데이마저 없애버린 로빈슨 크루소를 찾기는 힘들다. 만일 바흐친이 말하는 '대화적 상호 지향성'에서 실제로 벗어나 있는 이들이라면, 인문학의 배움 운운하는 이 자리에서 논할 대상이 아닐 것이다. 인간 세계에서는 침묵조차도 대화와의 상호 지향성 속에 있음을 지적하기란 어렵지 않다.103) "의사 소통과 비판 이외의 방식으로 지혜를 얻은 자는 일찍이 없었으며, 또한 이 이외의 다른 방법으로 어질고 총명하게 된다는 것은 인간 지성의 성질상 불가능하다."104)는 밀의 지적은 서구적인 냄새를 풍기기는 하지만 원론적으로 수긍할 수밖에 없다.

　대화적 상호 지향성은 종종 위협의 요인으로 기능하면서 참여자들을 불안하게 만들기도 한다. 전자 매체에 비해 흔히 종이책

---

102) Bakhtin(1988), 87쪽.
103) 자세한 토의를 위해서는 다음 글들을 참조. 김영민(1992a). 김영민(1994b).
104) Mill(1977), 80쪽. 김영수(1977), 202쪽에서 재인용.

독서가 지니는 최대의 장점을 '지속 가능성(sustainability)'[105]이라고 하지만, 이 지속 가능성이란 주로 책을 읽는 사람의 능동성으로 이루어지며, 그가 어느 정도의 재능과 집중력을 갖춘다면 이 능동성은 불편 없이 지속된다. 그러나 표정, 그리고 그 표정의 역사를 지닌 사람과의 대화 중에는 이와 같은 능동적 지속 가능성이 보장되지 않을 뿐만 아니라 때로는 타협, 시사(示唆), 강압, 조작, 최면 등, 마음대로 잡도리할 수 없는 무리수에 휩싸이는 경우도 잦다. 결코 평면적이지 않은 상대의 표정, 그 표정의 역사는 끊임없이 나를 흔들고, 나를 불안하게 하는 것이다. 이 불안은 대화의 상대가 던지는 무차별적인 감찰의 시선 아래 나를 두고 나의 모습과 그 지향성을 진지하고도 지속적으로 드러내어야 한다는 도전감에서부터 시작된다.

물론 보다 중요한 불안의 원천은 만남과 대화의 곳곳에 잠복해 있는 차이, 그리고 그 차이의 역사가 던지는 이물감이다. 이 차이들은 그저 '중성적인 또 하나의 풍경'으로 잠시 시야를 어지럽히다가 제자리를 찾아 정리되는 것이 아니라 내 앎과 삶의 방식에 대한 의심, 그리고 심지어 중대한 위협이 될 수 있다. 마주치는 차이들이 깊을수록 또 그 역사가 탄탄할수록 당연히 내 불안은 증폭된다.[106] 자폐를 죽음으로 여기며 주변이 가져다주는 이런저런 차이에 늘 능동적·창의적으로 응대해야 할 책임이 있는 학인들로서는 더더욱 자기 정체의 위협에 시달릴 수밖에 없는 것이다. 가령, 19세기말 아시아 각국의 자기 정체적 일체감이

---

105) 김영민(1997c), 9쪽.

106) 물론 그 불안은 묘한 매력을 동반하는데, 사실 공부가 깊어진다는 것의 한 가지 뜻은 이 '불안과 매력의 상치와 길항 관계를 한눈에 굽어볼 수 있는 경지'를 얻는 것에 다름 아니다. 반대의 경우를 정신분석학에서 말하는 심리기제의 하나를 빌어 '퇴행(regression)'이라고 할 수 있을 것이다. 가령, 멀쩡하던 4세 아이가 동생이 태어나자 갑자기 말을 하지 못하고 대소변조차 가리지 못하게 되었다는 임상 사례를 통해서 배움이 차이를 통해서 성숙으로 진전되지 않고, 오히려 차이를 철저히 외면한 채 고착(fixation)되어버리는 모습을 유추할 수 있다. 조두영(1991), 35쪽.

내생적(內生的)인 것이 아니라 서세동점의 경험에 대응하는 과정에서 형성된 수동적·외래적인 것이라는 지적, 그리고 탈냉전과 탈식민지 시대의 새로운 문화 지평을 배경으로 동아시아 담론을 준비하는 마당에서 문화적 자기 정체성에 대한 토의가 늘 논의의 단초를 이루는 것107)이나 '자아찾기'의 과제가 늘 공분모로 등장하는 것108)은 바로 이 불안에 대한 집단적 대응 기제가 발동한 것이라고 보아도 좋을 것이다.

동일성과 구심력의 시대에서는 차이들이란 그저 제거와 박해의 대상일 뿐이었다. 오답이면 제거하고 이단이면 불에 태워 죽이면 될 뿐이었다. 이마무라 히토시(今村仁司)의 지적처럼, 정확성이나 순수한 진리를 이념으로 둔 소위 '제2근대'(프랑스혁명 이후 지금까지의 서구적 근대)의 체계주의와 방법주의, 그리고 순수주의는 철저한 제거와 박해의 논리로 운영되는 영도자 체제의 국가주의로 변질될 수 있다.109) 이것은 차이들을 만나는 그들의 마음 속에서 은밀히 피어오르는 불안, 혹은 계몽의 씨앗을 외면하고 밟아버린 채 교과서의 정답이나 경전 속의 계시에 집착하는 태도의 연장인 것이다. 중심에 좌정해 있는 불멸의 이념들을 바라만 보고 있으면 될 뿐, 주변과 배후의 작은 소리들은 문제될 것도 없었다.

그러나 인문학의 배움에서는 만남과 대화가 주는 차이, 그리고 이 차이들이 주는 불안과 위협을 진솔하게 인정하고 대면하는 자세만큼 소중한 태도는 없다. 무엇보다도 배움은 이 만남이 주는 차이와 그 불안의 긴장과 위협을 창조적으로 견디는 데 있기 때문이다. 흔히 위기(危機)를 '위험 속의 기회'라고 풀듯이, 만남 속의 차이는 불안과 긴장의 원천이면서 동시에 배움과 도약의 발판일 수 있기 때문이다. 그리고 그 갈림길에는 '견딤'이

---

107) 김광억(1997), 30쪽.
108) 최종덕(1997), 48쪽.
109) 今村仁司(1997), 292쪽 이하.

라는 어두운 시공간이 존재한다.

견딤이 그것 자체로 미덕이라는 사실을 우리는 쉽게 인정하지 못한다. 더구나 그것을 '학문적 미덕'이라고 추켜세운다면 혹자들은 필경 궤변이라고 타박할 것이다. 수학을 그 뼈대로 삼았던 근대 학문의 이념과 방식에 물든 학인이라면 오히려 이러한 반응은 자연스럽다. 논급한 대로, 정확성과 방법주의의 안경을 끼고 본다면, 인식이나 직관에 이르지 못한 채 그저 '견디고 있는 모습'이란 부정확이나 무방법으로 인한 혼란의 다른 표현일 것이기 때문이다. "애매함을 감수할 각오"란 "철학이고 과학이고 할 것 없이 애매함이 있으면 불안해 어쩔 줄 몰라"했던 근대 학문사에서는 그저 무능력에 지나지 않았기 때문이다.110) 그러나 인문학의 묘(妙), 곧 성숙의 묘는 '견딤'이라는 효모가 필수적이다.

사실 차이와 그 긴장을 꺼리는 심리는 보편적인 듯하다. 이 심리는 정신과 심리의 통일성을 꾀하는 심리적 본능, 그리고 생물적 개체성과 자손을 확보하려는 생리만으로도 능히 설명할 수 있다. 차이와 긴장을 꺼리는 모습도 여러 가지로 나타난다. 배움은 차이와 긴장을 능동적이고 창조적으로 견디는 과정이지만, 그 정도가 너무 지나치면 배움에 앞서 정상적인 생존 자체가 위협받는 사태에 이를 수도 있다. 따라서 차이들 사이의 조율도 중요하지만, 차이와 긴장의 정도에서도 섬세한 배려와 조율이 있어야만 한다. 팽팽한 풍선이 당연히 빨리 올라가지만, 그것도 다만 터지기 전까지일 뿐이다.

이런 뜻에서 유기체의 면역 체계는 차이와 긴장의 조율에 대한 적절한 유비가 된다. 척추 동물은 이물질의 침입에 대응해서 적절한 화학 물질을 생산함으로써 항체를 형성한다. 참된 의미의 개체성이 척추 동물의 특권이라는 말도 이런 배경을 갖는다. 그러므로 면역 체계의 출현은 생물적인 자기 동일성의 기회와

110) 今村仁司(1997), 291쪽.

위험에 다름 아니다. 종종 생체 자신에게도 원치 않은 피해를 주는 항원 항체 반응은 이 긴장의 사실을 증명한다. 이를 유비적으로 읽으면 배움과 차이의 관계를 해명할 수 있는 일반적 틀을 유추해볼 수 있다. 생물체의 유지와 성장에 필요한 부단한 교류, 그리고 이로 말미암은 자기 동일성의 위-기(危-機)는 학인과 차이와의 긴장 관계에서도 성립한다. 그러므로 늘 적정한 수준의 차이를 공급하는 일은 학인들의 배움이 성성하게 유지될 수 있는 방식일 것이다. 왕왕 대안이 주변에서 나오고, 주변인이 곧 대안인이 될 수 있다는 지적[111]도 수변인이야말로 곧 이 차이의 질감에 끊임없이 노출되는 사람이기 때문일 것이다.

차이와 그 긴장을 회피하려는 태도는 이처럼 심리와 생리의 본능적 운용 방식 속에서 그 원형을 찾아볼 수 있다. 우리의 일상은 이 원형적 힘이 매우 다양하고 또 교묘하게 표출되고 있는 현장에 다름 아니다. 또 경직되고 타율적인 사회일수록 차이와 긴장을 일방적으로 없애려는 모습이 희비극(tragicomedy)으로 점철되고 있음도 알 수 있다. 가령 장발 단속에서부터 인종 차별에 이르기까지, 화이부동(和而不同)의 묘(妙)를 짓밟는 우스개와 폭력의 사례는 헤아릴 수 없다. 특히 인종 차별을 둘러싼 희비극은 잘 알려져 있지만, 명민하고 심지어 관후인자(寬厚仁慈)한 듯 알려져 있는 대석학 흄(David Hume)조차도, "흑인들뿐만 아니라 다른 모든 인종들은 태어나면서부터 백인들보다 열등한 것이 아닌가 생각된다."[112]고 너스레를 떨 지경이었다. 유태인 박해나 중세의 마녀 재판에서 그 참학한 전범(典範)을 볼 수 있듯이 종교적 차이와 긴장을 회피하려는 태도들은 스스로의 결의와 맹신을 곧잘 가장 잔학한 형태로 내몰곤 했다.[113] 두 이(李)씨, 중종(中宗)과 이승만에 의해 죽임을 당한 두 조(趙)씨, 조광조와 조봉

---

111) 이한우(외)(1997), 47쪽. 좌담중에 나온 김성기의 말.
112) Hume(1748). 이 문장은 독서중 채록한 것이며 그 정확한 전거는 불명.
113) 김영민(1994c), 343~359쪽.

암은 정치적 차이로 인한 폭력의 전형을 보인다. 그 외에도 신념과 태도의 차이를 능동적으로 포용하지 못하는 체제들이 자신들의 기득권을 수호하기 위해서 제도적 폭력을 행사한 경우는 사가(史家)의 펜 끝에 붙어다닐 정도로 흔하다. 종(種)의 차이, 정상과 장애 사이의 차이, 출신 성분과 지역의 차이, 성별의 차이, 나이와 계층의 차이 등등, 우리 삶을 풍성하고 윤기 있게 만드는 요소들을 오히려 폭력의 잣대로 변형시키는 주술은 어디에나 잠복해 있다.

그러나 차이와 그 긴장을 견디지 못하는 태도는 배움에 이르지 못한다. 만남과 대화를 통해서 확인하는 차이, 그리고 이 차이로 말미암은 '서늘한' 긴장을 맞대면하고 살아내지 못한다면 인문학의 배움은 설 수 없다. 이 서늘한 긴장을 뜨겁게 살아내는 집요함 속에서 인문학을 통한 배움과 성숙, 그 성숙의 덕(德)이 일으키는 변혁은 정채를 발한다.

선생이 없는 불우한 시대에 학생이 된 이들이여, 학생이 없는 불우한 시대에 선생이 된 내 말을 이렇게 요약하자:

> 만나고 대화하라. 만남 속에서 스승을 구하라. 진지하게 듣고 대담하게 설득하라. 그 만남과 대화 속에서 당신을 흔들고 위협하는 여러 차이들에 솔직하고 관용적인 태도를 잃지 마라. 무엇보다도 차이가 주는 긴장을 손쉽게 풀 수 있는 권위나 정답의 유혹 앞에 당당하라. 내 삶의 방식을 전복시킬 수도 있는 이 긴장을 오랜 친구 삼아 속으로 참고 묵힐 수 있는 성숙과 변혁의 덕(德)을 가꾸라.

9. 참을성 그리고 인문학의 학문성

당연한 말이지만, 배움은 자신을 여는 것이고, 만나는 것이고, 대화적 상호 지향성의 빛 속에서 자신을 감당하는 것이고, 이로 인한 차이와 그 긴장을 집요하게 맞대면하는 것이다. 차이를 외면하고 동일화의 논리에 만족하거나 섣부르게 그 긴장을 풀려는 태도는 특히 인문학의 배움에서는 금기 사항이다. 생물학적 수준에서의 자기 정체성이 늘 차이의 만남, 그리고 그 긴장의 연속이듯이, 배움의 과정에서도 긴장의 현실로부터 물러나와 동면할 수 있는 피난처가 있는 것은 아닐 것이다.

그러나 긴장의 해소를 욕심내는 것은 오히려 인지상정이다. 차이와 그 긴장을 집요하게 맞대면한다는 것도 필경은 긴장 그 자체를 배양하려는 뜻이 아님은 당연하다.(비유에 문제가 없지는 않지만, 멀리 싸기 위해서 오줌을 참는 법이지, 참는 것 자체에 무슨 심오한 뜻이 있는 것은 아니다.) 다만, 인문학의 배움에서는 손쉬운 권위나 단답에 기대지 말고 문제의 긴장을 견디는 과정에 그 묘(妙)가 있다는 것이며, 특히, 견디되 제대로 견뎌야 한다는 점을 강조하려는 것뿐이다.

번개 맞은 뒤에 작곡하고, 전신주를 들이받은 후에 시작(詩作)하려는 태도를 고집하지 않는다면, 배움에 긴장은 필연적이다. 그러나 모든 긴장이 성숙으로 나아가는 것은 아니다. 가령 처음 본 낱말을 사전에 조회하거나 혹은 맞선 자리에서 상대를 기다리는 짧은 순간에도 그 나름의 긴장은 있겠다. 그러나 그러한 종류의 긴장은 '깊이'가 없이 '평면적'이며, 내가 뜻하는 인문학적 배움의 긴장과는 다르다. 우선 그것은 긴장의 끝이 시공간적으로 분명하고, 또 그 긴장을 해소하기 위한 방식이 분명하기 때문이다.

인문학적 긴장이란 그 시종이 애매할 뿐만 아니라 해소의 절차나 방식이 고정되거나 체계화된 바 없다. 아마도, 「구토」의 로캉텡을 엄습한 '존재론적 구토', 귀재 파스칼이 고백하는 '무한한 공간의 영원한 침묵', 그리고 보다 범박한 다수의 실존적 고민들은 모두 이 긴장의 범주에 속하는 전형일 것이다. 당연하게도 이러한 긴장은 특정한 방법이나 절차를 통해서 해결되지 않는다는 데 그 특징이 있다. 그것은 마치 사랑하는 사람의 횡사

(橫死)가 남긴 상흔처럼 지워지지 않는 긴장이며, 가슴에 품고 삶을 마쳐야 하는 긴장이며, 각자의 성숙을 결정하는 긴장인 것이다.

그러므로, 긴장을 '참아가는'—'풀어가는'이 아니라—태도와 방식 속에 인문학적 배움의 참 뜻이 있다. 그리고 참되, '잘' 참는 데 있다. 성급함은 졸속한 미봉이나 경박한 해답에 만족하고, 지나친 느긋함도 아예 학문 특유의 긴장을 없애버린다. 이 긴장의 핵은, 시간성이 그 물리적 객관성의 한계에 구속당하지 않고 임의로 신축(伸縮)한다는 데 있다. 거칠게 고쳐 말하자면, 1000년의 묵힘과 삭힘에서 나올 지혜를 100년의 삶이 벌이는 신축에서 얻는다는 뜻이다. "뜻을 깨닫는 것은 본래 세 점을 한 곧은 줄로 맞추는 일이다. 과거와 현재와 미래가 일직선상에 놓여져 이 끝에서 저 끝이 내다뵈는 것이 뜻을 앎이다."[114]라고 했던가.

말하자면, 이 뜻을 아는 일은 불과 기십 년의 학문 활동으로 삶을 마감해야 하는 우리 인문학자에게 시간과 역사를 '깊이' 살아야 한다는 부담을 준다. 우리의 경우, 긴장은 시간성의 주름살에 다름 아닌 것이다. 따라서 인문학의 길은 차이와 그 긴장을 참는 방식에서 승패를 건다.

그렇다고 무작정 시간만 보내는 것이 무엇을 보장하지는 않는다. 비유를 계속하자면, '시간에 주름살이 지도록' 긴장을 참아야 하는 것이다. 주름살 사이의 틈을 통해서 그 참을성은 창의성을 드러내기 때문이다. 이것은 과도한 부하(負荷)를 견디고 인종(忍從)하라는 강요가 아니다. 프로이드의 고전적 지적처럼, 대책 없이 참기만 하는 것은 역부하(逆負荷)나 반충력(anti-cathexis)의 순환을 통해서 심리적으로 자아를 피폐하게 만들든지, 전환 히스테리(conversion-hysteria)처럼 몸이 감당하지 못하는 문제를 일으킨다. 참는 것 그 자체보다 참는 방식이 중요한 이유도 여기에 있다.

---

114) 함석헌(1983), 71쪽.

긴장을 참는 방식은 특히 대화의 방식을 통해서 그 바람직한 전형을 찾아볼 수 있을 것이다. 화두(話頭)가 풀리는 긴 침묵마저도 긴 대화의 패턴과 다르지 않다. 사실 배움에 무슨 정해진 꼴을 고집할 수는 없겠다. 대화로 배우면 침묵으로도 배울 것이고, 책읽기로 얻는 것이 있으면 책을 덮어 얻는 것도 있을 터다. 그러나 굳이 대화를 내세우는 것은 그 길과 열매가 인문학적 배움에 전형적인 특성을 잘 구현하고 있기 때문이다. 또한 인문학의 논의에서 언급되는 대화란 비단 좁은 의미의 언어적 의사 소통에 국한되지도 않는다. 그러나 사람을 만나 말로써 서로간의 차이와 이로 인한 긴장을 조절해나가는 방식은 인문학적 대화에서 일종의 규제 원칙인 것이다.

우선 이 참을성은 대화를 포기하지 않는 태도 속에 구체화된다. 사실 대화란 그 속성상 열려 있는 것이며, 응대하는 자세와 묘(妙)에 따라 점입가경의 새로운 개방성을 계속 이루어가는 법이다. 응대의 예측 불가능성과 우연성은 대화의 개방성을 유지하고 보장하는 원천이다. 이것은 대화의 근본 조건이 참을성일 수밖에 없음을 잘 드러낸다. 가령, 예측 가능성(predictability)과 설명의 단순성(simplicity)을 방법론적 이념으로 제시하는 자연과학에서는 예측 불가능성과 우연성이란 학문의 파산에 다름 아니다. 그러나 대화의 인문학, 혹은 인문학의 대화는 바로 이 예측 불가능성과 우연성의 연무(煙霧)를 헤치고 인간성이 역사성 속에서 익혀지고 묵혀진 이치를, 그 아스라한 패턴을 찾아나서는 것이다.

그러므로 인문학적 배움에서의 참을성이란 대화와 그 묘(妙)에 대한 원칙적인 애정으로 드러난다. 인문학의 가능성은 실질적으로 대화의 가능성인 셈이다. 만남의 상대가 늘 대화의 상대가 되는 것은 아니다. 일방적 계몽이나 학습의 대상일 수도 있고, 사물화(事物化)와 학대의 대상일 수도 있고, 각자의 생활 세계 속에 턱없는 신화 공간을 강요하는 우상일 수도 있으며, 서로 접촉과 대면이 원천적으로 불가능한 거대한 조직 속의 원자들로서 생존할 수도 있다.

나아가서, 대화 그 자체의 가능성이 소기의 효용성을 보장하는 것도 아니다. '사이비 의사 소통'도 얼마든지 가능하다. 가령, 가다머를 비판하는 하버마스의 매우 고전적인 지적처럼, 해석의 통일성과 정합성에만 집착하면 소위 '언어성의 관념론'에 물들어 언어가 현실을 왜곡하는 권력과 지배의 심층 구조를 놓치기 쉽다는 사실도 단단히 기억해두어야 할 것이다. 그러나 만남과 대화의 가능성은 원칙적으로 우리에게 열려져 있으며, 인문학의 참을성, 그리고 참을성의 인문학은 바로 이 사실에 근거해서 자신을 세운다. 이것은 하버마스가 내세우는 '이상적 의사 소통공동체'를 배경으로 삼는 테제가 아니다. 내가 뜻하는 인문학의 마당에서 '이상적 의사 소통 공동체'란 단순한 공상이다. 이상적이지 못한 대화 상황, 예측 불가능성과 우연성의 침탈로 끊임없이 어지러워지는 인문학의 상황은 오히려 대화의 실질성과 현실성의 증표며, 인문학의 대화가 단순 합의나 대화적 합리성의 피상주의에 빠지지 않도록 하는 호의적인 장치일 수 있다.

대화의 과정은 예측할 수 없는 난반사(亂反射)의 연속이다. 그러나 난반사이기에 긴장과 시간성, 그리고 참을성에 대한 논의가 자연스럽다. 그리고 난반사이기에 눈여겨보지 못했던 구석과 틈새에까지 빛이 미칠 수 있지 않은가. 참을성이란 긴장의 깊이와 시간성의 길이에 대한 진지한 믿음이다. 그 깊이와 길이가 가져다줄 이치의 맥(脈)이 실증주의적 학문성을 넘어설 수 있다는 믿음인 것이다.

대화를 비관하기는 쉽다. 신매체가 보편화되고 온갖 기계적 메커니즘이 사회의 소통망을 대신하고 있는 지금 진하고 진솔한 만남과 대화는 점점 드물어간다. 대화를 믿지 않는 태도는 다양하지만, 그 부류는 대체로 두 가지다. 넓은 의미의 '직관주의(intuitionism)'가 그 중의 하나다. 직관은 대상의 진면목이나 사태의 본질을 '직접적으로'—해석학적 매개나 방법론적 절차 없이—파악하는 인식의 활동이다. 따라서 직관주의란 사고의 과정이나 대화적 이해보다 직관 능력을 유일 최고의 인식 능력으로 보는 입장을 가리킨다. 서양의 지적 전통에서는 이를 주로 신비주의나 비합리주의 계열에서 서식해온 예외적 현상으로 치부하는 반면, 불립문자와 이심전심의 전통을 꾸준히 배양하고 심화시켜온 동양에서는 이를 보다 적극적으로 수용해온 차이를 보인다. 물론 동양에서도 대화와 문답의 전통이 녹녹치 않다. 그러나 나름의 형이상학과 신학의 비호 아래 징밀하고 연속적인 논증의 전통115)을 계승해온 서양에 비하면, 특히 대화 사이의 틈과 문답 사이의 시간성에 각별한 액센트를 두는 점에서 명백한 차이를 보인다. 따라서 김지하가 지천명(知天命)의 나이에 깨달았다는 것, "말을 절약하며 틈을 열고 싶었다."116)는 것은 정도의 차이가 있겠으나 동양적 삶과 앎의 접선이 필경 귀결하는 논리 아닌 논리다.

계몽과 성숙과 해방의 길이 단선적이지도 일률적이지도 않은 우리 삶의 마당에서, 대화적 성숙과 직관이 반드시 서로를 배척하는 것은 아니다. 때로 서로에게 보완의 계기가 되며, 어느 한쪽만으로는 능히 감당할 수 없는 지평을 선사하기도 한다. 그러나 직관에 인식의 최종심급을 두는 직관'주의'는 필경 대화 공동체의 노력을 폄하하는 인식론적 특권 의식에 물들기 쉽다.

대화를 폄시하는 방식이 직관주의로 나타나지 않을 때에는 보다 폭력적으로 흐른다. 직관주의에 특유한 동정적 혜안은 대화의 결렬로 인한 불화를 예방할 수 있는 사려(思慮)를 제공한다는 점에서 소중하지만, 역사적 현실 속에서의 동정적 혜안이란 흔

---

115) 다음 글을 참조할 것. 이 글은 서구 사상사의 성격을 '논증'을 통해서 보고, 이를 안셀무스(St. Anselm)의 존재론적 논증을 통해서 구체화하려고 한 시도다. 김영민(1994d).
116) 김지하(1994), 自序 중에서.

히 무력하다. 서양의 계몽주의만 해도 종교적 차이에 대한 관용의 정신을 그 젖줄기의 하나로 삼아 출발했지만, 계몽의 열정이 지나친 탓인지 '계몽'되지 못한 세계에 대한 폭력의 구실과 그 정당화의 논리로 타락하는 경우도 있었다. 일방적·폭력적 계몽의 결과에 대한 보고는 소위 지리상의 발견 이래 20세기초의 제국주의적 횡포에 이르는 사실(史實) 속에 가득히 담겨 있다. 이 대목에 이르면, 철학 개론의 고전적 명제로서 내용보다는 방식이, 답변보다는 물음이 중요하다는 지적을 되새겨둘 만하다. 인식 못지 않게 성숙의 이념을 추스려야 하는 인문학의 경우, 계몽의 내용 못지 않게 계몽에 이르는 방식이 중요하기 때문이다.

직관적 특권주의나 독선적 폭력주의 둘 다 만남과 대화를 통한 상호 인식의 점진적인 증진이나 지평의 확대에 비관적이다. 직관주의는 암묵적으로 특권적 인식론을 배양하고 진리의 오의(奧義)를 독점함으로써 스스로의 방식과 답변 속에 차폐당하고 만다. 폭력적 독선주의는 인식(론) 자체를 만시(慢視)하면서 자신의 자의를 힘으로 뒷받침할 뿐이다. 이들에게 차이니 대화니 긴장이니 참을성이니 하는 따위는 대체로 무지와 유약(柔弱)의 증거일 뿐이다. 그러나 어떤 식이든 하나의 답변이 구심력을 얻고 무거워져서 마침내 좌정(坐定)하게 되는 사태는 인류의 성숙을 위해서 불행한 일이다.

1994년 9월 17일, 런던 교외에서 92세를 일기로 서거한 금세기 최고의 과학철학자 포퍼의 생각은 하나의 답변에 집착하거나 안주하려는 태도를 근본적으로 반성하게 만든다:

> 계속해서 당신의 이론들을 정형화하고 또 비판하도록 노력하시오. 그리고 대안이 될 수 있는 이론들을 만드시오. 심지어 불가피해보이는 이론들에 대해서도 그 대안을 내세우도록 하시오. 이렇게 해서야 당신은 비로소 자신의 이론들을 이해할 수 있을 것입니다. 하나의 이론이 유일무이한 것처럼 보일 때, 이는 당신이 그 이론뿐만 아니라 그 이론으로 풀려고 했던 문제조차도 이해하지 못하고 있다는 증표입니다.117)

자신의 확신에 계속해서 틈을 만들고, 그 틈 속에서 다양한 가능성을 읽어내고, 그리고 그 가능성들을 끊임없는 대화를 통해 현실화시키는 것은 인문학의 길 없는 길이면서 특별히 독선과 맹신의 폭력을 그 근본에서 반성하게 하는 일이다. 대화는 탄탄했다고 믿었던 자신의 몸에 균열을 내고 그 속에 이질적인 생물들이 서식할 수 있도록 배려하는 아픔이 없이는 불가능하다. 자신을 분명하게 노출시키고, 노출된 부위에서 벌어지는 격렬하고 때로는 아픈 만남을 제대로 응시하고, 그 만남이 주는 차이들의 상처에 솔직하고, 그리고 이 모든 긴장을 창의적으로 건너가는 태도 속에서 대화는 깊어지며 깊어진 대화는 그만한 열매를 물어올 수 있을 것이다. 그러니 어찌 인문학이 인식의 범주 속에서 제대로 된 자생력을 키울 수 있을 것인가.

그러므로 차이와 그 긴장을 참는 법은 우선 끝끝내 대화를 지속시키는 태도 속에서 그 전형을 찾을 수 있다. "인간이란 서사(敍事)를 만들어가는 존재"[118]며, "서사 공동체를 떠나서 어떠한 동일성도 확보하지 못하는 철저한 공동체의 구성원"[119]이고, "서사 공동체의 가장 중요한 행동 양식이 대화"[120]라고 한다면, 대화에의 희망과 그 가능성이야말로 아름다운 '인간의 무늬(人文)'를 엮어낼 수 있는 가장 실질적인 방식일 것이다.

그러나 봉건적 침묵의 공간, 아니면 긴장과 그 불안을 세치 혀끝의 가벼움 속으로 날려버리는 시도들이 '참을 수 없이 가벼운 존재'로서 살아가고 있는 우리 대다수의 문화 현실이 되고 말았다.

"잡담과 수다가 분가루같이 우리의 입술 주위를 떠다닌다. 농담과 과장과 뜻모를 레토릭이 어디에나 수북하게 쌓여 있다. 심각한 대화가 없

117) Karl Popper(1971), 266쪽.
118) McIntyre(1984), 216쪽. 다음에서 재인용. 이왕주(1997), 14쪽.
119) 같은 글, 17쪽.
120) 리쾨르(P. Ricoeur)의 말. 같은 글에서 재인용, 18쪽.

는 만큼 심각한 침묵도 없는 세상. 곁눈질과 뒷거래의 수근거림이 맞대화를 통한 조응(照應)의 아름다움을 대체해버렸다."[121]

대면과 대화의 긴장 속에 자신의 전존재를 맡긴 채 온몸을 흔들며 지나가는 차이들을 솔직하게 만나고 밀물처럼 다가올 내적인 성숙과 변화를 앞당기는 것뿐이다. 바로 이것이 인문학적 배움의 길이며, 참을성이란 그 길의 가장 포괄적인 형식인 것이다.

10. 바뀜과 바꿈 혹은 성숙과 변혁

인문학의 배움은 바뀜으로 완결된다. 배움을 소유와 대조해서 존재의 심화나 확장이라고 하든, 혹은 인식과 대조해서 성숙이라고 부르든, 필경 '바뀜'에 다름 아니다. 판돈이 걸리지 않은 내기가 무기력하듯이, 변혁과 탈각(脫殼)의 전망이 없는 인식이란 공소하다. 만나고, 또 만남이 주는 차이와 긴장을 대화로써 풀어가며 내면의 성숙을 도모하는 일도 결국은 바뀜을 미덕으로 삼는 태도에 다름 아니다.

나는 앞에서 스스로 바뀌는 것이 아니라 의식의 속을 채우는 것이 배움이라는 속설을 비판했다. 물론 이것은 동양적 지행합일의 이상, 그리고 서양의 이성중심주의나 그 근대적 변형인 인식(의식)중심주의에 대한 비판과 이어지는 태도다. 그러나 보다 근본적으로는 배움에 대한 인문학적 각성에서 나오는 체험담이다.

이 기회에, 보다 중요한 것은 바뀌는 것이 아니라 '바꾸는 것'이라는 주장에 대해서도 비판적으로 접근할 필요가 있다. 바뀜이 대화적―그 넓은 의미에서―성숙을 뜻한다면, 이는 당연히 세상을 이해하는 것보다는 세상을 바꾸는 것이 더 중요하다고

---

121) 김영민(1994b), 6쪽.

외쳤던 이들의 표적이 될 듯하다. '바꿈의 철학'은 사적 관념론에 불과하며 심리적 온존 속에서 삶의 객관적 현실과 그 물적 토대로부터 눈을 돌리려는 미망(迷妄)에 불과하다고 이들은 질타한다. 바꿈이 없는 바뀜은 미봉책이며, 제도와 체제의 변혁이 없는 개인의 성숙은 도피주의이거나 유아론이라고 타박한다. 심지어, 바뀜도 바꿈의 노력과 과정을 통해서 제 모습을 갖춘다고 역설한다.

베이컨이나 마르크스 등으로부터 영감을 얻는 '바꿈의 철학'은 역사로부터 이미 그 정당한 몫을 얻어내었다. 어쩌면 그것은 과분한 몫이었는지도 모른다. 그리고 과분(過分)은 과분대로 나름의 대가를 치렀고, 또 치르고 있다. 바꿈의 철학은 특히 자의식의 명증성을 중심으로 엮여져서 흔히 '의식 철학'이라고 싸잡아 꼬집히는 근대철학의 관념론적 경향을 견제하는 데 적지않은 공헌을 한 것이 사실이다. 사실 터를 딛고 역사를 가로질러 살면서 바꿈의 정신을 외면할 수 없을 것이다. 설혹 '실천적 유물론자'들이 아니라고 하더라고 현실의 객관적 조건들을 바꾸는 일을 피해갈 수는 없다.[122]

그러나 문제는 스스로 바뀜이 없는 상태에서 이루어지는 바꿈의 뒤끝에서 생긴다. 제도나 체제의 효율성도 결국 사람의 능력과 성실에 의해서 유지된다는 사실은 바뀜이 없는 바꿈이 사상누각의 운명을 면하기 어렵다는 것을 일러준다. 자신은 마치 박제되기라도 한 듯 옛 모습 속에 온존시킨 채 남들을 바꾸고자 하는 바람은 우선 설득력이 없다. 설혹 어떤 강제력을 통해서 그 목적을 달성했다 하더라고 결국 그 뒤끝이 좋을 리 없다. 침팬지 무리에게 대의제를 맡길 수 없는 것이고, 초국가주의적 파시스트들에게 대동아공영권을 기대할 수 없는 법이다.

물론 뒤끝에 따라붙는 부작용에 연연할 수 없을 정도로 대의(大義)에 가득한 거사도 있다. 특히 공동체의 존망과 행불행을

---

122) Marx & Engels(1977), 62쪽.

좌우할 위급한 사태에서는 자신의 내면과 성숙을 돌보는 것 자체가 정신적 사치에 지나지 않을 수도 있다. 가령, 공동체의 위난을 외면한 것을 '시대의 유행을 거부한 것'이라고 호도하고, 그 결과를 '정신적인 적막감'이라고 강변하는 것은 동시대인에 대한 예의가 아니다.123) 예컨대 거시적 정치 행위에서는 개인의 사밀한 실존적 구석을 챙겨줄 수 없는 법이고, 집단의 안위에 우선권을 부여하는 경우 "공표하지 못할 사밀하고 묘연한 구석을 혜성의 꼬리처럼 달고 다니는 개개인의 형편을 면밀하게 헤아려 줄 수 없음"은 자명하다.124)

그러나 인문학의 배움에 관한 한, 긴급성이나 집단성의 논리를 앞세워서 바뀜이 생략된 바꿈을 정당화할 수는 없으리라고 보여진다. 긴급을 요하는 사정이라면 응당 긴장과 '참을성'이 무색한 지경일 터요, 그 지경에서 인문학의 배움을 길게 논할 수 없을 것이기 때문이다. 바뀜과 성숙을 향한 욕심이 호사(豪奢)가 되고 바꿈과 변혁을 위한 노력만이 정당화되는 정황이라면 인문학의 느림과 깊음을 기다릴 수 있는 형편이 아닐 것이고, 정히 인문학을 논의할 수 있다면 바뀜을 도외시할 수는 없을 터다.

자신을 드러내어 만나고, 유혹과 위협으로 다가드는 여러 차이에 솔직하고, 그 긴장을 오래 참고, 이를 대화로써 풀어가는 집요한 인문학의 길은 마침내 자기 갱신과 자기 변혁으로 이어져 성숙의 경지를 현실화시킬 수 있어야 한다.

이 도정에서 성숙은 열매와 같다. 열매가 탐스러운 나무처럼 그것은 그 자체로 아름답지만, 주위 사람들에게 실질적인 도움을 줄 수 있다는 점에서 미덕이다. 바뀜이 없는 바꿈의 노력에 의한 성과는 종종 부메랑이 되어 돌아와서 속으로부터 그 성취를 허물어버린다. 반면, 바뀜을 통한 바꿈은 매우 느리고 지루한 과정이지만, 탄탄한 내실을 갖추는 법이다. 그것은 '혁명'은 아

---

123) 김영민(1997e), 139쪽.
124) 김영민(1994e), 75쪽.

니지만, 끝내 변혁의 힘을 잃지 않는다. "얼어붙은 못이 전체가 물인 줄은 알지만 햇볕을 받아야 비로소 녹는다."125)고 했던가. 한때 유행했던 '인간적 사회주의'니 '인간의 얼굴을 한 과학'이 니 하는 개념은 성급한 바꿈이 바뀜의 부재를 아쉬워하는 모습 으로 읽어도 좋을 것이다.

배움, 특별히 인문학의 배움은 나의 지식을 바깥에 적용해서 남을 바꾸는 것이 그 요체가 아니다. 이는 베이컨의 지식관 이래 꾸준히 이어져온 과학적 방식과 조작적 이성의 길이며, 발견 · 수탈 · 선교 · 계몽 · 개발 · 조작 · 착취 · 고문 · 변형의 역사를 교 도(敎導)했던 이념으로서 인문학의 지평에 미치지 못한다. 인문 학으로서는 남을 계몽시키는 것보다 오히려 '자기 계몽(self-enlightenment)'이 앞서며, 바꿈도 바뀜의 과정을 통해서 걸러져 야 한다. 계몽을 외면한 성숙의 욕망은 당연히 독단과 몽매주의 (obscurantism)로 빠지기 쉬울 것이다. 그러나, 인문학의 배움은 필경 계몽보다는 성숙으로 귀결한다. 그리고 진정한 계몽이란 이 성숙이 스스로 주변을 밝히는 덕(德)이 되는 것이다. 마치 진 정한 변혁이란 성숙이 쌓아가는 자가 발전의 힘인 것처럼.

---

125) 지눌(1993), 28쪽.

제 4 장

진리 · 일리 · 무리

—인문학의 일리지평(一理地平)*

1. 무어와 달마의 사이에서

철학자 무어(G. E. Moore)! 그가 홍안의 소년이었을 때 그 얼굴의 홍징(泓澄)함은 나를 기이하게 매료시켰을 뿐만 아니라 나로 하여금 성어중형어외(誠於中形於外)라는 공자 말씀의 진체를 일순에 깨치게 했다. 그를 떠올리는 것은 뜨거워진 눈 때문에 차고 맑은 물을 찾아서 계곡으로 치솟아올라 수계(水界)의 상한선을 떠돌고 있는 어느 열목어(熱目魚)를 만나는 것과 같다.

'명료와 정직'을 특장으로 삼는다는 그의 글쓰기 수칙처럼 간결하고 수수하게 씌인 그의 자전에는 흔히 인용되는 대목이 여럿 있다. 그 중에서도 그의 철학을, 그러므로 그의 철학적 글쓰기를 촉발 · 추동시킨 사유를 밝힌 곳이 여럿의 시선을 끌어왔다:

세계나 여타의 학문이 내게 철학적인 문제를 제기했던 것은 아니었다고 생각된다. 나로 하여금 철학적인 문제에 봉착하게 했던 것은 다른 철학자들이 세계나 여타의 학문에 대해서 한 말이었다. 이런 식으로 제기

---

* 이 글은 『오늘의 문예비평』(1996년 가을)에 같은 제목으로 실린 것을 다소 개작한 것이다.

된 많은 문제들에 대해서 나는 매우 기민한 흥미를 느껴오고 있는데, 내가 느낀 문제점은 대체로 두 가지 종류로 대별될 수 있다. 그 첫째는 그 철학자가 한 말이 대체 무슨 뜻인가를 명료히 하는 문제며, 두 번째는 그가 뜻한 것이 옳거나 혹은 그르다고 추론할 만한 참으로 만족스러운 이유들을 발견해내는 문제다. 나는 내 평생에 걸쳐 이런 문제들을 해결하기 위해서 노력해왔다고 생각한다. 물론 내 욕심 만한 성과는 없었지만.[1]

그러니, 무어는 일견 사소하게 보이는 일을 신중하고 꼼꼼하게 다루느라고 한 평생을 보낸 셈이다. 말의 뜻이나 그 씀씀이를 여러 맥락에 따라 분석한다는 것에는 한편 매우 사소하게 여겨지는 면이 있다. 더구나 말을 던지고 밟거나 더러는 그 내장을 끄집어내어 목걸이로 삼기도 하는 선가(禪家)의 문답에라도 재미를 붙이게 되면 돋보기로 벼룩의 꼬리라도 찾을 듯 논리의 정합성을 챙기는 데에만 열불을 내는 '말놀이'에 지레 머리를 흔들기도 하리라.

그러나 그러한 사소함을 들어 무어의 열정을 희화화할 수 없다는 것을 잘 안다. 서양철학사의 도도한 혹은 도도(滔滔)한 흐름 속에서 무어류의 작업이 지니는 의의를 구태여 상설할 필요도 없다. 다만 철학이든 혹은 무엇이든, 대체로 말로써 이루어지는 작업이란 번쇄(煩碎)해지기 쉽고, 번쇄해지면 자연히 번뇌만 생기는 법이니, 무어 같은 명징한 분석의 칼날로 사소하게 얽히고 설킨 부분부터 단단히 손질하는 태도가 감히 어찌 사소하다고 하겠는가. 다만 나는 사소한 면이 있다면 그것이 어떻게 사소한지, 또 그 사소한 면이 어떤 식으로 주위에 영향을 행사해서 결코 사소하지 않은 결과를 초래하는지, 등등의 문제에 관심을 가질 뿐이다.

아는 대로 '말놀이(Sprachspiele)'[2]는 비트겐슈타인과 그의 추

---

1) Moore(1968), 14쪽.
2) Wittgenstein(a), 130절.

종자들이 널리 유행시켜서 이 땅의 웬만한 학인들까지 주워섬길 수 있는 말인데, 이미 이 조어 속에는 그 말의 깊이와 표피성, 그 우연과 필연, 그리고 그 자중(自重)과 자조(自嘲)가 함께 스며들어 있다. 언어 분석을 전문으로 삼는 이들 사이에서는 진부한 이야기이지만, '말놀이'는 '말·놀이'이고, 또 '말·놀이'는 '말⇒놀이'인데, 이 전화(轉化)의 과정은 말을 본격적으로 분석할 수 있는 새로운 철학적 지평을 열어준 것에 틀림없다. 그러나 말이 '놀이'가 되면서 열려진 지평의 철학성은 대단히 서양적인 것이다. 그 역사성은 어느 특정한 층위의 것으로서, 마치 '근대적 경험의 보편적 통합성'[3]처럼 비록 그 생산물이 다대하고 그 파급 효과가 전지구적이라 하더라도, 우리같이 다른 역사의 맥락 속에서 온고지신하려는 이들이 체득하고 있는 다른 층위, 혹은 다른 일리지평(一理地平)을 건사하려는 열망을 희석시키거나 가로막는 장애가 되어서는 안 된다.

(그러나 안타깝지만, 法古暢新의 노력 속에서 우리 정신 문화의 맥리들을 건사하려는 노력은 적다. 노력이 적은 것은 개개인의 성실과 능력의 문제와도 상관이 있다. 그러나 정작 중요한 점은 그 성실과 능력의 성격과 방향이며, 보다 근원적으로는 정신 문화의 맥이 끊어진 경험의 상흔이 구조적으로 우리 지형의 곳곳을 점유하고 있기 때문이다. 나는 이 '絶脈'이야말로 우리 정신 문화의 근대성이 앓고 있는 환부의 핵이라고 본다. 계승과 축적,[4] 그리고 기록과 평가[5]가 없는 정신 문화의 현재와 미래는 뻔하다. 당연히 이 절맥의 경험은 다양한 모습의 식민성으로 드러난다. 그러므로 우리 학문의 근대성을 따지고 향후의 전망을 모색하면서 '탈식민성'의 테제를 건너뛰는 것은 일종의 학문적 원죄다.)

---

3) 김경일(1997), 167쪽.
4) 강내희(외)(1997), 15쪽.
5) 강준만(1997), 7쪽.

신언서판(身言書判)이라 하듯이, 우리의 경우 말은 놀이라기보다는 자기 수양[修己]과 조화로운 공동체[安人]의 길이었다. 그것은 "소학(小學)으로 불리는 철저한 생활 훈련에서 출발하여 사서삼경을 암송하는 엄격한 도덕 교육과 지적 훈련을 거쳐 예리한 경세적 안목을 터득하고 호방한 예술적 기개를 익힌 유가의 지성인"[6]이 내성(內聖)과 외왕(外王)의 도리를 실천해나가는 구체적 행위였던 것이다. '말을 듣고 사람을 천거하지 않는다(不以言擧人).'고 했던 공자이지만, 그는 이와 동시에 '사람을 보고 말을 버리지 않는다(不以人廢言).'고 굳이 균형을 잡아주고 있을 정도다. 말의 씀씀이가 주로 놀이의 구조와 성격으로 규정되면 당연히 규칙이 중요한 관건이 된다. 말놀이의 규칙을 따지고, 그 남용이나 오용을 규명하고, 그 성격을 분류하는 따위는 물론 서양 학문에서 언어를 둘러싸고 벌이는 가장 일반적인 활동이다. 여기서 내가 주로 주목하는 점은 이 활동이 우리의 전통에서 흔히 말하는 수신(修身), 혹은 성숙과 어떤 관계가, 무슨 연관이 있는가 하는 문제다.

말의 성격과 기능을 논리적·의미론적 층위로 제한시키고 그 층위에 따른 논의의 정합성을 추구하는 활동은 서양의 언어학과 언어철학이 주력했던 것이며, 또 나름의 성과를 일구어냈다. 그러나 여기서의 내 관심은 매체나 기호로서의 말이 아니라 행위로서의 말, 성숙의 틈과 경지를 열어주는 단서로서의 말이다. 내가 내 글쓰기를 '하나의 이치[一理]'들을 찾아가는 해석학적 작업으로 보고, 이와 동시에 "일리를 진리로 볼 수 있는 손"[7]을 기르는 탈해석학적 작업으로 여기는 것도 같은 관심의 연장이다. 마찬가지로 사유와 존재의 대응 관계에 기초한 파르메니데스적 논리 공간이 아니라 "글이 존재를 존재가 글을 범람하는 경계 지역"[8]에 내 글쓰기의 포커스를 두는 것도 마찬가지다. 그것은 말

---

6) 송재윤(1997), 369~370쪽.
7) 김영민(1996), 242쪽.

이나 글을 사념이나 기호가 아니라 우선 삶의 길로 보려는 태도에서 생긴다.

인용한 무어의 생각이 각박하기는 하지만, 그것에 적대감을 표시할 의도는 조금도 없다. 사실 선문답조차 진여(眞如)가 드러나는 계기를 포착하려는 말놀이라고 할 수 있지 않겠는가.

971002(목)

禪家에서 게송(偈頌)이 경지를 드러내보이는 잣대로 쓰이는 것. 이것도 평소의 대화가 묘(妙)를 얻는 경험을 쌓아가면서 능히 짐작할 수 있는 것이다. 평상심이 道라고 했다면, 여기에서도. 이것은 차마 손끝에 잡힌다. 그리고 내 몸의 주위에 하나의 명백한 흐름이 되어 스치듯이 지나간다. 나는 다만 그것을 느낄 수 있을 뿐이다. 어떤 자신감과 함께.9)

무어가 선택한 말놀이의 공과(功過)나 희비도 당연히 서양철학사에서 언어 분석이 차지한 자리와 그 맥을 좇아 평가되어야 마땅하다. 그리고 그 평가는 이미 풍성하며 또 대부분 극히 호의적이다. 우리 땅의 학인들이 비트겐슈타인 등에 바쳐온 존숭의 염(念)을 상기해보라. 무어는 말의 분석을 수신이나 성숙, 구원이나 해방과 연결시키는 논의를 펼친 적은 없지만, 당연히 이것으로 그를 타박할 수는 없다. 다만 그의 오랜 관심이 밝혀놓은 통찰에 마침 보편성이 있어 어느 제한된 논의의 영역에서라도 언어적 혼동을 막는 구실을 한다면 그 아니 좋을까.

인용문이 시사하듯이, 무어는 형이상학적 사변을 경계하고 우선 말의 뜻을 명석히 하려는 데에 각별한 관심을 쏟는다. 주변의 보고와 평가를 눈여겨 살피면, 이러한 그의 태도는 거의 강박, 혹은 결벽으로까지 진척되었음을 알 수 있다. 말의 쏨쏨이를 개념의 소통 기능에 집약시켜서 그 논리와 정합성을 따지는 데 주

---

8) 같은 글, 259쪽.
9) 내 일기 중의 한 토막.

력할 바에야 무어의 결벽에는 나름의 정당성이 있다. 실상 무어의 비판처럼, 논쟁이 별 결실 없이 변죽이나 치다가 제풀에 숙지거나 심지어 인신 공격의 씨앗만을 심어두곤 하는 것은 쟁점이 무엇인지를 정확히 파악하려는 노력조차 않은 채 입부터 놀리기 때문이다.[10] 그런 식의 혼동이 관습화되면서, 역시 무어의 지적처럼, 결국은 난센스로 밝혀질 문제를 둘러싸고 앉아 종일을 심각한 얼굴로 심오한 인상만을 그리고 있는 것이다. 논쟁의 현장에서 피를 말리고 뼈를 굳히면서 살고 있는 적지않은 학인들은 무어가 고민하고 질책한 말씀쓰이의 덫에서 아직도 그리 자유롭지 못한 것이 사실이다.

여기에서의 내 고민은 딜레마의 형국이다. 사실 말을 할 테면 무어의 결벽처럼 철저하게 할 것이요, 아니라면 아예 달마처럼 면벽(面壁)을 할 일이다. 그러나 나는, 분주하고 불행한 나는, 무어와 달마를 동시에 사모하는 병을 앓고 있다. 특별히 논쟁을 벌일 때마다 달마의 어둑시근한 눈과 무어의 명석한 눈 사이에서 한없이 배회한다. 무어의 정신은 시비곡직에 철저하면서도 솔직한 태도로 나타난다. 그러나 달마로 대표되는 선(禪)의 정신은, 대체로 말하자면, 인식의 차원 이전에 스스로의 실존을 감당하고 이로써 내면의 성숙을 도모하는 묘묘(杳杳)한 도정이다. 그러니, 고쳐 말하자면 내 고민이란 시비곡직을 따지는 대화와 글쓰기가 실존의 깊이를 감당하는 성숙과 어떻게 연결되어 있는가 하는 문제며, 이 문제에 대한 이론적인 모색 과정과 다른 차원에서 간단 없이 계속되어야 하는 실천적 결의를 어떻게 처리할 것인가 하는 문제며, 인식과 글로써 사람을 논할 것인가, 아니면 사람으로 인식과 글을 논할 것인가 하는 문제며, 마침내 글은 왜 쓰며 말은 왜 하는가 하는 문제이기도 하다.

글쓰기와 관련해서 내가 최근 몇 년 사이에 각별히 체득하게 된 사실 중의 하나는, '글쓰는 나는 곧 글로 씌이는 나'라는 점이

---

10) Moore(1971), vii쪽.

다. 글쓰기가 길어지고 깊어지면서 나타나는 가장 기초적인 깨달음은 물론 글이나 말이 개념과 사유의 소통 이상이라는 사실이다. "김영민 교수는 많이 쓰기로 유명하다. 글쓰기를 이틀 이상 거르는 법이 없다."[11] 만약 내게 있어서 글쓰기가 사유하고 깨친 바를 개념화해서 체계적으로 전달하는 것일 뿐이라면, "이틀 이상 거르지 않고" 줄창 글을 써대는 짓이란 매우 이상할 것이다. 내가 비교적 많은 글을 생산한다는 것은 '글쓰는 나는 곧 글로 씌이는 나'라는 깨달음의 연장선에서 벌어지는 사건이다.

그러므로, 나는 글이든 말이든 최소한 '단번에 진상을 파악하는 일' 따위는 하지 않는다. 인문학의 근본 층위는 역사성이고, 역사성과 대면하는 우리의 모습은 자연스럽게 '성숙'을 지향하게 된다. 그러니, 역사성을 따라 살피고 긴 성숙을 도모하는 마당에서 무슨 재주로 '단번에' 진상을 파악할 것인가. "어찌 낱낱의 적을 살피랴, 음양건곤(陰陽乾坤)이 내 손 안에 있는 것을." 젊고 패기만만했던 검호 미야모도 무사시의 검을 호미로써 '단번에' 꺾어눌렀던 마루야마 뎃사이 노인의 말이다. 그러나 그것은 연달(練達)의 정점을 넘긴 '노인'의 말이다. 존재의 진상이 설정되면 이를 인식하려는 노력이 지성을 주도할 것이고, 이것은 당연히 길고 지난한 글쓰기를 기다리는 여유와 어울리지 못한다. 가령 플라톤은 이런 뜻에서 가장 여유가 없었던 인물이다. 한 시대의 징후였던 플라톤을 컨텍스트 없이 비판하는 것은 공평한 일이 아니지만, 어쨌든 플라톤이야말로 글쓰기를 철학으로부터, 그리고 글쓰는 사람으로부터 소외시킨 주범이다. 그는 글쓰기의 가치를 근본적으로 의심한다.[12] 그의 생각을 잘라 말하자면, 이성적인 사람이라면 '이틀 이상 거르지 않고' 글쓰기에 몰두할 수가 없다는 것이다.

---

11) 교수신문, 1996년 7월 29일자.
12) 이 점에 관한 해명은 다음을 참조하라. Ong(1995), 124쪽 이하.

그러므로 이성적인 사람은 이러한 빈약한 언어로써 그가 사유한 것을 표현하려는 시도를 감행하지 않으며, 더욱이 철자로 씌어지는 것을 원하지 않는다.[13]

글쓰기가 이성적인 사람의 본분이 아니라는 자신의 말을 뒷받침하는 플라톤의 논증은 한 시대의 흔적에 지나지 않으며, 또 그 점을 감안해서 듣더라도 별스런 감동이 없다. 다만, 원래의 의도와 상관없이 그 말을 통해서 시사받을 수 있는 점은 오히려 매우 중요한 사실을 일깨워준다. 그것은, 수리(數理)에 가까운 논리와 '설명 가능성'의 이념으로써 구체화되는 그리스적 합리성은 글쓰기의 여유를 참지 못할 정도로 성마르다는 것이다. 실재의 진상을 단번에 파악하려는 욕심을 참지 못하는 곳에서 글쓰기가 죽는 것은 오히려 당연할 것이다. 그것은 곧 세월이 죽는 곳이며, 참을성[14]이 죽는 곳이고, 성숙이 죽는 곳이기도 하다. 마찬가지로 그곳은 결국 인문학이 죽는 곳이다.

현상의 너머 가지계(可知界)의 진상을 '본질 직관(Wesensanschau)'해내는 플라톤을 본받을 것인가. 아니면, 오천 통이 넘는 서한과 생애 52년간을 기록해둔 일기책, 그리고 주변 사람들이 남기고 있는 수많은 대화록 등, "(괴테)처럼 자신을 증명할 수 있는 풍부하고 믿을 만한 자료를 보여주는 사람은 하나도 없다고 주장해도 과히 틀린 말은 아"니겠지만, 그러나 그럼에도 불구하고 "단테나 셰익스피어보다도 조금도 더 잘 알고 있는 것 같지 않은" 괴테를 본받을 것인가.[15]

글쓰기도 결국은 징후다. 그리고 대체로 징후(徵候)란, 괴테가 '현상'에 대해서 그렇게 단언했듯이, 그것 자체가 이미 교훈이다: "현상의 너머에 숨어 있는 것을 찾지 말라; 현상은 그 자체가 자

---

13) Plato(1964), S.37.
14) 자세한 내용은 이 책에 실린 다음의 글을 참조. "인문학의 길 없는 길: 성숙의 인문학" 중 9절("참을성, 그리고 인문학의 학문성").
15) Boerner(1974), 9쪽.

신을 위한 교훈이다."16)

2. 절대 지식은 절대로 타락한다 : 성숙한 다원론의 시대

서양철학은 어떤 식이든 실재와 그 본질을 '단번에' 통찰하는
데에 놀라운 재주를 부려왔고, 또 그만큼 큰 성과를 거두어왔다.
견물생심이라고, 타깃이 분명하면 한 개의 화살로 끝장을 보려
는 욕심도 분명해지는 법이다. 과녁에 대한 의심이 사라지고 남
는 것은 활과 살의 종류와 기능뿐이다. 마찬가지로, 하나의 화살
로 잡는 타깃이니 별다른 시간이 필요하지도 않다.

이러한 존재론적·인식론적 전제 아래에서의 글은 진리를 잡
거나 드러내는 데에 이바지하는 범위와 정도내에서만 허용되며,
이를 넘어서면 이미 부끄러운 꼬리에 지나지 않는다. 문체의 고
민이나 수사(修辭)의 훈련은 이류의 재간일 뿐이다. 따라서 본질
적으로 시간성의 작업인 글쓰기는 폄하될 수밖에 없다.

그러나 대체로 전래의 본질주의와 토대주의(foundationalism)를
백안시하고 있는 현대철학의 추세에서는 이러한 순박한 직관적
인식을 근본적으로 반성하면서, 성숙한 새 시대의 기류에 걸맞
는 여러 모습의 대안을 제시한 바 있다. 자기 인식(self-realization)
의 심화라는 금세기의 특징적인 경향을 배경으로, 특별히 언어
학과 분석철학, 그리고 해석학의 발전으로 가능해진 언어성
(Sprachlichkeit)의 지평은 의식철학, 주관성의 철학을 매개로 19
세기까지 득세했던 본질주의와 토대주의에 적지않은 상처를 안
겨주었다. 언어에 대한 자의식, 즉 언어성의 지평이 일반화되고,
하이데거나 가다머의 경우처럼 심지어 존재론화됨에 따라서 순
전한 무매개의 철학적 인식에 대한 반성과 비판은 깊어지고 또
체계화되어갔다. 그리하여, 21세기를 불과 몇 년 앞둔 지금, 이

---

16) 괴테의 말. 다음에서 재인용함. Finch(1977), 168쪽.

언어성의 그물을 완전히 벗어난 학문적 태도는 찾아보기 힘들 정도다. 소위 '이론의존성(theory-ladenness)' 논의 이후 자연과학에서도 해석학적 언어성을 무시한 근세적 객관성의 고집은 점차 사라지고 있으며, '언어 편재성의 논제(the thesis of the ubiquity of language)'가 공공연히 제안되고 있는 실정이다.17)

자연과학과 대조적으로 인문학의 특성을 변별적으로 유지하고자 애썼던 해석학 운동은 철학적 인식을 겸손하게 만들었던 현대철학의 중요한 흐름이다. '성서의 진정한 뜻과 해석에 대한 판단은 교회의 권한에 속한다.'고 당당하게 천명했던 드리엔드 종교 회의로부터 이른바 '반(反)해석'의 손탁18)에 이르기까지, 해석학의 역사란 오히려 인식의 빈곤, 심지어 인식의 절망에 이르는 도정이었다. 물론 이 빈곤과 절망의 이면에는 인지(人智)의 조건과 한계에 대한 각성과 성숙, 그리고 커다란 겸손이 있었다.

불트만이 전(前)이해(Vorverstaendnis)를 말하듯이, 하이데거의 경우도 무엇인가 해석하는 행위는 근본적으로 '미리봄(Vorsicht)'과 '미리가짐'(Vorgriff)을 통해서 가능해진다.19) 철학적 활동의 단서를 현존재의 해석학20)으로 보는 그에게 있어서 현존재란 늘 '자신을 넘어서(ueber-sich-hinaus)' 존재하는 본질적인 공동 현존재(Mitdasein)이기 때문이다. 이러한 생각은 당연히, 인식의 객체와 주체를 엄격히 준별하고 그 객체를 고정된 토대나 본질로 환원해서 '단번에 실수 없이' 잡아내려는 욕심에 제동을 건다. 널리 알려진 대로, 가다머의 철학적 해석학도 인식의 중성성과 순

---

17) 김동식은 로티(R. Rorty)의 생각으로부터 이 논제를 끌어내어 나름대로 정리한다. "이 논제의 핵심은 우리의 경험이 모두 언어적 사태며 모든 경험은 언어적 해석을 거친 것이므로 결국 언어 외적 존재라는 개념은 인식상에 있어서 아무런 의미나 역할도 없다는 것이다." 김동식(1994), 193쪽. 이와 관련된 로티의 생각은 다음을 참조. Rorty(1982), 특히 "Introduction".
18) Sontag(1966).
19) Heidegger(1972), 150쪽.
20) 같은 책, 37쪽.

전성에 도전하는 중요한 입론이다. 특별히 이해 사건의 역사성 (Geschichtlichkeit)과 언어성에 주목함으로써 정신 과학에 침투한 객관주의를 극복하고자 하는 가다머도 언어의 보편성, 혹은 '언어 편재성의 논제'라고 할 만한 생각을 개진한다.

그러므로 언어와 세계의 근본적인 관계는 세계가 언어의 대상이라는 것을 뜻하지는 않는다. 오히려 지식과 진술의 대상은 이미 언어의 세계 지평 안에 둘러싸여 있는 것이다. 세계에 대한 인간 경험의 언어적 본성은 세계를 하나의 대상으로 전락시켜버리지는 않는다.[21]

즉 가다머의 해석학에 있어서 "이해될 수 있는 것은 언어"[22]다. 20세기의 철학적 해석학을 정초한 이들의 경우, 요컨대 해석이란 숨어 있는 토대나 본질을 찾아 그 객관적 의미를 재발견해내는 것이 아니다. 그것은 오히려 존재 사건(Seinsgeschehen)이며 생산적 활동인 것이다.[23]

'현상을 넘어 실재와 그 본질을 단번에 알아내려는' 서양철학의 인식론적 과욕을 꺾는 데 동원된 것은 해석학이나 그 외 언어성의 지평에 유의하는 철학의 부류들만이 아니다.[24] 조금 넓게 본다면 반(反)데카르트류의 흐름들은 대체로 근대의 과학적 인식론을 반성하게 만든 계기로 작용했으며, 이 반성은 자연히 인식론적 환원주의와 토대주의를 비판의 대상으로 삼게 된다. 현금의 서구 사상계에서 데카르트주의(Cartesianism)는 이미 스캔들이 된 느낌을 지울 수 없으며, 금세기 철학자의 상당수는 데카르트의 전통을 훼손시키는 것으로써 자신의 출발점을 삼고 있다. 이원론에만 국한시켜 볼 경우, 수평적 이원론이라고 할 수

---

21) 다음에서 재인용. Bleicher(1989), 132쪽.
22) Gadamer(1965), 450쪽.
23) 같은 책, 280쪽.
24) 이후 한 페이지 가량의 논의는 다음의 글을 다소 개작한 것이다. 김영민(1993), 특히 2~5절("근대와 근대 후기 문화 II: 새로운 과학의 조류와 그 종교적 함의").

있는 데카르트주의뿐만 아니라 수직적 이원론으로 분류되는 플라톤주의도 동네북이 되어 있기는 마찬가지다. 금세기에 들어 반데카르트주의와 탈이원론은 전위 지식인 그룹의 명패처럼 남발된 것이 사실이다.

　근대의 철학과 사상이 근대 과학과의 유비(類比)로부터 자유로울 수 없었다는 사실을 기억한다면, '현상을 넘어 실재와 그 본질을 단번에 알아내려는' 추세가 숙지게 된 배경에서 과학의 변수와 역할을 읽어낼 수 있을 것이다. 과학사의 상식이지만, 심신 혹은 물심(物心)이원론의 등장은 워낙 신체나 물체를 적실하게 설명해낼 수 있었던 과학이 신학과 종교에 대해 스스로의 활동 영역을 확보하기 위한 하나의 절충이었다. 쉽게 말하자면, 과학이 신체와 물체의 영역을 담당하는 대신 정신과 영성의 문제에는 관여하지 않겠다는 선언이며, 따라서 과학의 운용을 위한 최소한의 영역을 보장해달라는 청원이자 자위(自衛)의 천명이었다. 이러한 태도는 정도의 차이가 있지만, 갈릴레오, 베이컨, 파스칼, 스피노자 그리고 데카르트 등 과학적 안목을 지녔던 근대의 선각자들에게 공통적으로 보인다. 그러나 이처럼 종교와 신학의 눈치를 보면서 근근이 자신의 새 영역을 갈무리했던 근대 과학은 19세기의 들목에서 서구 정신사의 정상을 탈환하고 오히려 과학의 잣대로써 종교를 재구성하는 역사의 반전(反轉)을 낳기에 이른다. 하지만 곧 반전에 반전이 거듭되고 19세기가 채 끝나기도 전에 과학의 경직된 기준과 그 보편성에 대한 비판의 목소리가 각지에서 높아졌던 것이다.

　더구나 20세기를 넘기면서 각종의 과학적 구도와 이에 근거한 분과성(分科性)이 의심을 받고, 역으로 학제성(學際性)에 대한 인식이 높아지면서 학문 상호간의 공조를 적극적으로 구체화시키는 작업들이 진척된다. 인위적인 영역 구분과 위계 설정의 틀에서 벗어나 삶과 세상의 복합적·전체적 모습에 긴밀하게 다가가려는 노력이 도처에서 확인되는 것이다. '성숙한 다원론'의 시대, 그리고 그 다원의 패권과 위계가 아닌 조화와 상보롤 모색하는 시대가 열리고 있는 셈이다.

물론 이러한 정신 문화적 추세는 '현상을 넘어 실재와 그 본질을 단번에 알아내려는' 의사(擬似)과학적 인식욕에 호의적일 리가 없다. 주객과 물심 등, 존재론적 혹은 인식론적 경계를 선명히 함으로써 과학성, 나아가서 학문성을 다져왔던 근대의 전통이 '성숙한 다원론'의 시대에서 받을 대접은 짐작하기 어렵지 않다. 이미 몇몇 포스트모던 작가들은 과학적 지식의 특권적 위상이 먹혀들지 않는 시대라고 선전해댄다.[25]

주객, 혹은 물심간의 교호에 대한 논의는 이미 상당한 진척을 보이고 있다. 주로 미국에서 이루어진 심리철학에서의 부분적인 성과가 예외적이긴 하지만, 과학적 유물론이 퇴보하는 경향과 서양 근대 철학의 정신주의에 대한 전반적인 반성의 기운에 따라서 주객과 물심를 가르는 경직된 도식은 적지않게 잠식당하고 있다. 비교적 널리 인용되는 현대물리학의 성과에만 국한시켜 보더라도, 하이젠베르그의 지적처럼 물리 세계의 근본이 뉴턴적 의미의 원자적 물체가 아니라 물체와 공간의 영역을 넘나드는 '상호 관련성'(inter-connectedness)이며, 이 상호 관련성의 망 속에는 정신이 다양한 방식으로 개입한다는 사실이 속속히 밝혀지고 있다. 이러한 추세는 서구 자연과학의 형이상학적 토대[26]였던 요소론적 물리주의의 균열을 뜻한다. 아울러 이는 이 요소론을 정신 과학적으로 변형시킨 것[27]이라고 볼 수 있는 서양 근대심

---

25) Giddens(1990), 2쪽.
26) 서양 근대 과학의 형이상학적 토대를 해명한 개설서로는 다음이 널리 알려져 있다. Burtt(1954).
27) 서양 근대철학의 주류를 이루었던 인식론은 실상 뉴턴적 물리주의를 인문학의 영역에 적용시킨 것으로서, 소위 '과학적 원자론'에 대응한다고 볼 수 있다. 간단히 그 요지만을 밝히자면, 뉴턴의 인력 개념은 영국의 연상주의 심리학의 중심 개념인 '연상(association)'에 해당하며, 뉴턴 물리학의 요소론적 단위인 원자는 후자의 '관념(ideas)'에 해당한다. 다소 길지만 매우 유용한 비교 연구이므로 필요한 부분을 발

리학이나 인식론의 이원적 도식에도 심각한 회의의 화살을 던지는 결과를 낳게 되었다. 심리와 의식이 물리와 의식 대상과 어찌할 수 없이 서로 얽혀 있다는 사실은 이제 여러모로, 그리고 공공연히 토의된다. 그러니 인식과 이해의 최종적인 근거나 잣대가 될 토대를 의식이나 현상의 저편 어딘가에서 구하려는 노력은 부질없다.

게다가 자연의 법칙을 바탕으로 '사실'로서의 사건과 '진실'로서의 지긱 인식을 측량하는 따위의 방법은 어니에도 존재하지 않는다. 자연 가운데에는 문자 그대로 의문의 여지가 없는 유일의 현실 및 절대적 진리 따위는 애초부터 존재하지 않는 것이다. 이것은 결코 단순한 철학적 결론이 아니다. 생리학 및 심리학 분야에서 우리 자신과 세계와의 상호 관계는 단지 추론 및 해석 행위에 바탕하는 잠정적인 것에 불과하다는 사실이 이미 명확하게 입증되어 있는 것이다.[28]

왓슨의 지적처럼 이러한 사실은 '단순하게' 철학내에서 이루어지는 사변적 활동의 성과가 아니다. 최근 소위 신과학 운동이 널리 보급됨에 따라서 다소 선정적으로 퍼진 것처럼 현대 과학

훼해서 소개한다: "이러한 태도는 자연과학을 깊이 존중한 로크나 흄뿐만 아니라 자연과학의 형이상학적 전제를 거부하는 데에 관심을 둔 버클리의 저작 속에서도 분명히 드러난다. 그들 모두에게 당시의 물리학과 역학은 하나의 모델인 셈이었다. 뉴턴에게 있어서 뿐만 아니라, 아마 로크가 보다 더 친숙히 알고 있었던 그 이전의 물리학자들에게 있어서도 물질의 세계란 균일한 입자들을 근거로 삼아 설명될 수 있는 것이었으며, 그 입자들의 상호 관계가 바로 그 운동의 법칙을 형성했다. 점차 자신들의 저작을 통해서 유럽 세계에 지명도를 높여갔던 영국 경험론자들은 바로 이러한 일련의 생각을 '마음'에 적용했던 것이다. 마음은 뉴턴의 입자(원자)에 대한 정신적 등가물을 담고 있는 상자 같은 것으로 여겨졌다. 바로 이 등가물은 '관념'이라고 불렸다. …마음 속에서 이것들은 따로 지속하거나 혹은 서로 결속해서 복합물을 형성하기도 하는데, 이러한 현상은 물리 세계의 물체가 원자나 분자가 결속해서 형성되는 모습과 짝을 이루는 셈이었다." Berlin(ed.)(1956), 18쪽.
28) Watson(1992), 305~306쪽.

의 최신 성과물들은 근대 과학의 형이상학적 전제와 방법을 거의 혁명적으로 변혁시켜오고 있다. 기억을 좇아 잠시 일람하자: 널리 알려진 대로, 특수 상대성 이론(1905)은 연구자가 자신의 연구 활동을 통해서 이미 물리적 현상 속에 필연적으로 동참하고 있음을 밝힌다. 본(Max Born)의 지적처럼 관찰자의 모든 행위는 관찰 대상과 연관되어 있으며, 휠러(John Wheeler)를 통해서 유명해진 말처럼 '저기 있는' 우주는 이미 '참여된 우주(partici pated cosmos)'인 것이다. 현대 신경생리학의 선구자 중의 한 사람인 쉐링턴(Charles Sherrington)은 '생명 현상은 화학과 물리학의 문제이지만, 마음은 이를 넘어선다.'고 주장한 바 있다. 신경학, 신경생리학, 그리고 신경외과술(neuro-surgery)의 통합에 다대한 성과를 거둔 펜필드(Wider Penfield)는 '의식의 내용은 대체로 신경 활동에 근거하지만 의식 자체는 그렇지 않다.'고 말하며, 생물학자 포트만(Adolf Portmann) 역시 '물리적·화학적 연구는 심리적·지적·영적 과정을 충분히 설명하지 못한다.'고 결론짓고 있다.

이제 근대 학문의 유산이었던 주객의 경직된 도식에서 벗어나 주체는 객체에 적극적으로 참여하고 있고, 객체도 주체의 개입을 본질적으로 요청하는 자기 확장과 상호 교섭의 추세가 노골적이다. 따라서 인간적인 가치와 의미를 도외시하는 과학, 인간성의 한계와 조건을 돌보지 않는 과학, 그리고 해석학, 혹은 인문학적 센스에 무감한 과학은 이제 그 근본에서부터 도전을 받고 있다. 스스로의 작업을 가치 중립적이라고 믿었고, 그 중립성에서 학적 우월감을 느꼈던 근대 과학주의와 그 경직된 경계선들은 이미 낡고 폐쇄적이며 오만한 유물로 취급받고 있다. 여기서 자세히 소개하지 못하지만 현대의 심리학사를 개관하더라도 동일한 추세가 영역과 언어를 달리하며 진행되었다는 사실을 확인할 수 있다. 사상사의 각 줄기와 가지는 소위 결국 비슷한 정념(情念)과 이상을 공유하고 있는 우리 인간들의 이야기인 이상,

'가족유사성(Familienaehnlichkeit)'29)이 확인되는 것은 당연하지 않겠는가.

과학적 환원주의, 본질주의, 실체주의, 그리고 토대주의 등등에 대한 반론은 작금 터질 듯이 수입되어서 범람하고 있는 포스트모더니즘 관련 논의에서는 더욱 두드러지고 대담해진다:

> 비판적 모더니즘이나 포스트모더니즘은 모든 형태—합리주의든, 경험주의든, 현상학이든, 실증주의든 혹은 그 무엇이든—의 토대주의(foundationalism)가 실패했다는 데에 동의한다. 그것은 두 가지 의미에서 실패했다. 첫째는 이론상으로 토대주의가 옹호될 수 없다는 사실이다. 인간의 지식이 조건화되는 수많은 방식을 무시한 채 무조건적으로 주장되는 지식의 다발이란 아무래도 설득력이 없거나 심하면 우스꽝스러운 것에 지나지 않는다. 둘째로는 실천적인 차원에서 볼 때 모든 형태의 토대주의는 진보를 화근으로, 해방을 공포로 변질시키는 오만함을 구체적으로 보여준다. 악톤경(卿)의 경우, '절대 권력은 절대로 타락한다.'는 여기에서 다음과 같은 대구(對句)를 갖는다: '절대 지식은 절대로 타락한다.'30)

자기 인식의 확대가 오히려 겸손을 몰아오고, 자세히 보면 볼수록 더욱더 희미해지는 것이 물상의 이치며, 성숙하면 성숙할수록 "모순 투성이인 우리 자연계에 오히려 긍지를 느끼"31)게 되지만, 포스트모더니즘 논의야말로 정밀의 끝에 불확정이 자리하고 있고, 오만의 끝에 겸손이 기다리고 있다는 예언자적 언명의 구체적인 사례다.

한때는 곳곳에 거대한 장밋빛 체계들을 세우고, 그것들을 서로 이어줌으로써 자신들의 특유한 사유 방식과 그 영화(榮華)를 증거해왔던 서구의 철학과 사상은 다사다난한 세월의 침전을 겪

---

29) Wittgenstein(a), #67.
30) Marsh(1992), xi쪽.
31) Watson(1992), 8쪽.

어오면서 스스로의 본질주의적 낙관론을 슬며시 뒷전으로 밀어 놓고 말았다. 명석한 이성으로써 단번에 실재와 그 진상을 잡아 내려는 그들의 꿈은 바야흐로 꿈으로 끝나고 만 것이다. 우리의 처지에서 보자면 이성의 해체나 주체의 실종이 아직 낯설고 부적절한 감을 지울 수 없고,[32] 그 용례를 우리 역사와 터의 특이성에 비추어 사려 깊게 운용해야 할 것이다. 그러나 그들의 문화지성사적 맥락에서 보자면 최소한 근대의 눈부신 성과가 바로 그 근대를 두드려부순 금세기초의 세계대전 이후 그것은 명백히 좌초한 것으로 비친다. '인문과학의 최종 목표는 인간을 해체하는 것'이라는 레비 스트로스의 말이나 '인간은 바닷가 모래 위에 씌어진 글자처럼 사라져갈 것'이라는 푸코의 말처럼 근대 서구인이 소실되고 있고, 그들의 꿈도 그러한가.

3. 상대주의 : 인식의 위계냐 성숙의 역정이냐?

금세기의 후반, 사상계의 모든 분야에서 전염병처럼 번진 상대주의 논쟁은 바로 이 비관의 물결, 즉 명석한 이성적 주체는 사라지고, 인식과 가치와 행위의 최종 근거였던 실재와 그 본질도 희미해져가며, 그리고 둘 사이를 깨끗하게 이어주던 과학의 통로조차 안개 속에 덮히는 현상과 때를 같이 한다. "아무래도 확신이라는 말과는 거리가 먼 시대"[33]의 낙인은 무엇보다도 상대주의였다. 포스트모더니즘을 둘러싼 철학적 흐름에서도 인식

---

32) 가령 윤지관은 최근의 문학 지형과 그 해방적 기능을 따지면서 이렇게 말한다: "걱정마라…1980년대에 존재하던 주체가 1990년대에 오니 사라졌다고? 걱정마라, 사라졌다고 말하는 그 주체는 엄연히 살아 있으니까. 1980년대까지는 이성의 시대였으나 1990년대는 반이성의 시대며 얼굴을 바꾸어 압제자가 되었다니. 정말 정말 걱정마시라. 이성의 시대가 갔다고 판단하는 그 이성은 여전히 건재하고 있으니까." 윤지관(1997), 266~267쪽.
33) Watson(1992), 3쪽.

론적 상대주의가 트레이드 마크처럼 되었고, 인식과 해석의 한계에 유의하고 물상과 사태의 다면성·중층성·복잡성에 기민할대로 기민해진 철학적 자의식들은 이미 인식론적 낙관주의의 순박함을 즐기지 못하게 되어버렸다.

　역사의 흐름새를 꼼꼼히 보면, 비관이니 낙관이니 하는 정조, 혹은 시대 정신은 물상에 대한 확철(確徹)한 인식에서 생기는 것이 아니라는 사실을 알 수 있다. 사상사의 교훈이 적지않지만, 사상사가 가장 뼈아프게 우리에게 던지는 메시지 중의 하나는, 진위 판단이라고 믿었던 것들이 실은 적부(的否)의 선택이었거나, 심지어 힘의 경합에서 불거지는 마찰, 혹은 기껏해야 성숙을 향해서 나아가려는 배회의 한 단계에 지나지 않았다는 각성이다. 마찬가지로 개인의 신념이나 정서가 아니라 사상에서의 낙관이니 비관은 진(眞)이니 위(僞)에 따르는 인식론적 정서가 아니다. 상대주의의 비판도 무슨 새로운 '발견'으로 생긴 갑작스러운 변화도 아니며, 기존 체제의 전부가 위(僞)라는 명석한 인식에서 비롯되는 반전이 아니다. 반복되지만, 그것은 오히려 역사의 빛으로 가능해진 인지(人智)의 점진적인 성숙, 아니 성숙을 향한 기복과 굴곡의 여정을 반영할 뿐이다.

　그 성숙은 인문학 공부의 전통에 기초가 되는 상식을 일깨워 준다. 즉, 인문학이 관심을 두는 소위 '큰 문제들'[34]이란 대체로 몇몇 천재의 단답을 통해서 없어지는 것이 아니라는 사실, 오히려 그 문제들과 함께 살아가는 긴장과 대화의 과정, 그리고 그 과정을 견디는 역정(歷程)이야말로 인문학적 성숙의 묘(妙)라는 사실 말이다. 그러니 그 성숙의 역정이 서양 근대 사상의 종교적 형이상학과 과학적 인식론의 틀을 오래 견디지 못할 것은 너무나 당연하다. 고쳐 말하자면, 수직적 위계 구조의 윗부분에 초연히 좌정한 영원 불변하는 명사(들)을 상정하고, 어떤 비밀스럽고 특권적인 '뒷문'을 통해 이들을 단번에 엿본 다음, 이를 바탕으

---

34) Brinton(1986), 37쪽.

로 세상을 '싸잡아' 설명해내는 방식을 견딜 수 없는 것이다. 상대주의의 원인이자 결과였던 시대의 징후, 그리고 그 징후와 함께 익어가는 정신에게는 '승강기의 형이상학'도 '뒷문의 인식론'도 참을 수 없는 미성숙의 징표인 것이다.

특권적 인식과 표상주의(representationalism)를 거부하고 다원적 실재관이나 반실재론을 부르짖는 포스트모더니티의 철학을 접하면 '인식론적 상대주의'라는 말은 자연스럽게 들린다. 사실 상대주의는 대개 인식론의 층위에서 발생하는 특정한 사태다.

그러나 우리 논의의 관건은 상대주의를 우선 탈인식론화시키는 것이다. 만약 우리가 스스로를 다원주의자며 상대주의자라고 인정하더라도, 이 인정이 순수하게 우리 '인식'의 결과가 아니라는 사실을 우선 기억해야 한다. 말하자면, 대개의 경우, 우리가 무엇을 더 알기 때문에 절대주의자가 되고, 반대로 알아야 할 무엇을 제대로 몰라서 상대주의자가 되는 것은 아니라는 것이다. 마찬가지로, 대개의 경우, 우리가 남이 모르는 무엇인가를 비밀스럽게 인식함으로써 상대주의자가 되고, 역으로 남이 아는 무엇인가를 몰라서 절대주의자가 되는 것도 아니다. 소박하게 추리한다면, 상대주의자는 절대주의자와 다르게, 진리 혹은 진리 판단의 단일한 기준을 인정하지 않는 사람이라고 볼 수 있겠다. 그러나 역사—인문학에서 역사성을 무시할 수 있는 학문성의 기준이 있는가?—의 실제와 그 전언은 사뭇 다르다. 이러한 추리는 사상사의 실제와는 상관없는 원론에 불과한 것이다. 사상사—사상이 우선 사상사이고, 그러므로 철학이 우선 철학사라는 점은 인문학의 성격을 밝혀주는 매우 중요한 지적이다[35]—는 상대주의나 절대주의가 인식론적 위계가 아니라 오히려 집착, 욕심, 기득권, 환상, 불안, 용기, 솔직함, 겸손, 성정(性情), 기질 등과 더 밀접히 관련된 문제라는 사실을 일러준다. 요컨대 상대주의의

---

35) 초보적인 논의이지만, 가령 철학사가 철학의 불가결한 요건임을 소략히, 그러나 적확하게 지적하는 글을 소개한다. 岩崎武雄(1978), 13쪽 이하.

고민이란 성숙의 도정에서 드러나는 새로운 관심의 집적이며, 새로운 지평에의 참여와 같은 문제인 것이다.

허무주의, 비관주의, 상대주의는 근대성의 축이었던 신과 과학과 이성적 주체와 진보의 이념이 양보한 자리를 빼곡이 채우고 있다. 포스트모더니스트들은 자발적인 양보가 아니라 혁명에 의한 폐위(廢位)라고 떠들고 있고, 모더니스트들은 왕의 한 발이 실수로 잠시 당하(堂下)에 내려와 있을 뿐이며 왕의 품위나 역사적 위상은 근본적인 변화가 없다고 강변하고 있다. 특히 지구적 이슈들이 던지는 위기 상황에서 극명히 드러나듯이 근대성이란 이미 시효를 넘긴 고물인지, 아니면 하버마스의 항변처럼 아직은 수명을 다하지 않은 '미완의 기획'인지를 따지는 논의가 지금도 계속되고 있다.36) 아울러 이 사이에서 제3의 길을 모색하려는 다양한 시도, 그리고 민족적·지역적 특이성에 근기해서 새로운 근대성의 내실을 채우는 노력들이 눈에 띈다.37)

상대주의와 관련된 논의의 표면을 채우는 것은 이해 가능성, 타당성, 그리고 진위 등의 잣대이지만, 그 이면에는 한 시대, 한 문화, 한 지역, 심지어 한 집단의 지식인들이 공유하는 성숙의 정도와 성격이 결정적이고 또 실질적인 역할을 행한다는 사실에 주목해야 한다. 인식중심주의에서 벗어나야만 역사 속에서 실제로 출입하고 있는 상대주의 문제의 온전한 실체가 드러난다.

'구시대의 유물'이라는 말이 있다. 그리고, 새로운 비관이 보는 낡은 낙관이나 새로운 상대주의가 보는 낡은 절대주의는 바로 이 '구시대의 유물'이다. 왜냐하면 유물(遺物)이란 잘못된 것이 아니며, 특히 하나의 '사상'이라고 불릴 만한 거대한 지적 콤플

---

36) 기든스(A. Giddens)도, 지금은 포스트모더니티의 시대가 아니라 오히려 모더니티의 결과들이 더욱 첨예해지면서 보편화되고 있는 시대로 접어들고 있는 중이라고 진단한다. Giddens(1990), 3쪽.
37) 소략하지만, 다음의 글 속에 관련된 논의가 들어 있다. 김영민(1997b), 특히 "글과 뜻 사이, 삶과 앎 사이: 글쓰기·인문학·근대성".

렉스를 '잘잘못'이나 '진위'의 단순한 기준으로 재단할 수 없다. 세월이 흐르고 삶의 지형이 바뀌면서 사상도 세력을 잃고 역사의 뒷전으로 물러가기도 하지만, '거짓[僞]'이나 '잘못[誤]'이라고 판정이 났기 때문은 아니다. 그것은 애초에 '참된 것'이나 '바른 것'으로 역사에 등장한 것이 아니었기 때문이다. 유물은 온고지신이라는 사상의 강(江)을 이루는 지류며, 하류에 이르러 강폭이 넓어지며 물살이 거세지고, 주변의 풍광이 일신되어 비록 그 지류의 존재가 까마득히 잊혀지더라도 정히 죽은 것은 아니며, 잘못되거나 틀린 것은 더더욱 아니지 않겠는가. 사상사의 흐름을 진위(眞僞)의 도식으로 구별지으려 하는 것은 대체로 미성숙이거나 만용이다. 그리고 이 만용이 가능한 이유는 몸을 도외시한 채 머리만 챙긴 탓이요, 성숙을 도외시한 채 인식만 가꾼 탓이다. 내가 보기에, 사상사 속에 있는 것이라고는 성숙을 향한 길고 긴 배회와 긴장의 역정뿐이다.

4. 상대주의 : 새로운 관심의 집적, 새로운 지평에의 참여

'지식은 힘이다(Scientia est Potentia).'라는 베이컨의 선언만큼 근대 서양사의 지형과 그 성격을 단적으로 드러내는 말도 없으리라. 어쩌면 근대 서양사는 바로 이 명제가 구체화되는 과정에 다름 아닐 것이다. 종래의 지식이란 데카르트의 이념처럼 명석판명함이 그 덕성이 된다. 인간의 자기 성찰에 수반되는 회의에서 그 인간을 구원해주는 것은 다름아닌 '토대가 있는 인식'이었다. 중세의 지식과 다르게 자기 성찰에 따르는 위험을 내포한 근대의 지식은 바로 그 위험을 이겨냄으로써 더욱 탄탄한 위상을 얻는다. 뉴턴의 물리학을 정점으로 하는 과학적 객관주의의 팽창은 마침내 정신 과학적 자기 성찰에 수반되는 애매함이나 불확실함을 제거해버린 채 물리주의적 객관성에 미달되는 것은 지식의 영역에서 추방시키게 된다. 힘으로서의 지식 개념도 명석판명함을 요구하기는 마찬가지다. 애매모호함은 곧 무능과 무력을 뜻했다. 명석한 지식이야말로 명석한 지배와 통제의 지름길이기 때문이다.

금세기에 들면서 이 같은 지식관과 이를 뒷받침해주었던 주체관 및 실재관이 적지않게 흔들리고 있다는 사실은 식자들 사이에 이미 상식이 되었다. 소위 서양의 근대성이라는, 수령(樹齡) 수백 년에 과실마저 주렁주렁했던 나무였으니 워낙 바람 잘 날이야 없었겠지만, 이번처럼 뿌리조차 위협하는 태풍은 전에 없던 위난이다. 탈근대성 문화의 특징으로서, 자아와 주관성의 소실 혹은 해체, 전반적 탈정전(脫正典)의 추세, 임의성과 우연성, 그리고 애매성과 불확정성, 탈중심화 및 주변화, 각종의 엘리티즘에 반발하는 내중 문화의 부상, 의미와 가치의 도대에 대한 불신과 재현 불가능성, 과학의 한계에 대한 자성, 반본질주의와 반형이상학 등등을 거론하고 있지만, 이러한 특징들도 결국은 베이컨이 자신 있게 외친 지식(만능)주의, 혹은 정신주의가 근본적으로 의심받고 있다는 사실을 반영하고 있는 것이다. 이제야말로 '뒤끝이 없이 딱 부러진 지식'을 욕심대로 떠들 수 없는 시대가 된 것이다. 이 사실은 유난한 일이 아니다. 사실 이해와 해석의 다층성과 애매성은 예부터 그 유래가 깊은 것이다.

사마천은 『사기』에서 『도덕경』은 그 표현이 미묘하기 때문에 이해하기 어렵다는 점을 지적하고 있다. 사실 몇몇 장의 표현들은 너무도 난해하고 애매해서 정확한 해답을 내리기가 거의 불가능할 지경이다. 『도덕경』의 이러한 애매모호함과 난해성은 다분히 의도적인 것이라고 할 수 있으며, 그 결과 각자 깨달음의 정도에 따라 『도덕경』의 본문은 다양하게 풀이되고 해석되어왔던 것이다.[38]

---

38) Kaltenmark(1993), 56쪽.

이 시대의 식자들은 지식의 불순성, 불확정성, 우연성, 정치성, 심층심리성, 사회성, 비토대성, 그리고 인간성 등등을 입모아 말한다. 주체성의 명증과 실재의 토대를 바탕으로 건설했던 지식관이 무너지자 '우리'와 '공동체성'에 기대어서 새로운 합리성과 더불어 새로운 지식관을 건축하려고 애쓰고 있지만, 역시 왕년의 화려했던 궁성(宮城)에 비하면 초라하다. 계몽주의 시대 이후 서구 사회의 정신적 초석이 되었던 지식관은 스스로의 입지를 잃어가고 있다. 반짝이는 인간의 이성에 지식과 도덕과 제도의 토대를 둔 채, 지식은 선한 것이고 이 선한 지식이 불가피한 진보와 번영을 가져다준다고 믿었던 낙관은 도처에서 무너져내리고 있다. 사실상 지식의 상대주의야말로 이 시대 전위적 지식인들의 명패가 되어버린 것이다.

상대주의가 풀려야 할 '문제'인 것처럼 보는 시각이 만만치 않다. 탄탄한 토대 위에서 안정된 삶을 살고자 하는 대다수의 사람들에게는 어떤 종류의 상대주의든 그것은 우선 위협이다. 그러나 상대주의를 풀어야 할 문제, 혹은 없애야 할 위협으로 보는 태도가 바로 근대성의 유물이 아니고 무엇이랴. 그것은 근대의 인식중심주의가 낳은 사고의 한 관행이다. 중세와 구분되는 합리적 지식관 위에 공전의 템포로 인지(人智)가 발달되어 온 근대 세계의 후예들이 특히 이 인식, 혹은 지식중심주의의 관행으로부터 자유롭지 못할 수밖에 없다.

우리들은 삶의 일상적 구체, 그리고 그 구체 속에서 벌어지는 방황과 성숙의 복잡한 과정을 내내 겪어나가면서도 오히려 이 삶을 무시하고 쉽게 앎의 게임에 탐닉한다. 앎의 체계를 둘러싸고 있는 무시간성의 유리를 깨고 역사의 땅, 삶의 터로 내려서면, 상대주의 따위가 별스런 시비거리에 낄 수 없다는 사실을 어렵지 않게 체득하게 된다. 간단히 말하자면, 본질과 토대와 논리와 기준 등을 따지면서, 습합(拾合)하거나 배제하는 것은 근대성의 습벽이며, 지식 · 인식중심주의의 타성이며, 몸의 겸손을 무시한 머리의 기우(杞憂)이자 오만이다.

　반복하지만, 상대주의란 인식의 층위에서 출현한 천재지변이
아니다. 그것은 오히려 삶이, 그리고 몸이 성숙해가는 도정에서
나타나는 "새로운 관심의 집적이며, 새로운 지평에의 참여"에 지
나지 않는다. 각자의 삶과 그 깨침에 따라 다른 지평과 경지가
열리고, 이에 따라서 해석이 역사를 이루어가는 것은 인식보다
는 오히려 성숙의 문제다. 상대주의란 명료한 인식이 해결해야
할 문제가 아니라 기약 없이 다가오는 성숙이 감당해야 할 실존
의 한 층인 것이다.

5. 진리의 인식론과 무리의 미학 사이에서

　이 글은 진리(眞理)라는 이름의 박제된 절대성과 무리(無理)로
치닫는 무책임한 상대성 사이에 일리(一理)라는 이름의 보편성
을 내세우려는 의도에서 씌어진다. 따라서 이 의도 속에는 무책
임한 상대주의, '근거 없는 수사(ungrounded rhetoric)', 삶으로 돌
아가지 못하는 테크닉, 혹은 무한정한 배회와 방황으로서의 무
리에 동조하지 않으려는 취지가 숨어 있다. 따라서, 혹자들이 내
입장을 두고 무책임한 상대주의나 심지어 해체론의 아류로 품평
하려는 태도를 먼저 경계해둔다.

　나는 앞에서 상대주의와 관련된 논의를 탈인식론화함으로써
그것이 우리 삶과 실존이 감당해야 할 성숙의 몫으로 돌렸다. 이
것은 상대주의를 모종의 실재나 본질을 인식하거나 혹은 역으로
인식하지 못해서 생기는 인식론적 결과로 본다든지, 마찬가지로
그러한 종류의 새로운 인식을 통해서 단번에 말끔히 풀 수 있는
'문제'로 보지 않겠다는 선언이다. 따라서 이 절에서는 내가 비
판의 대상으로 보는 '무책임한 상대주의'를 변별해줄 필요가 있
다고 생각된다. 무책임한 상대주의란 내가 양비(兩非)의 대상으

로 보는 진리와 무리 가운데, 특히 무리와 연루된 인식론적 입장이다. 어떻게 보면 이 태도는 인식론적 감성의 극단을 지향하거나 혹은 아예 인식의 차원을 벗어나 심미(審美)나 새로운 종교의 문턱을 배회하고 있는 것인지도 모른다. 친소(親疎) 관계로 보아서 무리의 논리(아닌 논리)에 가까운 포스트모더니즘이 모더니즘의 인식중심주의를 벗어나 있다든지, 혹은 이 인식중심주의의 존재론적 근거인 일원적·동질적·결정적·전체적 실재관과 대조적으로 다원적·이질적·무정형적·편린적 실재관을 옹호하는 것은 여기서 논하는 상대주의의 한 단면을 잘 드러낸다고 생각된다.

나는 진리의 강박만큼이나 무리의 춤사위에도 비판적이다. 또 그러한 뜻에서 가령 포스트모더니즘 논쟁에도 실사구시적(實事求是的) 감식안을 가지고 대단히 변별적으로 접근할 필요가 있다고 본다. 그러나 그렇다고 해서 포스트모더니즘을 '무책임한 상대주의'로 매도하려는 취지는 결코 아니다. 다만 포스트모더니즘과 같은 시대의 사조를 그 내용 중의 한 단층으로 환원시켜서 상대주의니 아니니 하는 평결을 일삼는 것보다는, 사조(思潮)는 곧 사조(史潮)인 법이니 우선 사상사의 컨텍스트를 밝히는 작업으로 그 의의와 문제성을 드러내는 쪽이 좋은 공부가 되리라는 점을 지적해둘 뿐이다.

앞에서 시사했듯이, 나는 무책임한 형태의 상대주의가 아닌 한, 상대주의란 대체로 환대해서 곱게 돌려보내야 할 귀빈(貴賓)으로 여기는 편이다. 그러나 내가 계발하고 있는 '일리의 해석학'은 상대주의라는 이름을 그리 달갑게 여기지 않는다. 그 연유는 모종의 타성이나 심리적 안정감, 혹은 어떤 선험적 전제나 존재론적 기반에 의지하려는 태도 때문이 아니다. 이 글의 내용을 통해서 드러나리라고 기대하지만, 그것은 우리 삶의 현실에 대한 이해로부터 자연스럽게 생겨나오는 자신감이다. 비유하자면, 진리를 구심에 두는 인식중심주의가 과거중심주의라고 한다면,

무리에 가까운 방산(放散)에 희열을 느끼는 태도는 인간됨의 한계와 조건을 제대로 돌보지 않는 미래중심주의다. 이와 대조적으로 내가 말하는 일리의 해석학이란 이론과 현실의 간극을 최소화하면서 삶과 세상의 모습에 적실한 해석과 글쓰기의 감성을 되찾자는 현재중심주의인 셈이다. 과거의 구심력도 우리의 삶에 간섭하고, 미래의 원심력도 우리를 이끄는 비전이 되는 것은 당연하다. 그러나 보다 중요한 사실은 앎의 근원적 권리 원천인 역사적 현재—물론 시간 의식의 고전적 분석이 말해주듯이 현재란 과거의 파지(retention)와 미래의 예지(pretention)가 동시에 벌어지는 경계[39]이지만—와 그 터에 유의해야 한다는 것이다. 문토불이(文土不二)와 학행일치(學行一致)란 삶과 앎 사이의 자연스러운 조건이지 특정한 이념을 위한 슬로건이 아니다. 상대주의에 대한 과도한 염려는 삶의 구체적 현장 속에서 자연스럽게 녹아내리는 것이 보통이다. 그 염려의 실체는 인식중심주의의 근대를 거친 지식인 문화의 성마른 논리와 강박 속에 있다. 진리라는 정형의 아름다움도, 무리라는 방종의 자유로움도 우리 삶의 터에 뿌리를 내리지 못한다. 우리 삶의 탄력 있는 자생력이 이 두 극단을 거부하는 것이다. 그러므로 일리란 앎의 조건이자 한계인 삶의 모습에 대한 이해와 구체적으로 공조하려는 학문적 결기며 감수성이다.

수술칼을 하나 더 준비한다고 집도(執刀)의 목적이 달성되는 것은 아니다. 칸트식으로 말하자면, 오히려 '순수칼비판'이 선행되어야 할 필요가 있다. 이성중심주의의 견고한 전통 속에서, 특히 근대 인식론이 낳아놓은 딜레마를 해결하려는 고민 속에서 칸트가 택한 수술은 순수 이성 비판이었지만, 순수 이성의 영역으로부터 진리를 연역해내려는 욕심을 겸허히 유예하고, 잡된 삶과 그 삶의 파도를 타면서 스스로의 성숙을 도모하는 몸의 역

---

39) 자세한 것은 다음 책의 2장("후설의 현상학적 시간 의식")을 참조하라. 김영민 (1994f).

사성에 '알맞는 일리'를 가려내려는 우리의 경우 우선 '진리 비판'에 천착할 필요가 있다. 아울러, 근대 서구의 진리 강박에 대한 반동적 무리 지향(無理志向)의 추세도 역시 우리 삶과 몸의 역사성에 비추어서 적실하게 비판해내는 안목이 필요하다.[40]

요컨대 '진리'라는 것이 과연 우리 인간의 성숙한 삶에 어울리는 파트너인지를 다양한 관점에서 보다 정밀히 검토하는 태도가 요청된다. 몸과 몸의 역사를 망각한 정신의 오만을 자제하고 삶으로서의 사람, 사람으로서의 삶이 겪어온 진리 경험의 역사를 비판적으로 점검해서 사람의 진리, 진리 속의 사람을 찾아나가는 태도가 필요하다는 말이다.

루만(Nikolas Luhmann)에 따르면, "진리를 부정하는 사람은 진리에 대한 믿음을 거부하는 것이 아니라 오히려 자기 자신을 믿지 않는 것이다."[41] 그러나 자기 자신에 대한 믿음과 진리에 대한 태도 사이의 관계를 따지는 것은 심리의 역동을 살피는 종류의 설명에 그칠 것이다. 문제는, 진리가 인간됨의 한계와 조건에서 동떨어져 논의되는 관습을 계속해서는 안 된다는 것이다. 자기 확신의 정도에 따라서 쪼그라들거나 혹은 증폭되는 진리란 심인(心因)의 풍선에 지나지 못한다. 오히려 인간됨의 전체 국면과 그 역사의 빛 아래에서 진리의 실질적 가치와 의의를 따져나가야 한다.

쟁점을 이룬 많은 철학의 난제들이 흔히 그러하지만, 이 문제도 의미론적 혼동으로 인한 정신적 소모와 피폐가 예상된다. 삶

---

40) 이미 구미에서도 포스트모던 담론의 '무리 지향적 추세'에 대한 반성과 비판이 적지않다. 특히 최근 뉴욕대의 알랭 소칼과 루벵대의 장 브리크몽은 『지적 사기(Intellectual Imposture)』라는 책에서, 장 보르디야르, 자크 라캉, 줄리아 크리스테바, 그리고 루스 이리가레이 같은 프랑스 사상가들의 글쓰기가 뜻의 실질을 놓치는 말의 유희이거나, 심지어 그들 스스로도 무슨 말을 하고 있는지 분명히 알지 못하고 있는 '지적인 사기'에 지나지 않는다고 혹평해서 구미의 지성계에 센세이션을 불러일으킨 바 있다. 교수신문, 1997년 10월 13일자.
41) Luhmann(1974), 233쪽.

의 복잡성과 불확실성으로부터 자생한 인문학의 여러 문제들이 대체로 그러하듯이, 문제의 축을 이루는 주요 개념들은 제대로 된 논의를 시작해보기도 전에 의미론적 혼란 속에서 방향을 잡지 못하는 사례가 적지않다.

'진리'도 예외가 아니다. 아니, 이 개념이야말로 온갖 의미론적 혼란의 주범이었다. 우선 이 글에서 말하는 진리는 이상화된 정신의 극점(極點)에서 몸체 없이 버티고 있는 블랙홀 같은 것이 아니라는 점을 밝혀두자. 내 논의의 타깃이 되는 진리란 우선 사상사 속에서 진리라는 이름으로 실제로 군림했던 것들을 총칭하는 개념이다. 어딘가에 있을, 그리고 언젠가는 만나게 될 '천국' 같은 의미의 '진리'는 삶의 '진실'을 도외시한 채 지식의 사막 속을 갈증으로 허덕이게 만드는 유혹에 지나지 않는 것.

철학 개론의 수준에서 논의되는 진리관들은 대체로 대응설, 정합설, 그리고 실용주의 등으로 대별된다. 물론 이것도 삼지창처럼 뒤끝 없이 갈라지는 것은 아니다. 엄밀히 말하자면 우리가 기억하는 여러 사상가들은 각자 나름의 진리관을 명시적으로 내세우기도 하고, 혹은 무의식적으로 전제하기도 한다. 특히 진위 판단의 층위가 서양 철학의 논의를 주도해왔으므로, 나름의 진리관을 제안하거나 전제하는 것은 오히려 당연한 일이었다. 그러나 일이 잦아지면 자연히 길이 생기듯이, 진리에 대한 논의도 나름의 길이 있을 것이므로 진리관의 가지를 몇 가닥으로 뽑아 대별해놓은 것에도 나름의 뜻과 유용성이 있을 터다. 그러나 내 관심은 기존의 진리 이론들을 차례로 검토하여 그 장단점을 검토하자는 것이 아니다. 진리관에 대한 나의 근본적인 불만은 학문적 논의가 '진리중심주의'로 흐르는 추세와 그 성격 자체에서 생기는 것으로서, '진리관'이라는 문제 의식을 사람의 앎에 대비시킬 경우에 느껴지는 근원적인 생소함과 연관된 것이다.

중세의 종교적 진리와 근대의 과학적 진리를 차례로 넘어 전무한 인지(人智)의 성숙을 이루고 있는 지금, 진리중심주의적 태도, 혹은 진리관에 대한 관심이 식은 것은 사실이다. "근대성은 성찰적으로 적용된 지식을 통해서 형성된다."[42]는 지적이 타당하다면, 성찰된 지식관이 다시 섣부른 진리 강박에 쉽게 빠지지는 않을 것이기 때문이다. 니체는 늘 담대하다:

우리가 하나의 '진리 그 자체'를 소유했다고 증명하려 하는 것은 얼마나 순진한 짓인가! 모순이 없다는 것은 일종의 무능력을 입증하는 것이지 진리를 입증하는 것이 아니다.[43]

진리를 착각의 일종으로 여기는 니체의 말이다. 니체의 용기, 혹은 천재 이후, 진리중심주의를 둘러싼 여러 신념은 눈썹에서 발톱에 이르기까지 흔들리고 있는 실정이다.

우리의 고민은 종래의 절대주의로 돌아갈 수 없다고 해서 상대주의의 홍수 속에 꼴깍거리면서 뿌리 없는 부유물로 연명하기를 바라지도 않는다는 사실에 있다. 마치 전통과 현대 사이의 매끄러운 접속 고리를 놓쳐버린 채 대안적 가치의 부재 속에 흔들리고 있는 작금의 우리 사회의 모습[44]처럼, 혼란의 실체는 바로 여기에 있다: 절대성의 성루는 이미 돌아갈 수 없는 스캔들이 되어버렸고, 상대성의 천막은 거주하기에는 너무 부실해보이는 무허가 건물인 셈이다. 비유하자면, 탕자처럼 허랑방탕했던 과거를 반성하면서 다시 아버지의 권위에 기댈 염치도 없고, 이른바 '진정한 탕자'가 되어 "한 방울의 물이나 한 점의 떡도 지니지 않은 채, 약대도 없이 사막 끝으로 가서 죽"[45]을 수도 없기 때문이

---

42) Giddens(1990), 19쪽.
43) Nietzsche(1964), 352쪽.
44) 1997년 여름에 창간된 계간지 『전통과 현대』는 "유교와 21세기 한국"이라는 테마의 특집을 내세우고 있는데, 이것은 총 8편의 논문을 관류하고 있는 일관된 문제의식의 배경이 된다. 나로서는 특히 유석춘의 "유교 자본주의의 가능성과 한계"와 이승환의 "누가 감히 '전통'을 욕되게 하는가?"가 인상적이었다.
45) 장정일(1994), 27쪽.

다.46) 고쳐 말하자면, 절대주의의 향수에 취하지 않으면서도 상대주의의 방황과 배회를 극복하는 방식은, 진리 중심의 인식과 이해의 모델을 벗어나서, 절대주의-상대주의라는 이분법적 상극 구조를 '내부로부터' 깨뜨리는 데 있다고 믿는 것이다. 그리고 이 내파(內破)의 시도를 '자연스러운' 정신의 행보라고 보는 것은, 이 시도의 궁극적 권리 원천이 우리 삶의 구체적 현실 속에서 확인될 수 있다고 믿기 때문이다.

6. 진리 · 일리 · 무리 : 일리(一理)의 해석학

손바닥 위에 진리를 붙박아두려는 생각은 지나친 욕심이다. 더구나 모종의 인식론적 특권을 누리면서 단번에 잡아낸 진리란 욕심 이전에 반칙이다. 그러나 그렇다고 해서 현상의 거품, 더구나 그 움직임의 길을 전혀 예측조차 할 수 없는 거품의 부유가 실재의 전부라고 치부하는 태도도 비틀어진 결벽이나 자학에 머물고 만다.

내가 뜻하는 일리는 진리의 처마 밑을 벗어나 스스로 서려고 하지만, 이와 동시에 처마 위를 아롱거리는 아지랑이에 쉽게 현혹되지도 않으려고 한다. 일리는 인간됨의 조건과 한계가 삶의 제 모습에 순응해서 그려나가는 해석의 지평이기 때문이다. 요컨대 진리도 무리도 현실이 아니다. 현실은 일리일 뿐이며, 진리와 무리는 그 일리들의 경계일 뿐이다.

내가 추구하는 인문학, 혹은 그 해석학의 정신은 대화적 개방성과 그 긴장을 견디며, 그 탐색의 길은 일리를 훑어내고, 그리고 그 성격은 절대성도 상대성도 아닌 삶의 보편성을 지향한다.

---

46) 탕자의 비유를 이용해서 이 논의를 풀어본 글이 있어 소개한다. 다만 이 글에서는 '글쓰기의 방식'이 주제가 된다. 김영민(1996b). 특히 다음 대목을 참조할 것. "복잡성과 잡된 글쓰기: 글쓰기의 골과 마루".

종교 사이의 종지(宗旨) 분쟁이나 정치적 신념의 역사를 살펴보면 쉽게 알 수 있듯이, 그간의 사상사 속에서 진리라는 이름으로 군림해온 체계나 신조들이 스스로의 적실성도 검증받지 못한 채 대체로 독선의 아집으로 굳어져가고 말았다. 적지않은 '진리'들이 권력의 명찰이나 강자의 이익, 그리고 혼돈의 슬로건에 그치고 세월의 흐름 속에서 실각하고 만 것은 단순히 역사의 우연이 아니다. 그것은 인간됨의 조건과 한계에 유념하지 않고 절대를 욕심내는 모든 독단의 피할 수 없는 운명이라고 보아야 할 것이다.

진리라는 미명의 독단에 빠진 절대성은 앎의 원천이 되는 삶, 그 삶의 터와 역사를 외면한 채 텍스트의 내적 논리에 눈을 박고 있는 모습에 지나지 않는다. 앎이 텍스트 속의 정합성에 의해 자기 충족의 무중력을 즐길 수 없는 것은 앎이 처한 근원적 '삶의 자리(Sitz-im-Leben)'가 엄존하기 때문이며, 마찬가지로 모든 앎은 그 앎이 자생한 '자리의 구속(Standgebundenheit)'에서 자유로울 수 없기 때문이다. 절대를 욕심 내던 종교적 진리는 '계시'라는 특권적인 공간 속에 빠져 삶의 터와 역사를 잊어버렸기 때문에 가능해진 것이요, 과학적 진리의 오만도 자신의 입지가 곧 유일한 입지, 즉 입지를 벗어난 입지라고 믿었기 때문에 가능했다.

나는 이미 절대성과 독단주의라는 사상사의 멍에를 지고 있는 '진리' 개념보다는 보편성과 개방성, 그리고 그 개방의 역동적 긴장에 터를 잡고 있는 '일리'를 우리 앎의 축으로 삼고자 한다. '일리가 있다.'는 평가는 우선 '이름이 있다.'는 뜻이다. 따라서, 우리가 폐기해야 할 진리란 바로 '이름이 없는 이치'다. 그것은 텍스트의 내적 정합성에만 골몰하는 것이며, 이치의 역사성을 읽지 못하는 태도다. 의미가 계속되는 의미 작용(signification)의 경계에 지나지 않듯이, 진리도 수많은 일리들의 경계, 혹은 그 그림자에 지나지 않는다. 따라서 터와 지반이 필요 없는 진리, '설' 필요가 없으므로 다리도 땅도 필요 없는 진리, 자신의 가치와 의미를 위해서 주변의 누구와도 제휴할 필요가 없는 진리, 그리고 무시간과 비공간 속의 우상으로 사라지는 진리는 이제 방출해야 한다.

터와 지반을 필요로 하지 않는 익명의 진리, 컨텍스트의 세속성과 그 역사성보다는 텍스트의 학문성에 매몰되는 진리, 그리고 삶과의 피드백이 필요하지 않는 액자 속의 진리는 우선 대상 중심주의와 객관주의의 산물이다. 대상에 대한 집착은 코팅된 객관성을 앎의 종착역으로 여기게 한다. 자연히 그것은 인간의 냄새를 없애고, 인간됨이라는 해석학적 조건이 틈입할 수 없는 무시간과 무공간의 축제를 조용히 벌이는 것이다. 이것은 서 있는 사람은 물론이거니와 선 자리를 무시하고 눈에 보이는 대상만을 순전하게 보전하려는 시각중심주의이기도 하다. 그러므로 사상사에 명멸한 진리들은 '자신들의 입지를 없애는 것으로써 자신의 입지를 세우는' 역설적인 운명에 처해 있었다. 가령 근대의 여러 과학적 진리는 바로 이 입지의 구성 요건인 몸을 무시하려는 태도의 산물이며, 그래서 마침내 모든 관점을 독점하려는 무관점(無觀點)의 인식욕이었던 것이다:

> 과학은 그 자체로, 몸의 관점이 가진 제약을 넘어서려는 노력이고, 초(超)신체적 인식이다. 이것은 모든 시점에서 나오는 관점을 얻으려고 하는 것, 오히려 시점이 없는 시점에서 나오는 관점을 목표로 하는 것이다.47)

진리라는 이름들이 누렸던 절대성의 아우라는 바로 이 무관점의 인식욕이 낳았던 만용이었다. 고쳐 말하자면, 그것은 몸과 역사에서 동떨어진 인식이며, 전지 시점(全知視點)이나 영원의 상(相)에 대한 유사 종교적 고집에 다름 아니다. 사람들은 그 만용과 고집을 위해서 사원을 세우고 제관(祭官)을 정해서 액자 속의

---

47) 三輪正(1993), 50~51쪽.

진리들이 썩고 문드러지도록 제사지내며 방치해두었던 것이다.

텍스트들이 액자 속으로부터 탈출하는 길은 이론상 간단하다. 텍스트에서 인간의 냄새가 나도록 배려하거나 텍스트의 발을 만들어 땅에 닿도록 도와주는 것이다. 절대성이란 우선 초인간성이며 무관계성이기 때문이다. 그러나 내 경우에 보다 중요한 작업은, 서양에서 키워온 진리의 우상사(偶像史)를 다만 참조의 사안으로 치고, 우리의 삶 속에서 앎과 행위의 조건과 한계, 그리고 길로서 이미 기능하고 있는 '층', '켜', '면', 그리고 '맥'들을 가능한 있는 그대로 드러내주는 것이다. 앎이 삶을 압도할 수도 있고, 경우에 따라서는 삶이 앎을 앞서갈 수도 있겠다. 다만, 내 관심은 삶과 앎의 통풍에서 매사 해결의 실마리가 있다는 원리에 근거해서, 그 통풍의 가능성을 높이는 앎의 길을 적시하자는 것이다.

진리와 그 절대성에 탐닉하지 않는 것은 텍스트의 터와 냄새, 그 인간성과 관계, 그리고 그 역사성 때문이다. 그리고 "터와 냄새, 그 인간성과 관계, 그리고 그 역사성"을 잊지 않는 진리는 곧 일리에 다름 아니다. 일리가 진리에 대한 욕심을 유예하고 자신의 길을 갈 수 있는 것은 삶이라는 이치의 원천으로부터 얻을 수 있는 신뢰 때문이다. 삶은 여러 일리들의 열린 경합이 끊임없는 곳이며, 그 경합의 내실에 근거한 질서가 자생하는 원천이기 때문이다. 바로 이 점에서 진리에 대한 항의가 무리나 위험한 우연성으로 빠지지 않는 근거가 주어진다. 반복하지만, 일리는 우리 삶의 복잡성, 즉 컨텍스트의 복잡성과 역동성이라는 해석학적 현실에서 자연스럽게 드러난다는 것이 이 주장의 근거가 된다. 그 현실은 경전 속에 붙박힌 '영원한 진리'에 자족할 수도 없고, 그렇다고 '하루살이처럼 미친 듯이 사방으로 날아다니는 무리'에 동참할 수도 없는 바로 우리 삶의 현실인 것이다.

일리는 자신을 역사와 터와 이름이 있는 '하나의 이치'로 자제하는 태도며, 또 바로 그 자제 속에서 타인의 소리와 그 소리의 힘을 고르게 인정하겠다는 의지를 선선히 내비친다. 이것은 지적인 패배주의이거나 혹은 "지식의 진보를 정지시키는 데 기여하"고, "현재의 지배 관계를 기묘한 방식으로 강화시"키는 상대주의와는 변별된다.[48) 일리란 다양한 이치의 망(網) 속에서 주변자리를 밝힘으로써 자신의 자리를 분명히 하겠다는 뜻이며, 그 자리들의 위계를 따지기 이전에 자기 자리[立場]가 깊어지고 역사를 얻어가는 과정에 유의한다는 취지며, 마침내 인식을 넘어서는 성숙의 경지를 얻겠다는 결의인 것이다. 그 결의에 무책임한 상대주의나 지적 패배주의가 깃들 수 없다. 당연히 그것은 이치의 망과 그 맥을 한 손아귀 속에 움켜 쥐겠다는 야망과 거리를 둔다. 그 뜻은 자신의 이치가 깊이를 얻고, 또 그 깊이의 역사를 얻도록 노력하면서 다른 이치들의 가능성과 그 맥을 인정하고 그들과 함께 이울려 이치의 화성악(和聲樂)을 민들어나가겠다는 결심이다. 가령, 헤엄을 치는 경우에도, 경영(競泳)와 그 결과에 이치가 있는 것이 아니라 몸과 물의 만남, 그 만남의 깊이, 그리고 그 깊이의 역사 속에 이치가 자생하는 것이다. 그것은 정확성과 인식의 지평이 아니라 아름다움과 성숙의 경지에 대한 이야기인 것이다.

> 실제로 다성적(多聲的) 방법을 사용한 위대한 음악가들의 기본 원칙 가운데 하나는 바로 '소리들의 평등함'이라는 것이었습니다. 어떤 소리도 지배해서는 안 되고, 어떤 소리도 단순한 부속물의 구실을 해서는 안된다는 거죠.[49)

평등이 사태의 진상에 이르는 것은 아니다. 특히 산술적 평균은 인문학적 성숙의 이념과 별 상관이 없다. 요체는 인식의 평준화가 아니라 성숙의 화음이다.

---

48) 김여수(1997), 20쪽.
49) Kundera(1990), 91~92쪽.

일리의 해석학은 '어떤 특수한 경험'에 집착하지 않는다. 더구나 그 경험이 인식론적 특권으로 비춰지는 것에는 질색한다. 그간 진리라는 미명으로 군림해온 독선들이 바로 이러한 인식론적 특권과 이를 정당화해온 파당적 논리의 결과였기에 더욱 경계해야 한다. 일리는 특권의 구도를 타고 일상인들의 경험을 일률적으로 굽어보거나 예단하려는 태도에서 벗어나서 삶의 실제 속에서 벌어지는 경험과 앎의 흐름새에 기민해지고 또 정직해지려는 자세다. 인문학이 무엇보다도 '역사성의 학문'인 점에서 특권이란 다만 오래된 정련과 연성(鍊成) 이외의 아무것도 아니어야 한다. 내가 말해온 '경지'가 인식론적 특권이 아닌 것도 마찬가지다.

그러므로 일리의 텍스트는 열린 경합이자 공조의 관계에 다름 아니다. 그 텍스트는 텍스트와 관련되는 다양한 조건들이 텍스트를 향해서 상호 교차적으로 열려져 있는 모습이다. 그리고 이 열린 관계 속의 만남과 만남의 긴장, 그리고 그 긴장이 이루는 패턴이 이치의 기반이 된다. 이 관계망의 개방성과 역동성으로 인해서 이치들의 흐름이 서로 어울려 일리들의 생태계를 이루는 것이다.

7. 일리(一理) : 앎의 패턴 속에 드러나는 우리들의 진리

생태계라는 개념 속에서 패턴 형성(patterning)[50]은 매우 자연스럽다. 패턴은 탐구의 영역에 따라 매우 다양한 내용을 지닐 수 있는 유연한 개념이지만, 여기서는 여러 이치가 생성되는 생태의 역사와 그 구조를 가리킨다. 특히 패턴은 일리의 해석학이 속악한 상대주의라는 비판을 넘어서는 구체적 사례이기도 하다.

일리가 각자의 고유한 층위와 이치의 구조를 지닌 채 맥리를

---

50) 자세한 용례는 다음 책을 참조할 것. 김영민(1996a).

이루고 있고, 또 여러 일리들이 공조와 경합의 이중적인 관계를 유지하면서도 일률적인 통제나 통합의 필요성을 내비치지 않는 것은 결국 각각의 일리가 앎과 삶의 흐름새(길)를 타고 자생하기 때문이다. 이치도 사람과 세상, 혹은 앎과 삶이 서로 융통하는 과정에서 생겨나는 생각과 행위의 길이니, 그것이 모든 것을 단번에 설명해주는 진리가 되지 못함은 오히려 자연스럽다. 이 경우에 상대주의의 혐의는 대체로 진리에 대한 강박이 빚은 반동 형성(reaction formation)일 경우가 많다. 여기서의 패턴이란 바로 "사람과 세상, 혹은 앎과 삶이 서로 융통하는 과정에서 생겨나는 사유와 행위의 길"을 가리킨다.

어떤 식이든 본질을 확보하거나 토대를 구축함으로써 진리를 장악하지 못하면 곧 무리로 추락해버리는 것처럼 여기는 태도가 있다. 이는 진위라는 경직된 이원 구도에 익숙한 이들에게는 당연한 태도다. 그들의 입장에서는 참이 아니면 곧 거짓이며 진리가 아니면 곧 이치에 닿지 않는 무리일 뿐이다. 그리고, 또 이 무리의 늪에서 허우적거리는 모습이 다름 아닌 불가지론이나 회의주의, 혹은 허무주의나 상대주의라는 한숨과 권태와 냉소였다. 그러나 컨텍스트의 복잡성과 역동성이라는 현실 표현에 근거한 일리는 생활인을 백성으로 거느리지 못하는 진리의 본질 왕국에서 스스로 물러났지만 그러나 영토 없는 방랑객이 아니다. 아버지의 권위를 박차고 가출했다고 해서 길이 없는 것은 아니다. 집 밖에 길이 없는 느낌은 아버지의 가독(家督)을 벗어날 때에 생기는 가벼운 현기증일 뿐, 세상은 나름의 길들로 가득하다. 그리고 그 길들은 무엇보다도 모색과 합의의 역사성이 확인해준 것들이기도 하다.

시간도 공간도 비껴앉은 이름 없는 진리는 바람 맞고 땅을 걸어가면서 살고 있는 우리 인간에게는 소용없는 장식일 뿐이다. 진리, 특히 인문학에 있어서의 진리란 인간됨의 조건이나 한계와 상관없이 어느 보석 상자 속에 깨끗하게 보전될 수 있는 것이 아니다. 이런 식의 객관적이며 순전무잡한 진리 개념은 대개의 경우 사태의 진상이라기보다는 '규제 이념'이라는 명분의 심리적 이상(理想)에 불과했다. 이 이상의 빛 아래에서 내려다보이는 잡된 삶의 현실은 대체로 애매하거나 피상적이거나 사소하거나 불온하거나 자의적이거나 비학문적인 것으로 여겨졌다. 따라서 삶의 실제와 상관없는 진리 개념은 지식인들의 강박으로 군림하게 되고, 이 강박은 지적 허위 의식으로까지 부풀었다. 그러니 하나의 참된 이치(眞理)가 아니면 그것은 당연히 아예 이치에 닿지 않는 것(無理)이며, 필연이 아니면 우연일 뿐이고, 변치 않는 본질이 아니면 봄눈같이 사그라질 현상에 지나지 않을 것이었다. 그러나 일리의 해석학은 이 이분(二分)을 가로질러가는 제3의 길을 택한다. 그것은 누구나 우러러보아야 할 참은 아니지만 동시에 거짓으로 전락하지 않는 '성실'을 말하려 하고, 진리가 아니되 무리로 흩어지지 않는 '일리'를 말하려 하며, 필연이 아니되 우연으로 흩어져버리지 않는 패턴을 말하려 하는 것이다.

일리의 해석학은 이성을 인식의 토대나 특권적 입지로 삼지 않는다. 앎의 과정 속에 조건, 혹은 한계로서 참여하는 '인간됨'[51] 중에서 이성이란 단지 한 부분에 지나지 않기 때문이다. 인간됨이란 인간의 조건과 한계가 주변의 다양한 컨텍스트와 만나면서 자신을 보존하고 개발하며 진화시켜나가는 과정이다. 달리 말하자면 다종다양한 텍스트와 만나는 과정에서 인간이라는 현상이 자기 스스로를 적응시켜나가는 모습을 가리킨다. 이 모습과 과정은 당연히 패턴화된다. 삶의 전 영역에서 나름의 길(=패턴)을 확보하지 못하는 유기체는 도태되기 때문이다.

일리의 해석학은 인간됨의 여러 패턴을 묻고, 그 패턴이 앎의 구성에 어떤 몫을 담당하는지를 묻는다. 고쳐 표현하자면, 인식과 이해의 과정에서 인간 현상, 혹은 인간됨이 여러 컨텍스트와 만나면서 응대하고 또 스스로를 조율하는 방식을 캐는 것이다.

51) 같은 책. 자세한 용례는 8장("본질 너머, 저만치 살아가는 인간")을 참조.

이는 다시, 인간됨이 컨텍스트를 만나면서 스스로에게 의미 있는 텍스트를 만들어가는 패턴을 묻는 것이기도 하다. 따라서 결국 패턴화의 조건은 인식과 이해의 조건 및 그 한계와 동연적(同延的)이라고 볼 수 있다.

가령 인간 현상 중 시각 생리적 조건은 곧 인식과 이해의 한계로 드러나며, 이 한계에 적응하는 인간됨의 모습은 이러한 시각(視覺) 생리학적 조건에 어울리는 시각적(視角的) 패턴화로 나타난다. 다소 길지만 왓슨을 인용한다:

> 하지만 인간의 눈에도 한계는 있기 마련이어서, 실제로 50분의 1초 그 이상의 속도에 이르게 되면 운동체에 대한 식별 능력을 완전히 상실하기에 이른다. 이것이 바로 임계융합률(臨界融合率)이라는 것으로서, 영어 약자로는 CFF(Critical Fusion Frequency)라고 부른다. 따라서 우리들의 눈에 보이는 세계, 흔히 객관적인 현실이라는 부동의 믿음과 함께 살아가고 있는 이 세상이란 사실 저 CFF에 의해 한계지어진 '하나의' 세상에 지나지 않는 것이다. 아울러 우리의 의식 활동 역시 궁극적으로 이미 그 제약의 틀로부터 자유로울 수 없기는 마찬가지다. 예를 들면, 한 장의 원고 용지에도 여러 가지 현실이 있을 수 있다. 내가 그 위에 아무런 글자도 쓰지 않는 한 그것은 흔하디 흔한 네모꼴 물체에 지나지 않는다. 하지만 CFF 천분의 1초 이하의 생물이 실제 존재한다면 그에게 있어 내 손의 움직임은 억지로 고통을 참으며 꿈지럭대고 있는 모습으로 비칠 것은 물론, 심지어 종이 자체의 분자 운동까지 육안으로 직접 감지할 수 있을 것이다. 한편 CFF 1시간인 생물에 있어서는 내 손의 움직임이 전혀 식별되지 않을 뿐만 아니라, 마치 요술에 걸리기라도 한 듯 서로 다른 내용으로 가득 찬 원고 용지가 한 시간마다 돌연 눈앞에 튀어나오는 듯이 보일 것이다.[52]

이 인용문의 한 측면은 인식의 순전성과 자율성, 그리고 직접성에 대한 타성적 믿음을 극적으로 회화화한다. 물론 이런 반성

---

[52] Watson(1992), 229~230쪽.

의 토대는 생리학에 국한되지 않는다. 이 인용문은 CFF라는 인간 시각의 생리학적 매개 과정을 통해서 우리의 앎이 궁극적으로 우리의 삶(몸)의 제약들로부터 자유로울 수 없다는 사실을 구체적으로 보여준다. 그러나 보다 중요한 점은, 이 단순한 생리학적 사실과 그 결과가 우리의 앎이 형성되는 과정을 '범례적으로' 보여준다는 것이다. 즉 CFF에 구속된 우리의 시각과 시야는 바로 그 CFF의 구성력과 조정 작용에 다양하게 응대하면서 패턴화되어왔다. 말하자면 시계(視界)는 시각(視覺) 생리학적 조건에 어울리는 시각적(視角的) 패턴화의 결과인 셈이다.

간단히 정리하면, 패턴(화)이란 일리가 생겨나는 길이다. 패턴을 형성하지 않고도 이치를 드러내는 현상이 있을지 모르는 일이다. 그러나 인식과 이해의 근원적 토대가 되는 우리의 몸 자체가 '패턴적으로' 운용되는 이상 이치의 출처로서 패턴화를 주목하는 것은 당연하다. 즉 CFF를 매개로 두고 벌어지는 시야와 시각은 모두 '통시적 패턴의 공시적 긴장'에 다름 아니며, 이것은 우리 인간의 시각 경험에 부여되는 이치의 뿌리에 스며 있는 것이다.

우리의 인식은 시각 생리학적 조건과 같은 역사성의 패턴에서 벗어날 수 없고, 그런 점에서 우리가 인식하고 이해하는 세상은 "하나의 세상"에 지나지 않는다는 왓슨의 지적은 정당하다. 우리의 앎은 수없이 많은 종류의 CFF의 매개를 통해 유형화된다. 셀 수 없이 많은 종류와 형태의 조건과 한계들이 우리 앎의 과정에 영향을 행사하며, 또 그 영향사를 통해서 다시 유형화되고 있는 것이다.

따라서 다양한 생명 현상의 패턴화와 앎 사이의 상관 관계를 기억하는 것은 앎을 단순히 정신의 통각(統覺)으로 치부하던 서구 근대인식론의 편견을 교정하는 기본이 된다. 인식과 해석의 순전성을 원천적으로 교란한다는 점에서 패턴과 그 역사성은 가장 강력한 세속성이다. 터와 역사의 바탕을 따라 흘러가는 인간들의 앎에는 분별뿐인 절대도 아니고 분별 없는 상대도 아닌, '역동적 보편성', 혹은 '보편적 역동성'을 띤 패턴화의 부단한 변전 과정이 있을 뿐이다. 오만도 아닌, 자기 모멸도 아닌 삶의 이치가 태어나는 과정은 이처럼 그 철저한 세속성의 정화(精華)를 통해서 가능해지는 것이다.

패턴을 무시하는 것은 대체로 두 가지 형국을 취한다. 패턴화할 수 없는 혼돈의 상태에 빠지는 것이 그 하나로서, 이것은 소위 내가 뜻하는 무리(無理)에 해당한다. 나머지는 시간성, 그러므로 모든 우연성을 배제한 상태로 박제화되는 것이다. 이것은 니체가 '미라가 된 진리'로 조소한 대상이거나 헤겔이 말한 '죽은 존재에 대한 단순히 즉각적인 규정인 동일성'53)에 해당한다. 어느 쪽이든 생명의 '길'을 포기한 채 사실상의 죽음을 뜻하는 점에서는 같다. 혼돈이나 박제는 둘 다 '길'을 포기한 것이며, 생명은 다름 아닌 '길의 긴장'에 다름아니기 때문이다. 생명체가 길의 긴장을 포기하고 하나의 점으로 귀착하는 것이나 길 없이 무한정한 배회의 동작만을 취하는 것은 극도의 비효율, 곧 죽음에 다름 아니다. 마찬가지로 우리 인간들이 복잡다층의 현실을 대면하고 이를 해득하면서 자신의 삶을 유지하는 방식에도 기계적인 일률성으로 귀속되지도 않고 그렇다고 해서 천차만별의 개별성으로 흩어지지도 않는 패턴화된 보편성이 있는 것이다.

우리의 실제 경험 속에서 확인되는 생명 현상과 앎의 패턴, 그리고 그 패턴이 엮어내는 이치의 보편성을 탐구의 초점에 두는 것은 절대주의와 상대주의 사이의 고전적 간극을 무의미하게 만들고, 이로써 인문학의 새로운 지평과 지향점을 제시하려는 취지다. 연역적으로 상정된 진리에 연연하거나 심인(心因)의 가지 끝에서 간들거리는 무리에 현혹되는 학문이 아니라 삶의 여러 길 속에서 확인되고 체달(體達)되며 계속해서 연성(鍊成)되는 일리들을 밝히는 학문을 지향하는 것이다. 이것은 보이지 않는 절

---

53) 다음 책에서 재인용. Russ(1993), 34쪽.

대와 필연을 찾아 쌍심지를 돋우거나 잠시 잠깐 비치는 신기루를 좇는 학문이 아니라 경험의 길이 만드는 구체적인 이치들을 드러내려는 결의인 것이다. 플라톤처럼 관념적 실재를 '제시'하거나 칸트처럼 규제적 이념을 '처방'하려 한다면 어쩔 수 없다. 그러나 내가 찾는 것은 '최선의 진리', 우리의 땀냄새가 그리는 반경(半徑)의 접선에 머물러 있는 '우리들의 진리'다.

'우리들의 진리'는 가령 논리, 심리, 법리, 생리, 물리, 혹은 윤리 중의 어느 한 이치의 맥을 타고 형성될 수도 있을 것이며, 때로는 더욱 세세하게 분기(分岐)되어 그 흐름이 약하고 매우 제한된 영역내에서만 성립하는 섬세한 이치의 한다발로 나타날 수도 있을 것이다. 다만 우리의 논의에서 중요한 사실은, 앎의 현실인 '패턴화의 장(場)'을 도외시한 채 불변의 진리로 도약해 오르거나 신기루 같은 무리의 춤사위 속으로 흩어져내리는 것은 결국 이념의 옷(Ideenkleid)에 지나지 않는다는 점이다. 우리의 앎을 형성하는 모든 이치가 반드시 패턴화의 과정을 거친다는 것을 장담할 수는 없다. 마른 하늘에 날벼락 같은 지식도 있을 터이고, 엑스터시의 순간에 불꽃처럼 주어지는 영감도 있을 것이다. 그러나 학문의 터를 염두에 둔다면, 앎의 길을 패턴화의 과정 속에서 갈래짓는 것이 보다 현실적이다.

8. 어느 일리(一理)가 옳은가? :
　　진위(眞僞)중심주의 혹은 정신의 위계에 대한 강박

다종다양한 패턴들을 통해서 형성되는 일리들은 이론상 상호 변별될 수 있고, 또 각각 제나름의 컨텍스트를 바탕으로 한 정당한 힘을 행사한다. 그러나 실천의 현장에서는 층위에 입각한 이론적 변별성과 상관없이 막다른 선택이나 처방을 요청받는 경우가 적지않으며, 이 경우 섬세한 층위의 벽은 쉽게 무너지고 선택과 판단에 따른 실천들은 서로 마찰하고 경합하기 시작한다. 다른 목소리들이 어울려 화음의 다층을 이루는 사실과는 별도로 실천의 현장에서는 파당성(派黨性)의 결기와 고집이 혼동과 충돌을 종용한다.

실천적 당파성의 감각은 자연스럽게 정신의 위계도(位階圖)에 집착한다: 진리가 아니라 일리들이라면 그 중 어떤 것을 실천을 위한 이념적 지침으로 삼아야 하는가? 각 일리는 진위의 기준에서 어떻게 평가되는가? 진위, 그리고 그 진위의 정도가 선택의 최종 잣대인가? 각 일리들이 해석학의 지평을 떠나 실천의 이념으로 선택되는 과정, 그 역학은 무엇인가? 혹은 일리들 전부가 원천적으로 왜곡되었을 가능성은 없는가?

'어느 일리가 옳은가?' 하는 소박한 질문은 때로 실천의 현장에서는 대단히 화급한 것이다. 관련되는 이치의 다층, 다면성과는 달리 대개의 실천이 수렴되는 물리적 공간은 단층·단면적이며, 이 '여유 없는 단층·단면성'으로 말미암아 당파성은 더욱 견고해지고 그 실천은 더욱 화급해지기 때문이다. 특히 우리 삶이 선택과 이에 따른 투기(投己)의 연속이라는 실존주의적 한계도 이러한 집착과 강박에 이바지한다.

우리 생활 속에서 내려지는 대개의 판단과 그 실천은 섬세한 해석학적 조율을 거치지 않는다. 대체로 우리를 설득하고 움직이는 여러 이치들은 냉정한 진위 평가의 과정을 통해 확정된 것이 아니다. 우리가 실천의 문턱에 있을 때, 사실 합리적으로 진위 평가를 내릴 여유가 없는 경우가 대부분이며, 설혹 여유가 있다고 해도 그 여유의 존재가 그 평가의 타당성을 보장해주지는 못한다. 보다 근본적인 사실은 이치의 형성에 진위의 가름이 차지하는 몫이 그리 크지 않다는 것이다. 이 사실은 흔히 간과되지만 극히 중요한 점이다.

다양한 일리의 실천에서 겪는 근본적인 문제 중의 하나는 이치의 본질이 진위(眞僞)의 여부에 의해서 결정된다는 믿음에 있다. 근대 서구의 인식중심주의에서 어느 정도의 영향을 받은 이 믿음은 우리 사회에서도 넓고 견고하게 퍼져 있어서 진(眞)이 아닌 이치를 생각한다는 것은 얼핏 어불성설인 듯 여겨지기도 한다. 당연히 진위가 이치의 내실을 구성하는 요소가 될 것이다. 그러나 인식중심주의에서 한 걸음 물러나와 사태를 자세히 살피면 이치는 진위만으로 이루어진 것이 아니라는 사실을 어렵지 않게 알 수 있다. 또, 반드시 진위가 이치의 핵심을 차지하고 있는 것도 아니다. 이치에는 옳고 그름 이외에도, 깊고 얕은 것이나 넓고 좁은 것이나 밝고 어두운 것이나 높고 낮은 것이나 생경하고 묵은 것이나 간명하고 오묘한 것이나 추하고 아름다운 것이나 각박하고 온후한 것 등등, 이치의 역사가 만들어온 다양한 풍경이 있는 법이다.

진위에 경도해 있는 판단과 선택은 서구 근대의 인식중심주의의 그늘, 도구적 이성의 체계적 운용으로 돌아가는 현 사회의 체제, 단답식 문제풀이의 테두리를 벗어나지 못하고 있는 교육의 내용 등과 깊은 관련이 있다.

무엇보다도 우리 삶의 여러 선택이 이루어지는 현장은 수학능력 시험이 행해지는 하아얀 종이가 아니라는 점을 기억해야 한다. 현실의 잡색이 종이 위의 흰색으로 환원되었을 경우를 제외한다면, 진위라는 기준이 이치의 전권을 행사할 수 있는 영역은 구체적인 삶의 세상 속에서는 극히 드물다는 사실을 떠올릴 필요가 있다. 수학 같은 추상적 논리 공간마저도 냉엄한 합리성에만 의존하지 않고 시대 정신을 등에 업은 미의식(美意識)에 뿌리를 둔다는 지적[54]이 있듯이, 진위의 판별로만 결정되는 어떤 '세상의 바깥'을 상정하는 것은 비현실적이다. 특히, 아래로부터 도드라져 올라오는 삶의 여러 이치들 속에서 진위의 차별만을 고집하는 것은 오직 '이론적인 너무나 이론적인' 태도의 오류일 뿐이다.

---

54) 다음 책을 참조. 김용운(1985).

9. 계월향(桂月香)의 일리(一理)와 그 실천

두 사람은 말을 잡아타고 달렸다. 그러나 뒤에서 언제 발견이 되었는지 적병이 추격하였다. 경서(景瑞)는 물었다.

"우리 두 목숨 가운데 어느 하나는 없어져야겠오."

계월향(桂月香)이 해죽이 웃으면서,

"제 목을 치세요." 하였다. 경서가,

"내가 죽을 테니 그대가 살아나가오." 하니 월향이,

"이 몸은 이미 적장에게 더럽혀진 몸, 이제 죽어도 장군의 손에 가면 눈을 감겠나이다."

"그러면….."

월향은,

"저승에 오시면 꼭 저를 찾아주세요. 먼저 가서 기다리고 있을 게요." 하고 빙긋이 웃었다.

김경서는 최후로 월향을 포옹하였다. 뜨거운 입술이 눈물과 함께 흘렀다. 월향도 울고 경서도 울었다. 뒤에서 추격하는 말발굽 소리가 다급해졌다.[55]

임난(壬難)중 평양성이 왜군의 수중에 들어갔을 때, 명기(名妓) 계월향의 지략으로 적장 소서비의 목을 자른 김경서가 그녀와 함께 성 밖으로 탈출하고자 한다. 그러나 성루가 높고 적의 추격이 워낙 다급하여 둘 다 목숨을 보전하기 어렵게 되자, 월향은 자신의 목숨을 경서의 칼 아래 맡기려고 하지만 경서는 이에 반대한다. 하지만 결국 경서는 월향의 간곡한 청으로 그녀를 한 칼에 베고 혼자 월장(越牆)하여 후일을 도모한다는 야사다.

계월향이 "제 목을 치세요."라고 하였고, 이에 경서는 "내가 죽을 테니 그대가 살아나가오."라고 했다. 형식상 두 가지의 선택이 마주보고 있다. 이야기 중에 상설된 바 없지만 둘은 각자 상대방을 위해서 자신의 목숨을 내놓겠다는 결단을 하면서 마음

---

55) 김용철(1971), 500쪽.

속으로는 이를 뒷받침할 나름의 이치를 지니고 있었을 터다. 아니, 어쩌면 여차하면 둘 다 목숨을 보전하기 어려운 화급한 전장의 한 모퉁이에서 이루어진 결의였으니만큼 합리적으로 이치의 평가를 내릴 여유가 없는 경우였을 것이다.

당연한 말이지만, 월향의 결기가 경서의 슬픔과 안타까움을 누르게 된 것은 상충하는 두 이치를 어떤 포괄적인 진위의 잣대로써 맞비교해서 평가한 결과가 아니다. 상황의 복잡성과 급박함을 무시한 채 목숨만의 경중을 맞비교한다는 것도 비현실적이거니와, 그 평가와 선택에 무슨 간명한 '진위'의 기준이 적용될 리도 없다. 아니, 이치의 평가와 선택을 궁리할 만큼 무슨 합리적 절차가 개입할 수 있는 정황이 아니었다. 앞에서, "우리가 실천의 문턱에 있을 때, 사실 합리적으로 진위 평가를 내릴 여유가 없는 경우가 대부분이며, 설혹 여유가 있다고 해도 그 여유의 존재가 그 평가의 타당성을 보장해주지는 못한다."고 했던 바와 마찬가지다.

왜병의 급박한 추격을 당해서 어떤 식이든 행위해야만 하는 실천의 현장 속에 던져진 경서와 월향의 상충하는 두 결심의 배후에는 여러 동기가 작동하고 있었을 것이다. 사태가 워낙 화급한 나머지 각자의 선택을 뒷받침할 '이치'를 제대로 정리하지 못했을지는 모르지만, 정리(情理)나 명분을 앞세우는 그 결의에는 나름의 생각이 견고해보인다. 그러나 우선 '어느 생각이 더 옳은가?'라는 잣대를 들이대고 두 연인의 선택을 저울질하는 것은 그야말로 동문서답에 불과하다는 사실쯤은 미리 지적이 되어야 할 것이다. 당연한 말이지만, 월향과 경서는 진리의 사도가 아니라 연정과 사태의 다급함에 어쩔 줄 몰라 하는 한갓 연인인 것이다. 진리보다는 정리에, 이치의 정합성보다는 사태의 긴급성에 치우칠 수밖에 없는 현실인 것은 자명하다. 그러므로 이들이 선택한 일리와 그 실천은 진위의 층위를 멀리 가로지르는 것이다.

흔한 말로, 적병이 들이치는 순간 둘의 마음 속에는 만감(萬

感)이 교차했을 것이다. 그리고 그 만감은 진위의 충위를 포월(包越)하기에 충분한 지평과 두께를 가졌을 것이다.

경서가 월향의 목을 친 뒤 혼자 도주한 것은 물론 한쪽의 강압에 의해서가 아니라 쌍방의 합의에 의한 선택이었다. 당연히 합의의 성격이 문제가 된다. '이상적 담론 상태'는 고사하고 합리적 의사 소통의 가능성마저 의심되는 정황이다. 그러나 보다 근본적인 문제는 어떤 합의든 냉철한 합리성과 논리의 정합성만으로 달성되지 않는다는 사실이다. 엄밀히 보자면, 어느 특정한 합의의 텍스트에 개재하는 양파 껍질 같은 다층의 컨텍스트는 살피면 살필수록 복잡하고 포괄적이어서 담론내적 정합성이나 논리성만으로 합의의 타당성이나 적실성을 설명할 수 없다. 더구나 이런저런 상황의 급박함이 난무하는 실천의 현장 속에서야 더 말할 나위가 없다.

'어떤 이치, 그러므로 어떤 일리가 선택되어 실천에 옮겨져야 하는가?' 하는 물음은 도외시할 수 없는 것이다. 그러나 이 선택의 주체를 자아, 특히 자아 속의 어떤 합리적 투명성으로 환원시키는 것은 역시 근대 인식중심주의의 오류에 불과하다. "개인의 정체성은 자신의 바깥에 존재하는 것에 그 기반을 두고 있다."는 인식56)은 이제 현대 인문·사회과학의 기본 전제가 되지 않았는가. 그러므로 '표상하는 자아(das vorstellende Subjekt)'란 단지 환상에 불과하며 있는 것이라고는 '의지하는 자아(das wollende Subject)'뿐이라는 비트겐슈타인의 지적57)처럼, 실천의 현장에서 관념과 표상의 위계만으로 움직이는 자아란 비현실적이다. 월향과 경서의 선택을 주도했던 주체도 이와 같은 해석학적, 그리고 탈(脫)해석학적 그물망 속에 사로잡힌 주체인 것이다.

그러므로 '어떤 선택도, 어떤 행위도, 그리고 어떤 일리도 나름대로의 정당성을 지닌다.'고 말하려는 것은 전혀 아니다. 늘

---

56) Staniszewksi(1997), 45쪽.
57) Wittgenstein(1961), 80쪽.

발각되어 비판받는 것은 아니지만, 명백히 부당하거나 잔인한 선택과 행위는 도처에 널려 있고, 심지어 선택과 행위가 이루어지는 그 토대와 마당 자체가 근원적으로 왜곡된 경우도 없지 않다. 결과적으로는 공동체의 질서와 평화를 위해서 흔히 진위나 적부의 문제가 도드라지는 법이다. 그러나 다만 정당성이나 진위의 판단이 행위와 그 선택을 다 설명할 수 없다는 평범한 사실을 다시 지적하고자 하는 것이다. 더구나 하나의 선택을 주도적으로 뒷받침하는 하나의 일리에 섬세하지도 겸허하지 못한 채 그 일리를 진리로 격상시키는 작위(作僞)와 반성찰, 그리고 오만을 경계하고자 하는 것이다. 따라서 일리의 해석학은 우선 각각의 이치가 그 이치의 층위와 맥락을 좇아서 어떻게 스스로의 의미와 가치를 형성하는지를 밝히고, 또 각 이치의 표면적 상위(相違)를 넘어 심층적, 그리고 전체적 상응 관계와 조화를 찾는 데에 주력한다. 니체 이후에, 그리고 푸코를 거치면서 이러한 추세는 사뭇 보편적이다:

> 현대적 사고는 보편적이고 비인격적이며 영원한 진리를 탐구하는 대신 진리를 양산해내는 권력의 기술 및 과정을, 말하자면 개입의 기술을 만족시키는 잠정적이고 상대적인 언술들을 탐구한다.[58]

가령 '1+1=?'라는 문제 상황이 발생했고, 그 제시된 답으로서 2와 3이 서로 경쟁하게 되었다고 치자. 2가 선택되고 3이 폐기된 결정은 당연히 진위의 판별이었다. 그러나 이 수리의 판별에 인문학적 감각이 별스런 역할을 할 필요는 없다. 인문학의 현장은 늘 삶의 복잡성이니, 우선 그 복잡성에서 인위적으로 면제된 추상적 이치의 공간을 설정하는 것 자체가 이미 대단히 비인문학적이다. 삶의 원천적 복잡성과 애매성을 견뎌내어야 할 뿐만 아니라 심지어 적극적으로 사귀어야 하는 인문학에서는

---

58) Russ(1993), 93쪽.

'1+1=?'과 같은 말끔한 문제 상황이 발생하지 않는다. 이것은 인문학의 고민과 노력이 '사상(思想)'이라는 거대한 생각의 덩어리를 이루게 되는 것과 마찬가지다. 가령 사상의 영역에 단답이 있을 리 없고, 따라서 무릇 사상이란 진위 구별에 따른 단답을 제공할 수 있는 "말끔한 문제 상황"에서 발생하지 않는다. '1+1=2'라는 수식이 종합명제인지 분석명제인지 하는 고전적인 문제와는 별도로 수리라는 층위를 분명히 할 경우 이것은 늘 진(眞)으로 평가받을 것이다. 마찬가지로 대한민국의 수도가 서울이라든지, 흡연은 폐암을 유발할 확률이 높다든지 하는 명제는 사실이다. 그러나 무엇보다 이 명제에는 '사상의 아우라'가 없다. 다시 말하자면, 여러 생각을 참아줄 수 있는 틈이 없고, 숱한 오해를 받으면서 스스로를 성숙시켜나갈 가능성이 없는 것이다. 삶의 원천적 복잡성과 우연성을 대면하면서 고민의 역사를 키워갈 때 생겨나는 '사상으로서의 아우라', 그리고 '사상의 아우라'에는 이런 식의 명제적 진위 구별이 가능하지 않다. 인문학적 고민과 그 역사의 응축인 사상은 대체로 가벼운 진위의 잣대를 넘어선다.

무릇 사상이란 관념의 위계도 속에 좌정하지 않는 법이다. 그것은 사람과 사람의 관계를 움직이는 힘이며, 생각과 상상력의 원천이며, 행위와 판단의 틀이며, 삶의 가치와 의미를 얻는 모태며, 나름의 역사와 자생력을 지니는 유기체다. 사상은 무수한 인간들과 만나면서 나름의 일리들을 구체화시켜나가는 '이치의 바다'인 것이다. 바로 이것이 이데올로기나 정식화되는 명제와 다른 점이다.

1997년 대선을 위해서 김대중 씨와 김종필 씨가 연대한 것이나, 순대보다는 떡볶이를 먹는 것이나, 절에 다니던 어머니가 어느 날 예배당으로 발걸음을 옮긴 것이나, 사랑한다면서 헤어지겠다는 것이나, 그리고 경서가 월향을 벤 것은 각각 그 나름의 이치에 근거한 것이다. 그리고 그 이치는 역시 그 나름의 컨텍스트로부터 가치를 부여받은 맥리(脈理)다. 이 이치에 무슨 이름을 배당하든 일단 그것은 나의 주된 관심사가 아니다. 중요한 것은 각 이치의 성격이며, 그 '이치가 서는(stand to reason)' 맥락이다. "(니체 이후에) 존재하는 것은 다만 우리의 진리일 따름이다."[59]는 생각을 따라서 이 맥리들도 나름의 진리성을 강변할 수 있겠지만, 그러나 그 어느 것이든 "사상의 아우라", "생각의 틈", 그리고 "오해의 토양"과는 상관이 없다. 사람살이가 다름 아닌 일리들의 네트워크인 이상, '일리가 있다.'는 판단 자체에 별스런 뜻이 있는 것은 아니다. 더구나 섣부르게 일리들을 상호 비교하거나 평가하는 짓이 삶의 겸허한 이치들을 진리의 금박 액자 속에 구금시켜왔다는 사실을 기억해야 한다. 오히려 인문학의 과제는 일리들의 태생학과 생리학, 그리고 역사학과 사회학을 규명하는 것이며, 특히 '사상'으로서의 깊이와 폭, 틈과 아우라를 갖춘 일리의 구성에 각별한 관심을 갖는 것일 뿐이다.

10. '진리 없는 일리'는 있지만, '일리 없는 진리'는 없다

'어느 일리가 (더) 옳은가?'라는 물음을 대하는 우리의 태도는 다소 이중적이다. 한쪽에서는 금박 입힌 우상으로 타락해가는 진리를 경계하는 뜻이 있고, 다른 쪽에서는 실천의 무게와 그 당파성을 무시하는 이치의 난립과 비산(飛散)을 경계하는 의도가 스며 있다. 우선 이른바 '진리'에 대한 집착으로부터 벗어나려는 결의가 중요하다고 생각된다. 대다수의 평범한 사람들은 소심하고 투박하며, 세심함도 용기도 없는 다수 대중의 정서를 지지하는 최후의 보루는 바로 이 '진리'라는 이름이기 때문이다. 우선 터와 역사에서 면제된, 이론 속을 종횡으로 질주하는 익명의 진리 개념이 실천의 현장에서 우리들이 구체적으로 살아내고 있는

---

59) 같은 책, 92쪽.

이름 있는 일리들을 턱없이 박대하는 근거로서 사용되어온 과거사에 주목하는 것이 필요하다.

진리의 태양이나 무리의 반딧불을 겸허히 유예한 채, 비스듬히 그 가운데를 질러 흐르는 일리들의 촛불을 밝히고, 그 일리들이 밝히며 만들어가는 삶의 풍경에 솔직하고 섬세하게 응대하는 것이야말로 인문학의 새로운 지평을 여는 활로가 될 수 있을 것이다.

'이해는 오직 일리의 산물일 뿐이다.' 일리의 해석학은 바로 이 명제의 적실성에 대한 경험의 역사가 만든 것이다. 인간됨이 터와 역사에서 벗어날 수 없듯이, 비유하자면, 일리라는 가슴을 거치지 않고 진리라는 머리에 이를 수 있는 방식은 없다. 그러므로 우리의 인간됨이 바뀌지 않는 한, 예나 지금이나 모든 진리는 '일리의 가공품'일 것이다. 그리고 이제는 가공(加工)의 문화(文禍)를 넘어 삶의 건실한 일차성을 회복하는 인문학적 운동이 필요한 시점이 아닌가. 자신의 가슴—그 가슴이 어디에 있든지—에 와닿는, 그래서 납득할 수 있는 말은 모두 '일리'라는 인간됨의 통로, 혹은 이치의 역사가 만든 길을 거칠 수밖에 없다.

진리란 너무 큰 말이다. 그것은 대체로 삶의 실질을 담을 수 없도록 공허한 껍질이며, 역사성의 도도한 강가에 세워놓은 팻말에 지나지 않는다. 아울러 그것은 너무나 오만하다. 스스로 변치 않는 우상이 되어 모든 타자에게 일방적으로 섬김을 요구하는 그것은 타자를 이해하거나 설명하는 데 무력하다. 대체로 인간 세계에서 말하는 진리란, 대화 상대자를 잃고, 터와 역사를 망실한 채, 스스로의 이름마저 빼앗긴 채 죽어 뻐드러진 어느 일리가 기득권의 금테를 두른 형상에 지나지 않는다. 왜? '진리 없는 일리'는 있을 수 있지만, '일리 없는 진리'는 없기 때문이다. 이것이 무익한 진리 싸움의 열정과 혼란과 상처의 역사 속에서 내가 얻은 가장 귀중한 배움이다.

제 5 장

다중(多衆)과 인문학*

1. 계몽의 아이러니와 엘리티즘의 탄생

계몽기의 초입에는 '엘리트'의 활약이 두드러진다. 계몽이나 엘리트나 반짝거리기는 매한가지이기 때문이다. 이 점에서는 가령 18세기의 프랑스 계몽철학자들(philsophes)이나 근대 한국의 개화기 선각자들이나 마찬가지다. 단순히 비유하자면, 마치 신화라는 문화의 여명 속에서 숱한 영웅들이 할거하듯이 계몽기라는 여명 속에서는 엘리트들이 도드라진다. 어둠과 밝음의 경계에 놓인, 심한 어둠도 참지 못하고 섣부른 밝음도 용납하지 못하는 그 여명기, 엘리트들은 햇살을 재촉하는 닭의 울음소리를 내며 잠든 주변을 깨운다. 카오스를 몰아내고 코스모스의 길을 닦는 그들은 별다른 성취가 없더라도, 그리고 때로는 다중의 곡해와 박해를 겪으면서도 과잉한 열정 그 자체가 보상이 되는 유일한 세대인지도 모른다.

한편 엘리트의 능동적인 역할을 기대하는 다중의 선망이 이들의 활약을 더욱 돋보이게 한다. 우리는 뉴턴을 예찬하는 시인 포프(Alexander Pope)의 음성 속에서 계몽주의적 엘리트를 향한 다중의 선망과 기대가 도달한 한 극점을 본다: "자연과 자연의 법

*『오늘의 문예비평』(1995년 겨울)에 실린 것인데 다소 개작했다.

칙들은 어둠 속에 묻혀 있었다. 신께서 '뉴턴이 있으라.'고 말씀하시자, 모든 것은 일시에 밝아졌다."[1]

처음 이 선망과 기대는 매우 소박하다. 때로 그 선망과 기대는 감상적이며 또 자의적이다. 그것은 소위 '비판적 이성'으로 매개된 것이 아니며, 따라서 계몽의 방향과 절차에 별다른 영향을 미치지 못한다. 계몽의 도식처럼 이 경우 다중은 매우 수동적으로 반응한다. 계몽의 속도와 파급력이 지나쳐서 '계몽의 협박'으로 진전되고 다중이 완고한 수구의 태도를 보이기도 하지만, 대체로 계몽이란 이를 뒷받침할 물리력을 동반하는 법이어서 넓게 보면 이 '당근과 채찍'의 방식은 다중을 선도하는 가장 강력한 힘이 된다. 정도의 차이는 있겠지만, 이 점에서도 가령 구라파의 근대 계몽기와 우리의 근대 계몽기는 유사하다.

당연히, 둘 사이에 대차(大差)가 없는 부분에서도 소이(小異)는 적지 않다. 그러나 이 글의 논지와 연관해서 주목해야 할 대차가 있다면, 그것은 계몽의 주체성이나 자생력이라는 측면에서다. 결론부터 밝히자면, 개화기 혹은 해방 이후의 계몽을 주도했던 우리의 엘리트들은 그 정신의 주체성이나 태도의 자생력이 부족한 탓으로 계몽의 참된 뜻을 흐리고 그 실질을 놓치는 잘못을 범했다. 개인의 각성도 역사의 질곡 속에서 허덕이기는 마찬가지였던 것이다.

구라파의 1784년, 세속주의, 인본주의, 세계시민주의, 과학주의 그리고 자유주의 등 아직은 그 성격이 애매한 이념들이 한데 묶여서 이루어진 계몽주의의 프로그램[2]이 어느 정도 정착되었을 때 칸트는 그의 글 "계몽주의란 무엇인가: 그 물음에 대한 답변(Beantwortung der Frage: Was ist Aufklaerung?)"에서 계몽주의의 이념을 '감히 알려고 하라(Sapere aude).'는 말로써 정의하고

---

1) 다음에서 재인용함. Butterfield, et. al.(1963), 93쪽.
2) Gay(1966), 3쪽. 계몽주의에 대한 가장 탁월한 해설서로는 이 외에도 카시러의 책이 꼽힌다. Cassirer(1932).

있다:

　계몽주의는 인간 스스로가 얽매여 있던 미성년의 상태로부터 해방되는 것이다. 미성년이란 자신의 오성(悟性)을 다른 사람의 도움이 없이는 사용할 수 없는 상태를 가리킨다. 이러한 미성년 상태는 그 원인이 오성의 결핍에 있는 것이 아니라, 타인의 도움이 없이 자신의 오성을 쓸 수 있는 결단과 용기의 결핍에 있으므로, 결국 스스로 자신을 얽어매는 꼴에 지나지 않는다. ‘스스로 생각할 수 있는 용기를 가져라!’ 바로 이것이야말로 계몽주의의 표어인 것이다.3)

　칸트가 간명하게 정리해준 구라파 계몽 정신의 핵은 결국 비판적 사유를 위한 용기며, 동시에 그 사유의 주체성이다. 구라파 계몽의 행복은 요컨대 그 모든 과정이 나름의 방식, 즉 구라파식으로 진행되었다는 사실에 있다. 그들의 고유한 문제가 있었고, 그 문제는 그들의 역사 속에서 누적된 것이었으며, 또 그 문제가 풀린 방식이나 그 방식을 위해서 동원된 모든 자원은 그들의 상상과 토양 속에서 계발되고 배양된 것들이었다. 중세의 어둠과 계몽의 밝음을 필요 이상으로 대조시켜서 중세를 멀리하고 근세를 껴안으려고 애써도, 그 모든 것은 다 그들 역사의 연속성에서 비롯된 이런저런 지형에 지나지 않는 것이었다. 그들의 계몽은 그들의 역사와 토양 속에서 자생한 열매였으며, 그 열매의 맛은 중세의 타율성을 벗어나 근세적 사유의 주체성을 되찾는 것이었다.

　칸트의 경우, 계몽은 우리를 미성숙에서 해방하는 과정이다. 푸코의 해석에 따르면 미성숙이란 쉽게 말해서 생각하지 않고 명령에만 따르는 것이다.4)그것은 “이성을 사용하도록 요청받는 자리에서 다른 사람의 권위를 받아들이도록 하는 의지의 특정한 상태”5)다. 칸트가 제시한 사례에 의하면 책이 오성을, 정신적 지

---

3) Kant, 169쪽.
4) Foucault(1995), 344쪽.

도자가 우리의 양심을, 의사가 우리의 식생활을 결정할 때 우리
는 미성숙한 상태에 빠져 있는 것이다.6) 요컨대 구라파적 "계몽
이란 이성을 보편적으로 사용하는 것, 자유롭게 사용하는 것, 공
적으로 사용하는 것이 서로 겹치게 될 때 비로소 존재하는 것"7)
이다.

우리 땅에서 이루어진 계몽의 불행을 칸트의 잣대에 비추어서
확인할 것은 아니다. 다만 칸트의 해명이 계몽의 정신과 역학의
일반적 구조를 잘 드러낸다는 사실을 인정한다면, 그의 표현 방
식을 원용해서 논의를 풀어갈 수 있으리라는 이점을 살리고자
하는 것에 지나지 않는다. 동서와 고금을 막론하고 계몽이 어느
정도의 개화(開化)를 전제로 하는 것임에는 긴 사설이 필요없다.
그러나 문을 열었다는 사실에만 초점을 맞추면 종종 사태의 진
상을 오도할 수도 있다. 가령 집안의 기운이 넘쳐나서 스스로 문
을 열어 넓고 다른 세상으로 뻗어나갈 요량을 하는 경우도 있겠
지만, 경우에 따라서는 도적의 첩자가 담을 넘어들어 슬며시 빗
장을 풀어놓기도 하는 것이다. 칸트의 잣대를 통해서 정리되는
구라파의 계몽과 달리, 우리의 계몽은 바로 이런 점에서 불행의
씨앗을 안고 있었다. 외세의 첩자가 담을 뛰어넘고 들어와서 우
리의 빗장을 벗김으로써 '개화'가, 그리고 계몽이 시작되었다는
식의 설명은 너무 단순화한 느낌을 준다. 그러나 어쨌든 우리의
경우, 개화와 계몽은 곧장 서구화였고, 빗장을 벗긴 손이 누구의
것이었는가 하는 다소 명분적인 물음에 상관없이 이를 주도한
것은 실질적으로 서구라는 외세였다. 다 아는 대로 그들의 문물,

---

5) 같은 책, 342쪽.
6) 칸트는 유달리 음식 생활의 자율성을 즐겼다고 전해진다. 그의 점심 식사 시간
은 보통 3시간 이상 지속되었으며 식사량도 대단했다고 한다. "칸트는 여자와의 대
화 속에서, 주부의 역할이 화젯거리로 올랐을 때 요리, 즉 맛있는 음식을 만드는
일이 중요하다고 강조했다. 이와 같이 칸트는 역시 여자보다는 먹을 것에 더 큰 관
심이 있었던 것 같다." 金森誠也(1986), 162~163쪽.
7) Foucault(1995), 346쪽.

그들의 이념과 종교, 그리고 그들의 양자로 키워진 선각자들이 우리 땅의 계몽을 이끌었던 것이다.

인문학에 국한시켜도, 계몽의 역학과 그 그림자가 만드는 풍경은 해방 이후 50년 동안 근본적으로 달라지지 않았다. 계몽이란 서구인들의 생각을 배우고 수입하는 일에 다름 아니었고, 발전이란 그들의 생각을 청사진으로 삼아 복제한 부분 현실들을 콜라주해가는 짓에 다름 아니었다.

그러므로 우리의 경우, 어쩌면 '대체 우리에게 계몽기가 있었는가?' 하는 보다 근원적인 질문, 그리고 어떤 계몽을 거쳐 우리 나름의 성숙을 지향하고 있는가 하는 질문부터 다시 대면해야 하는지도 모른다. 우리의 계몽기는 사유의 주체성이나 자생성을 청사진이나 소프트웨어로 삼아서 변혁의 물꼬를 튼 시기가 아니었으며, 하드웨어는 물론이고 심지어 전통을 내팽개친 채 소프트웨어까지 무분별하게 수입해서 여기 저기를 땜질하느라고 바빴던 시기였다. 따라서 만약 칸트의 표현처럼 계몽의 핵이 '타인의 도움이 없이' 사유를 주체적·비판적으로 쓰는 용기에 있다면, '타인의 도움으로' 이룩한 우리 땅의 변혁과 발전은 대체 무슨 의미의 계몽일 수 있는지, 한번쯤 진지하게 따져볼 노릇이다. (또는, 역사의 대세를 인정한다면 계몽은 어차피 서구적인 것으로 치부하고, 이 계몽을 넘어서는 '성숙'의 문제를 주체적으로 처리하는 지혜에 골몰하는 것이 현명한지도 모른다.)

그러나 우리의 현대 지성사에는 이를 진지하게 따져볼 눈도, 여유도 없었던 것 같다. 계몽을 이끌었던 정신과 사상, 그리고 그 방식과 자원의 출처에 관계없이, 계몽기 엘리트들의 활동은 다중에게 진지하게 따져볼 대상이 아니라 분노의 대상이거나 아니면 쳐다볼 대상이었던 것이다. 말하자면 이들의 활동을 보는 다중의 시선 속에는 아직 '엘리티즘'이라는 말에서 풍겨나는 부정적 냄새를 찾아볼 수 없다. 엘리티즘이란 다중의 선망어린 시선에 균열이 생기고, 그 틈 사이로 자신들의 발이 빠지는 현상을 목도하는 엘리트들의 한숨이며 자조에 찬 아이러니다. 그것은 계몽의 활동이 계몽의 정신을 위반하고, 자율이 타율을 매개로 이루어지는 모습을 뒤늦게나마 깨닫는 선각(先覺)자들의 후각(後覺)인 것이다. 어느덧 계몽기 초입의 열정과 환희는 줄어들고 마침내 사태의 전모가 시야에 들어오면서 계몽의 이중성과 그 이면이 도드라지게 된다. 아무튼 계몽이 널리 파급되어 안정기에 들면서 계몽의 선구자들인 엘리트의 위상도 전반적으로 변하게 된다. 그들은 이제 예전 같은 선망의 대상이 아니다. 계몽된 다중의 시선에 나름의 고집스러운 개성이 배어들면서 종래의 엘리트들을 무작정 곱게만 보지 않게 된 것이다. 여기에서 계몽의 역설이 개입한다. 엘리트들의 계몽을 받은 다중은 그 계몽의 덕에 역으로 그 계몽의 성격을 비판적으로 돌아보는 자기 반성의 시선을 배양한다. 계몽의 아비가 계몽의 자식으로부터 받아야 하는 계몽의 시선! 두말할 것도 없이 이 시선의 끝에는 계몽의 주체성과 자생성에 대한 의혹이 꿈틀거린다.

우선 엘리트와 계몽된 다중 사이의 거리가 줄어들면서 엘리트의 입지가 자연히 좁아진 것이 사실이다. 이른바 '과잉한 교양의 시대', 이것은 어쩔 수 없는 시대의 추세다. 어느덧 슬금슬금 엘리트들의 영역을 건드려보던 다중은 마침내 노골적으로 침범하고 범람하려는 동작을 취하게 된다. 따라서 계몽기의 특징이었던 엘리트와 다중 사이의 벽과 그 위협의 수위는 점점 낮아진다. 심지어 일부 엘리트들은 이 벽이야말로 계몽으로 가는 길에 놓여 있는 마지막 장애물임을 솔직히 인정하고, 스스로 그 침범과 범람의 물꼬를 트는 역할에 능동적이다. 그들은 '엘리티즘에 빠지지 않는 엘리트'라는 자의식에 골몰하는 것이다.

그러나 다수의 엘리트들은 다중의 침범과 범람에 불안해할 뿐만 아니라 새로운 방어벽을 구축함으로써 계몽의 정신을 다시 한번 망각한 채 스스로 허위 의식에 빠지는 행동을 자초한다. 그러나 다중의 바뀐 눈길에 잽싸게 반응하는 쪽은 아무래도 엘리트들이다. 배운 양만큼 자의식의 두께도 굵어진 그들은 자조와 아이러니라는 지식인 특유의 방어 기제를 발동시킨다. 즉, '엘리티즘'의 탄생이다.

다중이 던지는 의혹의 눈길, 스스로 느끼는 자조와 아이러니라는 이중의 압력을 받으면서 엘리트들은 지식특권주의의 껍질 속으로 굳어져가거나 무한정 배회한다. 이제 다중의 기대와 선망을 적절하게 조절함으로써 자신의 입지를 유지할 수 있었던 호시절은 지나갔다. 삶을 적당히 굽어보고 그 능선을 멋있게 비행하면서 이념과 무지개와 당위의 환상을 제시하는 것으로 자신들의 역할을 할 수 있었던 시절은 사라져버렸다. 계몽되었을 뿐만 아니라 제각기의 삶의 현실에 터를 둔 다중의 의혹에 제대로 응대하기 위해서는 엘리트들도 전략을 바꿀 수밖에 없다. 약속을 뿌리며 창공을 날았던 과거의 모습을 청산하고 삶의 현실에 터를 둔 설득과 실천으로 돌아올 수밖에 없다.

특히 인문학자들은 다중을 이해시키고 설득함으로써 자신의 입지와 성가(聲價)를 유지할 수밖에 없다. 그러나 그간의 논의가 실천적 임상성을 멀리한 채 사변화되면서 다중을 설득하고 현장으로 이끌어내는 작업은 문제에 봉착했다. 인문학의 엘리트들은 기대와 선망의 '바라봄'에서 이해와 설득의 '동참'으로 관심을 옮기고 있는 다중의 요구에 맞출 수 있는 준비가 거의 없는 실정이다. 이것은 상품이나 이데올로기의 생산이 아니라 대화와 설득과 이해를 통해 자신의 의미와 가치를 확인하는 인문학으로서는 위기 상황이다. 순수과학의 가치와 효능이 다중의 이해와 상관없이 응용과학을 통해 상품으로 확인될 수 있는 반면, 인문학은 별도의 임상(臨床)이 없이 스스로의 가치와 효능을 오직 '이해'를 통해서 증명해야 하기 때문에 어려움은 배가된다. 이제 계몽된, 그래서 삶과 앎 사이의 괴리를 의문시하는 다중은 우리 인문학의 현실이 초라할 수밖에 없었던 역사적 현실은 잊은 채 공소한 이론의 쳇바퀴만을 돌리고 있는, 그러므로 도무지 '이해할 수 없는' 인문학자들의 소리를 노골적으로 경멸하기 시작한다.

계몽의 메시지가 교양 교육의 체계화를 통해서 파급된 지금 엘리트와 다중의 구별도 전처럼 선명할 수 없다. 일부 엘리트들은 딜레탕티슴으로 흐르고, 아카데미아 밖의 일부 문외한들은 여러 분야에서 아마추어리즘을 넘어서는 전문성을 보이기도 한다. 이런 상황 속에 학인들은 자신들의 전문성을 지켜나가면서 동시에 임상성과 대중성을 확보해야 하는 이중의 의무에 시달린다.

이런 풍토 속에서 인문학사들이 이미 인문학적 감각을 잃어버린 다중을 상대하는 일은 결코 쉽지 않다. 일부는 애초에 다중에 대한 관심의 채널을 꺼버린 채 좁은 전문성의 구멍 속에서 자족한다. 다중의 관심과 기호에 연연하는 것이 타락이라고 믿는 그들은 엘리트들만을 위한 언어와 담론을 계발해서 마치 어두운 밀실 속에서 컴퓨터 게임이라도 하듯이 그 언어의 게임에 탐닉한다. 다중이 그 게임에 참여할 수 없다는 사실은 오히려 그들 작업의 전문성과 그 특권성을 증명해주는 구실일 뿐이다.

일부는 다중을 끌어안기 위한 실험을 계속한다. 그리고 가끔 그 실험은 동료 전문가들과 다중 사이의 거리를 좁히려는 애초의 취지를 살리지 못하고, 양쪽으로부터 협공을 당하기도 한다. 사실 이 실험 중의 상당수는 상략(商略)의 일환으로 비춰져서 우리의 눈살을 찌푸리게 만든다. 근년 출판계에서 조그만 붐을 이루었던 '쉽게 씌어진 철학책들'이 그 좋은 사례다. 이런 책들이 양산되는 것은 공소한 사변적 전문성만을 내세웠던 저간의 관행에 대한 사려 깊은 보완과 교정책이라고 보기는 어렵다. 그것은 대개 섣부른 반동이며, 특히 상혼의 날개를 단 반동에 가까운 것으로 보인다. 다중의 삶과 제대로 만나지 못했던 인문학 작업들에 대한 반발도 운용의 묘(妙)를 갖추어야 한다. 임상과 실천을 강조하는 전략도 전문성과의 연결 고리를 놓치지 않으려는 지략이 있어야 한다.

이제 일상성이나 구체성을 강조하는 추세는 인문학의 여러 분야에서 고루 찾아볼 수 있을 만큼 널리 퍼져 있다. 이런 추세는 근대적 계몽이 보편화되면서 다중과 엘리트 사이의 간격이 좁혀진 데에도 그 원인이 있다. 이는 다중의 삶과 관심에서 유리된 채 공소한 이념의 틀만을 복제해내던 엘리티즘의 세계에 대한 안으로부터의 반성, 그리고 바깥으로부터의 비판과 맞물려 있는 현상이다. 그러나 비(非), 심지어 반(反)인문학적 풍토의 확산을 소리 높여 외치기 전에 우선 일차적 책임은 인문학의 안에서 감당해야 한다.

　엘리티즘을 질타하고 다중의 요구와 그 일상성을 강조하려는 태도에 선정적인 구석이 적지 않다는 사실도 조심스럽게 지적되어야 한다. 이는 우리 1980년대를 지배했던 시대 정신을 떠올려 보면 참조가 될 것이다. 그리고 아직도 우리들은 그 시대 정신으로부터 자유롭지 못하다. 엘리트들만의 엄숙한 영역이란 이미 침범당한 지 한두 해가 아니며, 이 시대의 엘리트들은 다중이라는 '힘터'의 변죽에 서서 힘겨운 게임을 벌이고 있다. 한편 그들은 다중을 계몽하고 선도하려는 시혜 의식과 사명감에 휩싸여 있지만, 다른 한편 다중이 휘두르는 익명의 힘에 빌붙고자 하는 근성의 종복이 되기도 하다. 계몽에의 요구(Sollen)와 현실적 힘의 역학(Sein) 사이의 긴장 속에서 그들도 스스로의 모습을 끝없이 변모(Werden)시켜오고 있는 셈이다.

　역사적으로 보면 다중에 대한 엘리트들의 태도는 이처럼 일방적인 시혜 의식에서 빌붙는 근성에 이르기까지 다양하다. 그러나 이제 그 역사적 다양성은 엘리트 한 사람의 정신적 단층 속에서 그 전모를 다 찾아볼 수 있을 만큼 문제가 복잡해졌다. 말하자면, 다중을 대하는 엘리트들의 심사는 갈래갈래 찢겨져 있어서 무슨 심중(心中)이라고 할 만한 것을 찾아볼 수 없게 된 셈이다. 엘리트들은 분열된 자의식 속에서 자기 정체의 위험과 기회를 동시에 느낀다. 그것은 너무 어렵게 말하거나 써도 안 되고,

또 너무 쉽게 말하거나 써도 안 될 것 같은 압력에 이중으로, 그리고 안팎으로 시달리고 있는 것이다.

현대 서양 철학이 "2세기 전 우연히 제기된 질문 '계몽이란 무엇인가'에 대한 답변을 시도하고 있는 철학"[8]이라면 그 철학은 아직 우리를 성숙시키지 못했다. 우리 엘리트들은 여전히 계몽의 아이러니 속을 배회하고 있기 때문이다. 계몽의 변증법을 넘어 '성숙의 경지'[9]를 찾는 것—우리 엘리트들이 엘리티즘으로부터 해방받는 길은 아마 여기에 있을 것이다.

2. 스피노자의 경우

스피노자가 살던 17세기의 화란은 중세의 어둠에서 벗어난 구라파의 여러 나라들 중에서도 가장 계몽된 지역이었다. 캘빈주의의 경직된 교권이 득세한 탓으로 매양 순탄하지는 않았지만, 1579년의 유트레히트 조약(the Treaty of Utrecht)은 화란 거주인들이 양심의 자유에 관련된 기본권을 향유할 수 있도록 해주었다. 또한 이 곳은 종교적·인종적 박해를 피해서 구라파의 각지에서 이주해온 유태인들에게 새로운 삶터를 제공하기도 했다. 대체적으로 당시의 화란은 주변 국가에 비해 매우 진보적이며 깨어 있는 편이었다.

그러나 철학적 현자로 추앙받는 스피노자의 눈에 비친 당시의 다중들은 그리 믿음직스럽지 못했다. 그들은 지적인 엘리트들의 통찰을 제대로 이해할 수도 따를 수도 없는 존재들이었으며, 따라서 계몽의 일방적 수혜자에 지나지 않았다. 수혜에 대한 보답은커녕 정당한 응답을 기대할 수도 없을 정도의 존재들이었던 것이다. 이것은 계몽의 문턱에서 벌어지는 시련의 전형으로서

---

8) Foucault(1995), 338쪽.
9) 이 책 속에 함께 실린 "인문학의 길 없는 길: 성숙의 인문학"을 참조할 것.

당시의 특정 다중을 꼬집어 타박할 것은 아니다. 그러나 특별히 당시 일상을 수놓았던 종교와 정치의 광태(狂態), 그리고 이 광태에 휩쓸려다니고 있었던 다중의 무분별함을 상기할 필요가 있다. 특히 유태인에 대한 인종적 차별과 박해의 논리를 익히 알고 있었고, 또한 자신의 생각이 교리적으로 이단시되면서 모멸과 경원의 대상이 되었던 스피노자로서는 어쩌면 당연한 태도였을 것이다. 구라파 근세의 초입에 들면서 새 문물과 정신을 선구적으로 수용했던 사람이라면 누구라도 다중을 쉽사리 신뢰하지는 못했을 것이다. 중세 구라파의 다중은 늘 집단적 광기에 쉽게 놀아나는 불합리와 반이성의 주인공들이었기 때문이다. 다중에 대한 스피노자의 눈길은 사뭇 비관적이다:

> 스피노자는 다중을 그 자체로 하나의 범주라고 여겼다. 개인들은 상상(imaginatio)의 수준을 넘어서서 이성지(ratio)의 삶을 얻을 수도 있고, 심지어 직관지(scientia intuitiva)[10]라는 최고의 수준에 이를 수도 있다. 그러나 대부분의 사람들, 즉 다중은 이런 능력에 미치지 못한다. 그러므로 다중은 늘 상상의 힘에 의해서 휘둘리고, 그 힘이 야기시키는 특이한 심리 상태에 집단적으로 매몰되고 만다.[11]

스피노자의 삶을 배경으로 해서 그가 다중에 대해서 품고 있었던 생각을 살펴보면, 순전한 형식미와 정합성을 갖춘 사상도 실제 역사와 주변의 역학에 의해 얼마나 좌우당할 수밖에 없는

---

10) 스피노자는 지식의 종류를 단계별로 3분한다. 처음 단계는 이른바 '상상지(想像知)'인데, 이는 소문이나 속견으로 이루어지고 주로 육체적 변화에 따른 감각지가 대부분이다. 두 번째 단계는 이성지(理性知)인데, 참된 믿음들로 구성되는 이른바 추론지(推論知)의 일종이며, 가령 수학이나 물리학의 자명한 진리(cognitio secundi generis)를 포함한다. 그가 이상으로 삼는 마지막 단계의 지식은 직관지(直觀知)다. 이는 고도의 만족감과 감정적 성취감을 동반하는 본질지(本質知)에 해당한다. 스피노자는 이 마지막 단계의 지식을, "사물이 오직 그 본질을 통해서만 알려지는 인식의 형태"라고 설명하고 있다. Spinoza(1951), 8쪽.
11) Yovel(1989), 129쪽.

지를 쉽게 알가 수 있다. 사실 부문에 관계가 없이 맥락주의(contextualism)야말로 인지의 성숙이 이룩한 가장 주목할 만한 성취일 것이다. 심지어 "살아 있는 모든 생물들은 우주와의 공개적인 대화에 참여"[12]한다는 사실을 과학적으로 증명해내고 있는 정도에 이른 지금, 한 사람의 삶, 그리고 그 삶의 복잡성과 틈까지도 아우르는 사상을 텍스트의 정합성을 통해서만 보려는 태도는 적실성이 없다. 이렇게 보면, 스피노자가 불변 부동하는 영원의 관점에서 사물을 보고자 했던 태도는 한편 매우 역설적으로 느껴지지만, 그 태도마저도 '시대와의 불화'와 상관없이 시대 정신과의 교감에서 전혀 동떨어질 수 없었다는 사실을 새롭게 일깨워줄 뿐이다.

그 품성의 한 면모를 극적으로 드러내기 위해서 전기 작가들이 흔히 강조하는 이야기이지만, 어떤 경우에도 온화하고 친절한 모습을 잃지 않던 스피노자는 단 한 번 예의 그 철학적 평정을 잃는다. 그것은 분별 없고 피에 굶주린 다중의 광기에 의해 그의 후원자이자 지기였던 얀드윗(Jan de Witt)이 살해되던 때였다. 극도로 흥분한 나머지 주변의 제지를 받지 않았더라면 그 자신도 화를 당할 뻔했을 정도로 격렬한 분노를 억제하지 못했던 것이다.

다중에 대한 스피노자의 태도는 가령 키에르케고르의 태도에 견주어볼 만하다. 키에르케고르는 「개인과 공중(公衆)」이라는 글에서, 공중이란 구체적 개인의 실존에 이르지 못하는 환영이며 추상에 지나지 않는다고 비판하는데, 물론 이것은 예의 실존주의적 종교심리학에 근거한 발상이다.[13] 그러나, 사회학주의와 심리학주의의 사이에서 긴장의 평행선을 긋기 좋아하는 요즈음의 시속(時俗) 탓일까, 다중에 대한 스피노자의 태도를 주로 컨텍스트적으로 해석하자니 설득력이 없어보인다. 다중을 철학적

---

12) Watson(1992b), 85쪽.
13) Kierkegaard(1973), 265쪽.

으로 주제화시킨 점에서도 짐작할 수 있지만, 우선 그가 너무나 탁월한 철학자요 심리학자였다는 사실이 우선 마음에 걸린다.

이 대목에서 그가 철학자나 심리학자라는 사실, 그것도 비교할 수 없이 '탁월한' 정신이었다는 사실은 무엇을 뜻할까? 데카르트의 수학주의14)에 깊이 물들어 있었음에도 불구하고 여전히 탁월한 인문학적 감성의 소유자였던 스피노자는 어쩌면 바로 그 감성으로 인해 다중을 보는 눈길에 어떤 방향을 예비하고 있었던 것은 아닐까? 온갖 신산(辛酸)을 겪어야 했던 스피노자의 삶의 정황이 그가 다중을 보는 눈에 스며들었다면, 철학과 심리학이라는 그의 이론적 훈련이 그 눈에 미치는 영향은 무엇일까? 인문학적 소양이라고 부를 수 있는 그의 학문적 성취는 이 경우 어떤 한계와 조건으로 드러나는 것일까? 철학과 심리학 등속의 훈련에 의해서 나름대로 인문학적 감각을 배양한 이들의 눈길에 잡힌 다중은 어떤 전형을 이루게 되는 것일까?

3. 인문학 혹은 정치학

이 물음에 곧바로 접근하지 말고 잠시 곁길로 빠져서 이 접근을 둘러싸고 움직이는 주변 역학을 살펴보도록 하자. 그래서 이 접근이 안고 있는 한계와 조건을 좀더 잘 이해할 수 있도록 노력하자.

---

14) 길송 같은 이는 데카르트의 철학을 수학주의로 요약하고, 이를 몽테뉴류의 회의주의에 대한 대응이었다고 정리한다. "어쨌든 바로 그곳에 데카르트 철학의 가장 깊은 뿌리가 놓여져 있다. 그 철학의 핵을 치는 정신이 있다면 그것은 아마 '수학주의(mathematicism)'라고 불러도 좋을 만한 무엇이다. 데카르트의 철학이란 인간의 지식이 수학적 명증성의 패턴을 거치면서 어떻게 변해가는지를 보고자 하는 일련의 실험에 지나지 않기 때문이다. 데카르트가 왜 이와 같은 태도를 취했는지를 묻는 것은 시간 낭비다. 그가 (몽테뉴류의) 회의주의에 싫증을 느꼈다는 사실 이외에 다른 이유가 없기 때문이다." Gilson(1937), 133쪽.

그 역학은 글을 쓰는 나에게 우선 좌우 대칭의 힘들로 느껴진다. 그 구도는 개인과 집단 사이의 논리적 괴리, 혹은 복잡성과 긴급성 사이의 마찰과 유사하다. 대체로 다중을 보는 내 눈길의 향방은 개인의 실존성과 집단의 정치성간의 경합에 의해서 매우 민감하고 섬세하게 스스로를 조율해간다. 다중이 움직이는 거시 논리를 무시할 수도 없고, 그렇다고 인문학자 특유의 정교하고 섬세한 감성의 복잡성을 포기할 수도 없는 것이다. 다중은 집단의 논리와 그 긴급성의 요청에 솔깃한다. 물론 개인사의 맥락에서도 삶의 복잡성을 골고루 어루만지지 못한 채 긴급성의 슬로건에 투신해야 하는 경우도 적지않다. 그러나 이 경우 개인의 자의(姿意)와 변덕을 조직적·제도적으로 억제할 수 있는 장치가 없으므로 종종 그 긴급성의 네트워크는 여기 저기에 엉성한 구멍을 낸다. 개체가 많아질수록 이들을 한데 묶는 공분모가 적어지듯이, 개인에서 다중으로 옮아갈수록 그 통합과 운용의 논리는 점점 단순일양화(單純一樣化)한다. 따라서 개인의 삶을 직조하는 근원적 '복잡성'은 평가절하되고 마침내 거세되어야 할 대상으로 치부되고마는 것이다.

이를 집단의 정치 행위와 개인의 실존적 삶 사이의 거리로 견줄 수도 있겠다. "정치 행위는 집단의 운용 방식이다. 그러니, 공표하지 못할 사밀하고 묘연(杳然)한 구석을 혜성의 꼬리처럼 달고 다니는 개개인의 형편을 면밀하게 헤아려줄 수 없음은 자명하다. 마찬가지로, 개인의 삶은 주체적 선택 속에서 빛을 발하는 법인데, 내면적 성찰과 배려에 무딜 수밖에 없는 것은 정치 행위의 촉수가 개인 삶의 구체성에 이르지 못하리라는 것은 능히 짐작할 만하다."15)

'인문학적 감각을 배양한 이들의 눈길에 잡힌 다중'을 토론하는 내 정신과 손가락은 어쩌면 인문학을 하고 있는 것이 아니라 정치학[力學]을 하고 있는지도 모른다. '철학은 역사에 내재한

---

15) 김영민(1994a), 75쪽.

정치학'이라고 주장한 푸코 이후, 아니, 그의 아버지 뻘 되는 니체 이후, 인문학이 이미 넓은 의미의 정치학과 교차하고 있다는 생각은 꽤 널리 펴져 있다. 인문학을 의미와 가치의 학문, 그리고 정치학을 힘의 학문이라고 정의해서 둘 사이를 구별하려는 태도는 현대 학문의 학제성과는 동떨어진 구태로 여겨진다. 인문학과 정치학이 중복되는 사태는 그간의 사상사적 변천, 특히 이념과 명분의 시대를 지배했던 큰 이야기[大敍事]가 퇴조하면서, 이념과 결심, 명분과 소문 사이의 구별이 소실되고 있는 현상과도 그 궤를 같이 한다.

가령 박완서의 소설쓰기는 이 여명기의 지형을 헤집어나가는 모범이다: "철학의 종말이니 인문학의 위기니 하는 용어들이 범람하고 있듯이, 인간의 지성은 세기말의 찢겨진 시대 정신의 틈에 끼여 위기와 기회, 혹은 환상과 환멸의 숨바꼭질을 계속하고 있다. 배운 이들이 입모아 외치듯이 그 위기의 한 축은 소외 '큰 이야기[大敍事]'들이 물러나고 난 공백을 처리하는 일이다. 노인과 여성의 입지를 절묘하게 아우르는 박완서의 글쓰기에서 나는 이 허적(虛寂)한 공백을 알뜰하고 적실하게 메울 수 있는 하나의 가능성을 본다. 큰 이념과 엄숙한 명분 앞에 밀려 제대로 대접받지 못했던 이야기들이 그녀의 천의무봉(天衣無縫)한 손 끝에서 다시 생명을 얻고, 오히려 그 이념과 명분의 참뜻을 집요하게 되살려놓고 있는 것이다."16) 박완서의 글쓰기는 인문학과 정치학의 경계를 허물어버리는 사례들로 가득하다. 대서사와 이를 뒷받침했던 대의명분의 정치 공간에 공동(空洞)이 생겼고, 또 이 공동 속에 일상의 생활 세계가 '사람의 무늬(人文)'를 띤 채 밀물처럼 소리 없이 스며들어 있다는 것이다. 여기에서 주목해야 할 박완서의 미덕은 생활 세계 속의 의미와 가치는 그 미시 역학의 운용과 실질적으로 맞물려 있다는 점을 매우 사실적(寫實的)으로 보여줌으로써 인문학의 지평을 한층 넓혀준다는 것이다. 박

---

16) 김영민(1995c).

완서의 글쓰기를 미시 정치학적 메스로 보는 사람들은 의외로 적지않다. 여성적 공감대에 의해서 더욱 우호적인 듯한 조혜정의 글을 대표로 인용한다:

…사람을 사람답게 살지 못하게 하는 현 사회의 보이지 않는 '거대한 음모'를 일상 생활 속에서 훌륭히 집어내주고 있는 점이다. 그는 거대한 제도적 억압을 선언적으로 다루지 않는다. 그는 소비 사회에서 그 억압은 갖가지 기제를 통해 매우 교묘하게 인간의 자발적 동기를 유인하면서, 암묵적인 동의를 얻어내면서 이루어짐을 분명히 간파하고 있다. 그는 작품을 통해 인간적 삶의 마지막 보루인 가정마저 급격히 파괴되어가고 있는 자본주의적 가부장제의 어두움을 낱낱이 해부하여 보여주며, 이 체제는 생명을 배반함으로써 남성과 여성 모두를 억압하는 체제임을 밝혀내고 있다.[17]

곁길이 좀 길었지만, 아무튼 인문학과 그 글쓰기도 이제는 주요한 텍스트 속에 있는 의미와 진리를 주석하거나 재해석하는 작업에 그치지 않고 텍스트 주변의 여러 세력들과 그 지형에 보다 면밀한 관심을 모으고 있다. 원칙적으로 글쓰기가 결국 앎과 삶 사이의 경계를 넓혀가는 작업이라고 한다면, 경계야말로 다름 아닌 힘의 자장(磁場)이며 사람살이의 뜻과 가치도 그 힘의 흐름세에서 벗어날 수 없기 때문이다.

4. 혁명과 복잡성

그러면 다시 돌아가서 묻자. 인문학적 감각을 체계적으로 훈련하고 배양한 이들의 눈길은 그 나름의 틀과 채광막(採光幕)을 장착하게 되고, 따라서 이 눈길에 잡힌 다중은 대체로 그 틀과

---

17) 조혜정(1994), "박완서 문학에서 비평은 무엇인가?", 251쪽.

막으로 인한 어떤 정형, 즉 여기서는 부정적인 정형 속에 드러나는 것일까? 반드시 그렇다고 말하기는 어렵다. 물론 "자기 변혁에 전념하기는커녕 이데올로기나 기율 권력으로서의 자신의 성격을 고수"[18]해온 인문학의 이데올로기적 성격을 무시할 수도 없다. 하여튼 인문학적 감각이라는 말도 정의하기 어려운 구석이 적지않고, 또 다중의 성격도 계몽의 정도 및 시대와 장소에 따라 변해가기 때문이다. 그러나 좀 넓게 본다면 인문학적 감각과 다중의 논리가 서로 잘 어울리지 못하는 몇 가지 원인은 짚을 수 있을 듯하다.(당연히 어울리지 못한다는 지적은 어떤 면죄부를 뜻하는 것은 아니다. 공소한 사변에 몰두하는 것이 인문학의 본령인 듯 여기는 낡은 관행을 더 이상 유지할 수 없다면 이 불협화를 감싸안고 인문학의 새로운 위상을 설정하려는 노력이 글쓰기를 포함한 제반 영역에서 활발하게 계속되어야 한다.)

우선 인문학적 센스는 단선의 논리로써 일괄할 수 없는 부분에서 각별한 능력을 발휘한다. 그 촉수는 단선 논리의 딱딱한 형식적 전개를 따르지 않고, 파스칼의 말처럼 '섬세의 정신(esprit de finesse)', 혹은 복잡성의 정신으로 나긋나긋하며 보송보송하다. 그러므로 자연과학적 설명의 논리나 통계치가 스며들지 못하는 삶의 층층 켜켜 면면을 보다 구체적으로 배려할 수 있다. 또 이 점에서 이 비선형(非線形)의 논리는 여러 과학의 선형 논리를 보완한다. 한때 득세한 선형 논리와 그 틈바구니에서 자신의 음성을 죽여야 했던 비선형의 논리는 아직도 서로 적대시하는 관계를 말끔히 청산하지는 못했지만, 오랜 긴장과 조율의 과정을 겪은 지금 둘 사이의 상보성은 어느 정도 인식되고 있다. 우리의 1970년대와 1980년대, 그리고 1990년대와 다가오는 2000년대 사이의 상보성도 유사한 맥락에서 처리될 수 있을 것이다. 중요한 사실은, 이 상보성이 이론적인 절충이나 화해의 차원에서 이루어진 것이 아니라, 삶과 세상의 구체성에 대한 섬세하고

---

18) 중앙대신문, 1997년 12월 1일자. "현대 사회의 인문학: 위기와 전망" 보도.

다층적인 이해에서 연유한다는 것이다.

인간과 그 삶을 섬세하게 읽어내려는 인문학적 센스는 자연히 근대 과학의 요소론적 형이상학이 대변했던 단순성의 논리와 다른 복잡성의 (논리 아닌) 논리를 따른다. 좋은 사례인 생리와 생물의 길에서 잘 드러나듯이, 복잡성의 성격과 운용의 과정은 '단위주의(unitism)'의 작위성을 떨쳐내고 부분과 부분, 그리고 부분과 전체 사이의 역동적 상호 작용성으로 드러난다. 소위 불확정성 이론이 측정 기재의 결함과 상관없는 물리 세계의 근원적 불확정성을 말하듯이, "복잡계의 현상은 어떤 방법을 찾기만 한다면 단순화시킬 수 있는 것이 아니고 본질적으로 복잡하다는 데에 그 특징이 있다."[19] 그리고 이 본질적 복잡성은 층위와 입장에 따라서 다르게 전개되는 여러 풍경들의 권리 원천이 된다.

그간 철학과 인문학이 통상 고독한 개인의 작업으로 머물렀다는 점도 기억해두어야 할 것이다. 물론 '공동 철학(Symphilosophieren)'이라는 이념을 제시하는 이들도 있지만, 이는 그 효율과 생산성의 면에서 실험 과학에 턱없이 못미치는 실정이다. '별 걱정거리나 정념이 없이 온종일 따뜻한 방안에 틀어박혀 한가하게 여러 생각에 잠기곤 했다.'는 데카르트적 명상은 이 일인칭 단수 철학의 전형을 보여준다. 이 고독한 명상 철학의 경우, 당연히 "진리는 권력의 바깥에 존재하며 스스로 해방될 줄 아는 (개인)의 전유물"[20]인 것이다. 아는 대로, 금세기에 들면서 이 같은 일인칭 단수 철학의 전통은 근대성 비판의 물결 속에서 동네북처럼 난타당했다. 그러나 인문학 작업은 여전히 그 결국에서 개인의 사밀한 통찰과 성숙에 기댈 수밖에 없는 운명을 지닌다. 인문학의 사밀성, 그리고 이로인한 전방위성(全方位性)은 그 작업의 촉수가 섬세하고 복잡할 수밖에 없는 단서가 된다.

인문학의 사밀한 복잡성의 촉수에 다중의 공통 분모적 논리가

---

19) 김용운(1997), 28쪽.
20) Russ(1993), 83쪽.

제대로 어울릴 수 없을 것은 자명하다. 다중의 운용을 주도하는 이념이나 원칙은, 비유하자면 '진공중의 자유낙하'니, '이상진자(理想振子)'니, '바다를 항해하는 배의 마찰 없는 운동'이니 하는 식의 개념을 이용해서 다양한 경험의 구체적 복잡성을 대단히 효율적으로 괄호 속에 묶어버렸던 갈릴레오적 시도에 비길 수 있겠다. 개인의 사밀한 차원을 안개처럼 둘러싸고 있는 온갖 복잡한 변인들을 사상한 뒤 사태를 몇몇 원리에 의해 단순화시키면서 통계와 수량의 궤(軌)를 만들어가는 것이다. 물론 단순 논리도 그 영욕의 여러 구석이 있지만, 단순화의 매력에 휘둘려서 사실의 골과 결을 잃어버리는 것은 당연히 비인문학적이다.

> 그것(수학적 단순성의 논리)은 사람들로 하여금, 개념이 단순하기 때문에, 그리고 그 개념이 수학적으로 의미 있기 때문에 실제의 경험에 관심을 둘 필요도 없고 또 복잡한 사실들을 캐내려는 고된 노력을 할 필요도 없다고 유혹한다.[21]

이 유혹은 인구 속의 인간을 잊게 만들고 사실 속의 의미를 외면한 채 통계와 정보의 속도감에 젖게 하지만, 우리들이 살고 있는 세상은 인구와 사실로 채워진 것만이 아니라 오히려 인간과 의미가 구성해가는 것이다.

인문학적 감각과 다중의 논리가 서로 잘 어울리지 못하는 또 다른 면은 연속성과 불연속성이라는 범주적 차이에 의해서 설명할 수 있다. 다중이 집단의 원리나 슬로건에 따라 움직이는 방식은 필연적으로 미묘한 틈이나 세세한 변수를 배제한다. 가령 정치 집단이 자신들의 이데올로기나 정치적 목적을 추구하는 모습에서 보여주는 투박한 오만함은 인문학이 기초하고 있는 '삶의 근원적 불확실성'에 대한 감각이나 수줍은 자기 성찰성과 거리가 멀다. 다중은 개인과 달리 대체로 자기 모멸감이나 성찰적 자

---

21) Habgood(1965), 17쪽.

조감의 영향을 받지 않는 편이다. 그러나 표면적으로 나타나는 모습에서 '일사불란하게' 늘 한 가지로 선명해지도록 강요받는 다중의 논리는 필연적으로 자신과 다른 논리들을 엄격히 변별하고, 심지어 자주 적대시하게 된다. 이런 점에서 다중의 논리는 불연속적이라고 할 수 있겠다. 가령 혁명이 인문학적 감각보다는 다중의 논리를 매개로 해서 이루어지는 것도 이 불연속성의 힘 때문이다. 이 경우 인문학적 감각은 사뭇 무력하다. 그것은 혁명의 앞뒤에서 유혹하거나 평가할 뿐이다. 그러나 다중의 논리에는 삶의 복잡성과 구체성 속에 겹겹이 배어 있는 기기묘묘한 연속성을 제대로 배려할 수 없기 때문에 오히려 혁명을 전유(專有)할 수 있는 힘을 얻는 것이다.

다른 사례로써 설명해보자. 잘 알려져 있듯이, 쿤(Thomas Kuhn)은 과학 혁명의 성격을 설명하면서 이를 정치적 선택과 비교하고 있다. 그가 애용하고 있는 '불가통약성(incommensurability)'이나 '불가양립성(incompatibility)'이라는 개념은 이 글에서 뜻하는 불연속성의 사례가 될 수 있는 것으로서, 불연속성의 논리가 인문학적 감각의 연속성과는 달리 혁명으로 이어질 수 있는 이유를 제대로 설명해준다:

> 경합하는 정치적 제도 중의 하나를 선택하는 문제와 같이, 경합하는 패러다임 사이의 선택도 결국 공동체적 삶의 양립 불가능한 양상들 사이의 선택임이 드러난다.22)

그러나 인문학에서 혁명이라는 개념은 다소 생소하다. 인문학의 감각과 그 운용은 근본적으로 연속적이기 때문이다. 말하자면, 인문학의 선택은 집단적 논리의 선택과는 달리 대안들 사이에 불가공약성을 설정해서 반드시 어느 한쪽이 득세하고 다른쪽은 물러서는 식의 결말을 고집하지 않는다. 인문학의 길은 대

---

22) Kuhn(1975), 94쪽.

안들이나 경합하는 이론들이 화이부동(和而不同)의 풍경을 보이지 못한 채 불가공약성의 경계 양편으로 갈라져서 반드시 어느 한쪽이 다른 쪽을 패퇴시켜야만 하는 혁명의 논리와는 다르다. 그런 점에서 인문학은 불가공약성의 논리 보다는 상보성의 논리에 가깝다. 인문학이 끝없는 대화와 설득에 고심하는 이유가 여기에 있다. 인문학의 길은 워낙 삶의 복잡성과 우연성을 그 지반으로 삼기 때문에 일견 서로 상충하거나 모순되어 보이는 것들이 바로 이 복잡성과 우연성이 배양하는 틈과 그늘 속에서 상보하며 옹기종기 한데 어울려 사는 이치를 배우게 된다.

단선적 논리와 다른 인문학의 감각을 매우 적절하게 드러내 보여주는 사례로서 심리의 운용을 들 수 있다. 심리 속의 이치는 논리나 수리와는 차원을 달리한다. 흔히 희비니 애증(愛憎)과 같은 상극적 정인(情因)이 마치 켤레 개념인 듯한데 사용되는 것에서 알 수 있듯이 심리의 여러 구석에서는 합리성의 잣대로 볼 때 도무지 양립할 수 없는 것들이 탈없이 잘 어울린다. 이 점은 인문학의 감각이 섣부른 단절과 혁명을 흉내낼 수 없는 자기 한계를 시사한다. 상극적인 요소들마저 나란히 병립하거나 연속적으로 이어질 수 있는 심리야말로 단선 논리와 구별되는 인문학적 감각의 고유한 운용 사례인 것이다. 인문학이 적부나 진위에 성급하지 않아야 하는 것도 같은 이치에 닿아 있다. 다중을 움직이는 논리는 서로 배치되거나 상극적으로 보이는 것들을 함께 섞어버리는 태도를 필경 '비과학적'이라고 폄하할 것이다.

가령 심리학적 설명력이 마치 무소불위(無所不爲)의 것인 양 몰아붙인 다음, 바로 이 점을 들어서 비과학적이라고 비판하는 포퍼(Karl Popper)의 경우를 한 사례로 들 수 있을 것이다.[23] 심리학적 설명이 물리학적 설명과 비교할 수 없을 정도의 유연성을 보이는 것을 타박해서 심리학이 물리학만큼 과학적이지 않다는 증거로 삼는다면, 이는 물리학의 입장에서 일방적으로 정의

---

23) Popper(1965), 34~35쪽.

한 과학성을 지나치게 경직되게 적용하는 꼴이 된다. 아울러 이런 식의 일방적 평가가 물리와 심리라는 두 가지 다른 층위와 지평을 서로 변별해주지 않는다는 점에 더 큰 문제가 있다. 심리의 비과학성, 이것은 오히려 인문학적 감각과 지평을 가장 섬세하게 대변해주는 사례다.

불연속성, 단순성, 그리고 일양성은 대체로 본 다중의 논리며, 또 이로 인해서 다중의 논리는 혁명의 논리로 이어진다. 이것은 '표준화된 긴급성'의 논리며 자의식의 특징인 자기 성찰이나 자조의 여유를 상실한 채 붉은 깃발처럼 나부끼는 목표를 향해 투우처럼 돌진한다:

> 한 순간에는 몇몇 흩어져 있는 개체들이 존재하다가 다음 순간에는 응집된 행동이 존재하게 되는데, 이 때 유기체의 몇몇 부위들의 운동이 해파리의 신경성 방사파처럼 다른 부위에 전달된다. 군중을 형성하는 사람들은 무슨 일이 일어났는가를 알지 못하는 경우가 많으며 물어보아도 제대로 답변을 하지 못한다. 하지만 군중은 보이지 않는 공통된 목표를 향하여 급하게 달려간다.[24]

그러나 심리의 운용에서 알 수 있듯이 인문학적 감각은 (대화적) 연속성, (삶의 근원적) 복잡성과 애매성, 그리고 (관심 층위의) 다양성과 다차원성을 그 특징으로 한다. 이러한 특징은 다중의 논리 구조와 제대로 맞지 않고 삐걱거릴 수밖에 없는 한계로 드러난다. 잘라 말해서 인문학의 정신은 '복잡성의 정신'이다. 비록 우리의 이해나 글쓰기가 복잡성을 일리(一理)로 풀어내면서 단순화시키는 내적 한계를 지니고 있긴 하지만, 여전히 우리가 관심을 가지는 삶의 세상은 수없는 일리들이 얽히고 설킨 복잡성이다. 그것은 하나의 잣대나 기준으로 그 층층켜켜를 골고루 어루만져줄 수 없다는 자조(自嘲), 그러나 자조(自照)에 기초

---

24) Watson(1992a), 225쪽.

해 있다.

다중이 표준화된 익명 속에 숨어 본색(=잡색)을 드러내지 않는 한, 긴급성으로 위장된 단순성 속에서 일률과 단선의 논리만을 고집하는 한, 대화와 설득의 참을성을 포기한 채 일방적인 독백이나 명령의 궤 속에서만 움직이는 한, 그리고 복잡성의 겹으로 얽힌 삶을 섬세하게 배려하려는 고민과 노력이 없는 한, 인문학의 감각과 제대로 사귀기는 어렵다. 인문학의 정신은 '나름의 무늬(人文)'를 계발하려는 개성의 정신이며, 섬세의 정신이며, 대화의 정신이며, 그리고 복잡성의 정신이기 때문이다.

제 6 장

가벼움에 대해서 : 앎·느낌·기법·해석*

1. 참을 수 없는 앎의 가벼움

삶과 앎이 서로를 소외시키고 있다는 지적은 이제 새로운 것이 아니다. 엄밀히 말하자면, 근자에 이를 지적하는 방식에는 나름의 열정과 전문성이 스며들어 있고, 또 그런 만큼 새롭게 느껴지지만, 지적받는 현실은 전혀 낯설거나 새로운 것이 아니다. 그간의 앎이 어느 정도, 그리고 어쩔 수 없이 외면해야 했던 우리 삶의 현실은, 가령 해방 이후 반세기의 역정만을 훑어보더라도 그 변화의 템포와 흐름은 사뭇 놀랍다. 그러나 또 다른 의미에서 놀라운 사실은 앎의 모태와 토양이 삶임에도 불구하고 이러한 삶의 변화에 우리 앎의 현실이 제대로 응대하지 못해왔다는 것이다. 불행하게도, 이 땅의 근대에서 앎과 삶이 제대로 만나본 적은 없다.

우리의 삶이 곤궁했을 때, 앎에 대한 환상은 그 삶의 곤궁을 잊게 해주는 묘약이었다. 당시에는 삶의 현실을 잊는다고 해서 입을 모아 질타할 사회과학적 센스가 있는 것도 아니었다. 누구나 잊고 싶은 현실이었고, 그러므로 그 망각은 용납되고 심지어

---

*이 글은 1995년 10월 25일, 부산광역시와 부산미술협회가 공동 주최한 1995년 미술의 해 기념 학술 세미나 '20세기 후반 미술 환경의 위상'에서 발표된 것이며, 다소 개작되어 『문학과 사회』(1996년 여름)에 실렸다.

정당화될 수도 있었기 때문이다. 문제는 그 망각이 지나치게 오래 계속되었다는 것이다. 그리고 마침내 망각에 관성이 붙어버려서, 더 이상 앎의 환상이 삶의 곤궁을 빌미로 변명되거나 정당화되지 못할 시점에 이르러서도 그 망각과 환상이 계속되고 있다는 사실이 문제다.

이 망각과 환상의 주범은 특별히 계몽기의 초입에 두드러진 활약을 보이는 '엘리트'들이다. 물론 엘리트의 능동적인 역할을 기대하는 다중(多衆)의 선망이 이들의 활약을 더욱 돋보이게 한다. 계몽의 초기, 이 환상이 열악한 현실을 박차고 오를 수 있는 위약 효과를 내는 한 별 문제가 없었다. 그러나 다중이 이 환상의 무한정한 연기를 참아내지 못하는 시기가 오는 법이다. 계몽기일수록 앎이 삶을 앞서나가며, 오히려 둘 사이의 소격(疏隔)을 통해서 계몽의 속도감이 가능해지기도 한다. 그러나 그 소격은 한시적으로 선용될 수 있는 구체적인 테크닉으로 끝나야지, 잡을 수 없는 이념으로 무한정 유예되어서는 곤란하다. 그렇게 되면 엘리트를 통해서 전파된 앎에 대한 환상은 그 가치를 잃어버리게 된다. 다중은 이제 삶의 현실에 서서 그 앎의 환상을 구체적으로 점검하고자 하는 것이다. 그제서야 그들은 앎이 삶 속으로 풀어지지 못한 점을 깨닫고 통탄한다. 환상으로서의 가치를 지녀오던 앎의 시효가 지나가고, 삶의 닦달이 시작된 것이다.

이렇게 해서 다중의 시선 속에는 '엘리티즘'이라는 말의 부정적 이미지가 탄생한다. 이제 엘리티즘은 다중의 선망어린 시선에 균열이 생기고, 그 틈 사이로 자신들의 발이 빠지는 현상을 목도하는 엘리트들의 한숨이며 자조에 찬 아이러니에 지나지 않는다. 계몽과 진보의 징표였던 앎이 스스로의 삶을 가꾸지 못했던 허수아비였음을 깨닫게 되고, 내 머리의 무게와 역사를 감당하고 있는 것이 내 다리가 아니라는 사실을 깨닫게 되는 것. 이것이 앎과 삶이 소외된 현실을 묵과하며 제도권의 그늘에 서식하고 있는 엘리트들의 한숨이며 자조인 것이다.

한국의 학문 현실이 삶의 현실보다 대충 30~40년 정도는 앞서 있다는 지적이 있다. 담론의 근원적 가벼움 때문에 더러 현실을 앞서기야 하겠지만 우리처럼 앎이 삶을 오히려 소외시키는 현상은 심각한 문제다. 삶의 현실보다 40년 앞서 있는 앎의 현실은 이 나라 계몽의 허실과 영욕(榮辱)을 그대로 보여주는 바로미터다. 대체로 계몽이 실질 있게 진척될수록 초입의 들뜸은 줄어들고 앎의 환상과 삶의 현실 사이의 거리가 점진적으로 조율되면서 마침내 환상은 현실과 행복한 랑데부를 하는 것이 바람직하다. 그러나 우리의 경우, 앎의 환상은 구체적인 현실 속에서 자리매김되지 못하고 시효가 지난 엘리티즘에 편승한 채 기법과 유행의 폐쇄 공간 속에서 체계적으로 확대 재생산되어 왔다. 40년씩 앞서 달리는 우리의 '계몽'은 독자도 토양도 없는 진공의 공간 속에서 스스로의 속도감만을 즐기는 자기애(auto-erotism)에 다름 아니다. 앎의 환상과 그 구호는 부풀어 올라서 마침내 직수입한 서구의 첨단 이론마저 이제 전혀 새로울 것이 없는 이 땅의 앎의 현실이다. 그러나 바로 그 '현실'의 내력과 구성은 병적이지 않은가? 그 현실이 우리 것이 아닌 남의 것이며, 심지어 실재가 아닌 모의(模擬)며, 그리고 실질이 없는 거품은 아닌가.

　작금 국제통화기금의 구제 금융 요청 등 '경제 신탁 통치'라는 말이 실감날 정도의 거품 경제 증후군을 겪고 있다. 마찬가지로 거품 계몽, 그리고 거품 문화라는 말도 가능할 것이다. 머리 좋은 우리 학인들의 노력 탓에 앎의 환상은 높은 포물선의 저쪽 끝을 날고 있다. 그러나 우리 삶의 현실은 이제 막 하수구의 음지를 벗어난 것으로 정신 없이 환희작약하고 있는 백색의 강아지 한 마리를 연상시킨다. 삶에서 나온 앎일진대, 삶으로 돌아가지 못하는, 아, 참을 수 없는 이 앎의 가벼움.

2. 복잡성, 대화, 자생성

세계 최고의 교육열을 가리키는 여러 통계치에 기댈 필요도 없이, 우리들이 앎에 바친 시간과 정열은 분명 지나치다. 특히 표준적 상식인이 되어 기존 체제에 순응해 살기 위해서라면 너무나 과도한 시간, 너무나 부질없는 열정이다. 사르트르의 표현처럼 아무리 생각해보아도 참으로 '부질없는 열정(une passion inutile)'이다. 물론 문제는 단순히 시간과 에너지의 양(量)에 있는 것이 아니다. 그 시간과 열성에 각자의 삶이 빠져 있다는 사실에 문제의 심각성이 있다. 그 엄청난 시간량과 열정의 강박이 요구하는 만큼의 인간적 성숙이나 삶의 변화가 보이지 않는다는 것이다. 이 땅의 수많은 교양인과 학인들이 동서고금의 유례가 없을 만치 많은 시간과 정열을 앎에 바치면서도 그 앎이 삶과 상관없이 둥둥 떠다니도록 방치하고 있는 데에는 여러 가지 원인들이 있다.

삶에 관심을 가지면 가질수록 앎의 점수가 낮아질 수밖에 없도록 구조화된 우리 현실의 악순환 구도는 무엇이며, 또 이것을 실질적으로 개선할 수 있는 방식은 무엇일까? 우선 '교실'이라는 공간에서부터 문제의 해결을 시도해보자. 사실 교실이든 화실(畵室)이든 실험실이든 예배실이든 법당이든 혹은 사무실이든 관계없다. 다만 그것은 인간의 창의성이 스스로의 표현을 얻을 수 있는 '감수성(sensibilia)의 활동 영역'이라면.[1]

첫째, 교실 안팎의 지형이 서로 너무나 심한 대조를 보인다는 사실에 주목해야 한다. 어차피 앎이 삶으로부터 어느 정도의 거리를 둠으로써 가능해지긴 하지만, 그 거리가 급기야 아득해지고 그 대조감이 너무 심해져서 앎이 삶의 모태를 기억하지도, 또 그 모태로 돌아갈 수도 없을 만큼 생소해진다면 앎의 근본적인 뜻마저 소실될 위험이 있다. '복잡성의 철학'이라고 이름붙인 내

---

[1] Deleuze & Gauttari(1995), 13쪽.

생각의 다발을 통해서 밝혀온 대로, 강의실·화실·실험실, 그리고 교과서·캔버스·보고서 바깥의 삶은 늘 우리의 기대나 짐작을 조롱하듯이 복잡하기 짝이없다. 우리 삶의 현실은 생활인의 구체적 감수성을 통해서 확인되듯이 늘 일률과 일양으로 설명될 수 없는 복잡성과 중층성, 다면성과 애매성을 그 특징으로 한다. 이렇게 본다면 한 권의 책으로 출간될 수 있는 교과서 '영국사' 같은 주제는 허위다.[2] 인간들이 한 겹 한 겹 '살아내는' 삶의 구체성과 복잡성은 교실 속의 단순성과 추상성으로 환원될 수 없는 질적 특이성을 지니고 있으며, 삶의 진면목은 실로 이 '환원할 수 없는 복잡성'에서 발견된다. 그러므로 괴테의 말처럼, 과연 '개별은 필설로 형용하지 못한다.'

단순성을 그 근본 지형이자 논리로 삼는 교실 속의 앎의 게임은 복잡한 지형의 우리 실생활에서 너무나 동떨어져 있다. 교실 내의 단순성과 명료성은 교실 바깥의 복잡성과 애매성을 자주 호도하고, 학생들로 하여금 삶의 현장감에서 동떨어진 앎의 테크닉에 경도하게 한다. 문제는 교실내의 단순성에 물든 학생들이 교실 밖의 복잡성에 제대로 응대하지 못한다는 사실이다. 아니, 제도권에서 재생산하고 있는 앎과 상상과 창의는 애초부터 삶을 위한 것이 아니었는지도 모른다. 그들의 앎을 둘러싸고 있는 역학 속에는 삶을 숨기고 싶은 구조화된 힘들이 서식하고 있는지도 모른다. 교실내의 게임을 위한 복제와 모의(模擬)와 문화(文禍)의 현실, 이론과 기법과 통계치로 둘러싸인 폐쇄 공간의 무중력 현실이 그들의 전부였는지도 모른다.

둘째, 삶의 현실은 온갖 잡다한 형태의 대화로 이루어지지만 교실은 주로 일방적 주입과 단답의 제시만으로 엮어진다는 점을 눈여겨 보아야 한다. 교실 속의 대화의 부재, 다시 말하자면 삶의 방식과는 동떨어진 앎의 놀이는 앎이 삶과 소통되지 못하고, 상상이 삿된 편벽으로 머물고, 통계가 닻 없는 부표(浮漂)로 부

---

2) Passmore(1990), "歷史의 客觀性", 60쪽.

랑하게 만드는 원인으로 지적되어야 한다. 그것이 예술이든 과학이든 철학이든, 개인의 창의는 다중, 그리고 다중이 살아가는 현장과의 역동적인 피드백 과정을 통해서 부단한 대화의 길을 걸어가야 한다.

그러나 창의성의 일차 공간인 교실내에서 이미 대화는 질시받고, 심지어 소통 불능의 단답식 명령이 직관인 양, 통찰인 양, 영감인 양, 그리고 계시인 양 권위를 얻음으로써 교실 안팎을 가로막는 담은 점점 견고해져만 간다. 역사가 "역사가와 사실이 상호작용하는 끊임없는 대화"[3]의 과정이라고 하듯이, 그리고 예술가의 길이 결국 진정한 전통의 맥과 연계하거나 새로운 감수성의 지평으로 도전하는 두 방식 사이의 대화 속에 있다[4]고 하듯이, 인간의 창의성이 표현되는 방식도 대화의 긴장을 잃고서는 곧 불모의 박제로 변하고 만다. 물론 창의성이 형성되고 표현되는 각각의 분야마다 대화의 효용은 다르겠지만, 소크라테스의 고전적 모델이 잘 보여주듯이 대화식의 긴장과 그 표현이 필요한 것은 우선 우리 삶의 모습이 대화식이기 때문이다. 대화란 삶이 밝혀주는 우리 학문의 기술적 권리 원천에 해당한다. 공동체가 이루어지고, 어떤 식이든 소통이 필요하다면, 결국 삶이 될 것이 아니겠는가, 그 마지막 잣대는.

셋째, 앎의 자생성 문제, 혹은 뒤집어서 표현하자면 앎의 식민성에 대한 고발과 반성, 그리고 그 대책에 대한 노력이 있어야 한다. 앎의 공간, 혹은 창의성이 표현되는 공간은 늘 주변 지형이 이루고 있는 역학에 의해서 끊임없이 흔들린다. 익히 알려진 대로 사이드의 '세속적 비평'이나 그린블라트(S. Greenblatt) 등의 신역사주의 비평 등에서 입을 모으고 있는 것처럼, 해석 가능한 대상 일체로서의 텍스트는 당연히 역사의 우연성이나 삶의 복잡성을 초월한 것이 아니다. 통일된 메시지만을 가감 없이 전달하

---

3) Carr(1982), 42쪽.
4) Read(1955), 7쪽.

고 있는 초연한 표현 공간, 가령 역사나 이데올로기로부터 철저하게 봉인되어 있는 미술이라는 '순수 공간'[5]은 없는 것이다. 텍스트와 메시지의 순수성에 대한 신화가 걷히면, 자연히 텍스트와 컨텍스트, 메시지(내용)와 스타일(형식)이라는 구별, 혹은 차별이 점진적으로 소멸된다. 특히 인문학과 예술에서 글쓰기의 컨텍스트와 스타일이 얼마나 본질적인 부분을 형성하는가—오스카 와일드가 '세계의 신비는 보이지 않는 것 속이 아니라 보이는 것 위에 있다.'고 하듯이—하는 점은 예를 들어 사르트르의 '백색 스타일'에 대한 비판이나 바르트(Roland Barthe)의 '무문체(無文體) 글쓰기'에 대한 비판을 더욱 심각하게 받아들이게 한다.

우리 학문의 서구 추수적(追隨的) 자세와 수입상적 성격에 대한 비판은 이제 지식인들 층에서도 제법 널리 확산되었다. 백색과 무(無), 그리고 순수의 무감각에 편승해서 의식의 저변을 싸고도는 상상과 몸짓, 눈빛과 태도, 관행과 제도, 그리고 정당성의 잣대에 침투해 있는 종속의 기미와 흔적들이 조금씩 읽히고 있는 것이다.

문제는 앎의 방식, 혹은 창의성의 표현 방식에서 우리 나름의 길과 맥(脈)을 건사한 끝에 얻은 자생력이 없다는 점이다. 예를 들어, 모더니즘의 경험마저 부실한 이 땅에 주로 그 '기법'의 측면이 강조되어 수입된 포스트모더니즘의 여러 이론들은 아예 자생력을 운운할 처지도 못 되고, 그러므로 시간이 지나면서 그 문화적 거품이 걷히고 당연히 우리 땅의 현실에서 동떨어져 겉돌 수밖에 없는 것이다. 자생력을 먹고 자란 이론만이 현실에 대한 적용력을 갖출 수 있을 것이 아니겠는가. 물론 바야흐로 지구촌으로 개방된 세상, 수입한 품목도 이식과 토착화를 통해서 적지 않은 성과를 얻을 수 있다는 사실을 부인할 작정은 아니다. 문제는 토착화—이것도 실질적인 대안은 아니지만—에 대한 감각도

---

5) Pollock, 57쪽.

부실할 뿐만 아니라 우리 땅의 역사와 필요에 응답하는 자생성 있는 학풍이 왜 중요한지조차 깨닫지 못하고 있다는 사실에 있다.

내 판단에는 상상과 창의와 앎의 내용—내용과 형식이라는 고전적 이분을 편의상 이용하자면—보다 오히려 형식적 측면들, 즉 글쓰기, 스타일, 수사(修辭), 기법, 그리고 테크닉은 더욱 수입 품목이 되어서는 안 된다. 그것은 특히 부드러운 정신을 타고 움직이는 인문학자들이나 예술가들의 경우, 자생력의 현실이자 그 상징이 되어야 한다. 꽃의 스타일은 그 뿌리의 자생력에서 결정되는 것이 아닌가. 자생력이 없는 스타일은 우리 삶의 현실과 상관이 없는 장식으로, 그리고 환상으로 존재한다. 그리고 그 환상이 삭으면서 자조(自嘲)의 냄새만 풍기게 되는 것이다. 우리의 진보는 뿌리가 부실하고, 보수는 열매를 맺지 못한다는 점을 살펴보라. 어차피 삶이 앎과 모든 창조성의 근본 모태가 될 수밖에 없다는 상식을 잊지 않는다면, 자생력을 희생시킨 채 부유하는 이론, 혹은 기법의 운용만으로 수상한 실재를 희롱하는 짓이 오래가지 못하리라는 것은 자명하다.

3. 참을 수 없는 느낌의 가벼움

우리의 느낌, 특히 예술 작품을 대하는 우리의 느낌은 이중의 위기에 노출되어 있는 것으로 보인다. 그 첫째는 의사(擬似) 자극의 범람으로 느낌이 심각할 정도로 무디어지거나 훼손되고 있다는 사실이다. 느낌은 그 내밀한 자율성을 상실한 채 자기 증폭을 계속하고 있는 다양한 자극으로부터 급속히 소외되고 있다. 이는 자극원(源)이 극도로 다변화되었다는 점, 자극도(度)의 면에서도 유례가 없는 크기와 세기를 원하는 대로 생산할 수 있다는 점, 그리고 자연적이며 인간적인 자극원이 급속히 줄어들고 그 대신 대부분의 자극원이 인공화되면서, 복제 가능한 형태로 변하고 있다는 점 등이 그 원인으로 지적될 수 있겠다. 더욱 심각한 사실은 이런 와중에서 느낌의 주체, 즉 감성마저 인공적으로 조작될 수 있는 가능성이 높아지고 소위 '타자화'가 가속화된다는 것이다.

사실 이 조작 가능성은 이미 '교실'과 제도를 통해서 조직화되고 체계화된 인상을 준다. '나의 것 중의 나의 것'이라고 할 수 있는 사밀한 느낌마저 나를 벗어나 표준화된 길을 좇아 움직이는 것이 오늘의 감성 현실이다. '표준'이 되는 느낌의 체계는 우리의 감각이나 상상과는 무관하게 저 혼자 굴러다니면서 나름의 인공화된 '길'을 만들고 있는 것이다. 학습과 조작, 그리고 기계적 무감각에 길들여진 우리들은 이 자기 아닌 자기를 좇아 열심히 뛰어다닌다. 이른바 '뛰어다니는 소외'인 것이다.

둘째로, 위의 논의와 무관한 것은 아니지만, 특히 예술 작품을 대하는 '우리 관심 있는 문외한'들의 느낌이 그 '자연적 자율성과 직접성'을 잃어버리고 있다는 사실을 힘주어 지적할 필요가 있다. 더 나아가 작품을 만나면서 얻는 자발적 감수성의 소리와 느낌을 애써 지워버리고 이런저런 눈치를 보며 타율적인 감상(鑑賞)에 헛된 허영과 정열을 쏟게 된다는 사실을 보다 심각하게 지적해야 한다. 리드(H. Read)는 일찍이 현대 예술가의 치욕으로서 그들이 공공성과 대중성을 전파하는 미디어에 깊이 의존하게 된다는 사실[6]을 지적하기도 했지만, 작품을 가까이 하려는 우리 관심 있는 문외한들의 치욕은, 각자의 자발적인 감수성이 자연적이고 즉흥적으로 운용되는 것을 오히려 터부시하는 분위기 속에서 체계적·제도적 감상을 위한 의사(擬似) 공공성이 끊임없는 위협의 요소로 작용하고 있다는 점이다. 우리 일상의 구체성 속에서 우리를 성공적으로 인도해왔던 느낌의 체계는 작품 앞에서는 순간 그 자발성을 잃어버리고 별 근거도 없이 주눅이 들고

---

6) Read(1955), 5쪽.

만다. 전시회장 바깥을 지배해왔던 삶의 자연스러운 감성은 문을 들어서는 순간 자신을 딱딱하게 위장한다. 그러나 그 위장은 단순한 긴장의 표현이 아니다. 그것은 전시회장 내부가 갑자기 거대한 암호의 동굴로 변해버린 환상—그러나 여전히 현실인 환상—에 시달리는 백주(白晝)의 공포다. 그리고, 무엇인가 '다른' 표정을 짓고 다른 미소를 흘리면서 어슬렁대는 그 동굴 속의 예술가들은 조금도 친절하지 않은, 오히려 그 공간의 환상에 현실감을 더해주는 낯선 정물일 뿐이다. 말하자면, 삶, 그 삶의 일차적 감각과 소통되지 않고 있는 전람회 속, 그 속에서만 쓰일 수 있는 이차의 감각과 그 전략이 대체 무엇일지, 우리 관심 있는 문외한들은 궁금해하고, 눈치보며, 불안해지고, 급기야 강박의 늪에 빠진다.

  '영화나 한 편 볼걸.' 하고 낮게 속삭이다가, 또 언제 이 전시회장을 나가는 것이 내가 이 전시의 암호를 풀었음을 증명해주는 것이 될지 짐작해보다가, 다시, 정물처럼 '다르게' 서 있는 예술가의 눈총을 맞고는 정색을 하고 아까 본 작품쪽으로 다시 걸음을 옮겨본다. 아, 언제 여기서 빠져나갈 수 있을까. 들어오지 않으면 안 되고, 들어오면 언제 빠져나가야 할지 단단히 고민해야 하는 예술가들의 공간. 아, 그들만의 낯선 공간.

  전시회에 들어서면 우리 문외한들은 스스로의 느낌은 일단 접어두어야 한다는 그 실체를 알 수 없는 묘한 분위기에 휩싸인다. 우리들은 이제부터 전람회 바깥의 생활, 그리고 그 생활 속에서 부대끼느라고 특별한 심미적 감성을 제대로 마련하지 못한 비예술적인 자아를 포기해야 한다. 삶의 일상성과 구체성에 물든 감수성을 접어둔 채, 작품 앞에서는 다르게 걸어야 하고, 다르게 서 있어야 하고, 다르게 말해야 하고, 또 다르게 느껴야 한다. 그 무언의 불안과 위협 가운데 우리의 느낌은 급속히 혼란에 빠진다. 전람회 바깥에서 나의 삶을 무리 없이 이끌었던 감성과 느낌은 전람회 안에서는, 일거에, 첫 작품 앞에 시선을 모으고 우아하게 서는 순간, 왕창 낭패하고 만다.

　내 삶의 가장 부드러운 부분을 책임 있게 담당해왔던 느낌에 자율성이 없어지면서, 그 자율성의 무게 만큼 내 느낌은 가벼워지는 것이다. 사람들은 쉽게 자조니 소외를 말하지만, 자신의 느낌으로부터 자율성이 빠져나가는 경험을 하기 전에는 그 말의 뜻을 깊게 새기지 못할 것이다. 자율성이 소실된 느낌은 이미 느낌이 아니다. 그래서 우리들은 작품 앞에 서자마자 구멍난 느낌 속에 생각의 다발들을 채워넣으려는 시도에 분주하다. ‘다르게’ 느껴보려고 궁리하고 잔재주도 피우지만, 이미 그것은 느낌이 아니라 번쇄한 잡념의 덩굴에 지나지 못한다. 그러다가 이윽고 그 잡념의 덩굴에 얽혀버린 우리들은 급기야 느낌 자체를 자조하게 되는 것. 아, 참을 수 없는 이 느낌의 가벼움.

4. 참을 수 없는 기법의 가벼움

　상식이지만, 기술이나 기법의 개념을 벗어나 예술의 전문성이 형성된 것은 겨우 18세기의 일이고, 지금 우리의 의식 깊이 각인된 예술의 이념은 대체로 19세기에 주조된 것들이다. 그러나 그 이념은 급격히 바뀌었고, 또 바뀌고 있는 중이다. 금세기 후반에 들어 특별히 주목을 요하는 예술 활동의 특징은 우리 삶의 현실로부터 급격한 템포로 벗어나거나, 그 현실로부터의 소격이 아득해질 정도로 멀어진 작품의 생산이라고 할 수 있을 것이다. 생철학자 계열의 오르테가 이 가세트(José Ortega Y Gasset)는 이를 ‘예술의 비인간화’라는 개념으로 정형화시키기도 했다.7)

　가령 19세기의 회화는 나이브한 대로 삶의 현실과 직접적인 교감이 가능한 모습을 유지했다:

---

7) Ortega(1972).

현대 미술의 새로운 스타일과, 가령 1860년대의 그것을 서로 비교해 보자. 당시 가장 소박한 방식은 우선 표상(表象)하려는 대상, 예를 들어 사람이나 집, 혹은 산 등을 앞에 두고 그리기 시작하는 것이다. 1860년대의 화가는 표상하고자 하는 대상들이 캔버스의 바깥, 즉 삶의 현실, 혹은 인간적 현실 속에서 나타나는 그 모습과 그 분위기를 그대로 재현하고자 했다. …화가의 첫번째 관심이 캔버스 안팎 사이의 유사성을 확보하는 데 있었다는 점이다. 사람과 집, 그리고 산은 우리들의 오랜 친구들로서 곧장 인식된다. 그러나 현대 회화 작품의 앞에 선 우리들은 이 오랜 친구들을 찾아낼 수 없다.[8]

19세기의 회화에서는 말하자면 그림을 통한 삶과의 가상적인 교감이 가능했다. 캔버스의 안팎이 소통되었고, 보다 중요한 사실은 누구라도 이 소통 가능성에 동참할 수 있었다는 것이다. 그러나 현대 회화에서는 현상학에서 말하는 소위 '삶의 체험된 현실(lived-reality)'의 층이 급격히 줄어들고, 마침내 작품을 통해서 삶의 세계로 돌아갈 수 있는 통로를 잃어버리고마는 현상이 비일비재해진다. 아니, 삶으로 돌아갈 수 있는 출구를 봉쇄해버리거나, 소수의 평론가들이 '사기'라고 매도하는 가운데 아예 출구 없는 미로(迷路)를 과시하는 작품이 기대하지 못한 성취도를 얻기도 한다.

정신병을 일러 '삶의 현실로 돌아나올 수 있는 통로를 잃어버린 상태'라고 하기도 한다. 무중력 속의 유영이나 엑스타시 중의 춤, 자연과학의 수리 공간, 그리고 가상 현실 등에서 유추할 수 있듯이, 투박한 삶의 질감으로부터 차단된 영역의 매끄러움에는 나름의 편의와 장점이 있는 것이 사실이다. 그러나 인문학적으로 보아 중요한 점은 그 속에 오래 머물러 살 수 없다는 것이고, 또 결국 그 영역조차도 삶의 현장 속에 편입되어야 한다는 것이다. 조심스러운 진단이지만, 현대 미술에서의 예술가가 "실제 공

---

8) 같은 책, 20~21쪽.

간과 연속성이 없는 가상 공간, 순수 이미지 공간을 창조, 자신의 형식을 자연과 분리시키는 것"9)이라면, 결국 이 예술가의 이념은 넓은 의미에서 정신병적 지향을 품고 있다고 볼 수 있을지도 모른다. 19세기의 예술은 삶의 반영이라는 측면이 강했지만, 적어도 20세기 후반의 예술은 이 점을 존중하지 않을 뿐만 아니라 심지어 의도적으로 기피한다.

20세기 후반의 예술은 삶에 터를 두고 있는 자연적이며 인간적인 감성에 의해서 지배받지 않는 듯하다. 그 예술적 감성은 급격히 인공화되고, 또 인공화되는 만큼 의도적으로 학습되거나 조작될 수 있는 위험을 아울러 내포하고 있다. 그 감성은 언덕과 꽃과 마을과 우물이 있는 삶의 세계와 다른 지평과 테크닉을 강요한다. 펄프의 질감을 느끼면서 펜을 놀리던 지성이 전자파를 방출하는 화상(畵像)을 조율하는 지성과 같을 수 없는 것처럼, 인간적 삶에서 멀어지는 예술적 지평은 감성과 인식 자체의 변화를 요구할 것이다. 이 낯선 지평 위를 부유하는 감성은 대체 어떤 얼굴을 하고 있을까?

말하자면 현실에서 멀어진 예술이 스스로의 폐쇄적 존립을 위해서 가공의 현실을 재생산하고 있는 셈이다. 놀라운 것은 이 '폐쇄성'이 상업성과 연결되어 있다는 점이다. 자연스런 삶의 감성을 접어두고 표준화된 상품적 감성에 순응하는 다중의 세계에서는 이 폐쇄성마저 뒤집어진 상업성으로 전도된다. 다 아는 대로 이 복제 현실의 논리는 금세기 후반의 지적 담론에서 단골로 등장하는 메뉴다. 가상 현실이나 복제 현실의 범람은 인간적이며 자연적 삶의 현실에서 점점 멀어져가는 금세기 감수성의 방황과도 깊은 관련이 있다. 포스트모더니즘의 여러 주제 중 가장 중요한 것이 진리와 의미의 기반이 되는 '실재(현실)의 상실'이라는 사실도 우리의 논의에서 매우 깊은 의미와 관련성을 갖는다. 작품이 그 작품을 둘러싸고 있는 현실과의 긴장과 조율 작용

---

9) Langer(1993), 17쪽.

을 통해서 건강한 긴장미를 유지한다는 사실을 염두에 둔다면, 실재(현실)의 상실이라는 현상이 궁극적으로 몰아올 결과는 그리 바람직하지 않아보인다. 보드리야르(Jean Baudrillard)가 말하는 모의(模擬. simulacre)의 세계도 삶의 현실에서 멀어지고 있는 예술적 경향에 대한 방증이 될 것이다.

현실에서 멀어진 예술 공간은 결국 모의며 가상이므로 어차피 삶의 토양과 그 질감으로부터 생명력을 얻을 수는 없다. 방동미(方東美)의 지적처럼, 자연 속의 생명력과 한 덩어리가 되어 그 보편 유행(普遍流行) 속을 함께 흘러가는 것이 중국 예술의 전통적 기본[10]이라고 한다면, 현실에서 멀어지고 있는 20세기 후반의 서양 예술, 혹은 이를 추수(追隨)하고 있는 우리들은 중국의 예술철학으로부터 온고지신해야 할 필요도 있을 것이다.

자연적 생명력을 상실해버린 예술 작품은 당연히 그 결여를 테크닉을 통해서 메우려고 할 것이다. 특히 예술의 경우, 형식이 단순히 내용을 치장하는 겉모습이 아니므로 테크닉의 계발은 예술의 본질에도 근접하는 활동이 될 것이다. 그러므로 스타일과 테크닉에 경도한다고 해서 예술을 삶의 현실과 전연 관련이 없고 무용한 장난감처럼 여겨서는 곤란하다. 그러나 이미 지적했듯이, 문제는 그 테크닉과 스타일에 자생력이 있는가 하는 점이다. 내실이 없는 글장난이 수사(修辭)의 먼지만을 일으키듯이, 형상 자체의 힘과 역사와 생명력을 상실한 채 기법 장난을 일삼는 것도 뜻없는 부유(浮遊)에 다름 아니다. 삶의 현실과의 연계성을 얻지 못한 채 기법의 먼지 속을 부유하는 짓을 일러 '비인간화'라고 부르는 것은 과람한 상상[11]일지 모르지만, 어쨌든 이는 결국 오래 지속하기 어려울 것이다. 왜냐하면, 예술도 사람의

---

10) 방동미(1992), 164~165쪽.
11) 손탁은 이 점에서 오르테가 이 가세트의 생각이 오해를 불러일으킬 수 있다고 지적한다. 요컨대 예술 작품을 경험하는 과정에서 일어나는 자아와 세상 사이의 다양한 변증법적 단계를 충분히 고려하지 않았다는 것이다. Sontag(1966), 30쪽.

일인 이상, 그 모태이자 무덤은 결국 삶의 현실일 수밖에 없기 때문이다.

　　이 길은 '스타일에의 의지(will to style)'라고 불릴 수 있겠다. 그러나 과도한 스타일은 현실을 왜곡하거나, 혹은 탈(脫)현실로 빠져버린다. 그러므로 스타일을 부리는 짓은 필경 비인간화를 낳게 된다.[12]

　　예술 작품이 "어떤 실제적 관계도 소유하지 않는 순수한 환영의 창조"[13]일 뿐이라면, 삶의 현실에 대해, 그리고 그 연관성에 대해서 용장(冗長)스러운 사설을 펼 이유도 없겠고, 또 복제나 모의가 범람하든 기법의 과잉으로 가벼워지든 걱정할 이유도 없을 것이다. 그러나, 인간의 일이면 그것은 반드시 삶의 역사와 현실로 돌아가는 과정을 겪을 수밖에 없다는 사실에서 우리의 비판과 간섭은 그 의의와 정당성을 지닐 수 있다고 생각된다. 예술이 삶의 복사나 대응, 재현이나 반성의 차원에 매양 머물러 있는 것은 그 특성상 물론 바람직하지 못하다. 그러나 자연과 삶과 인간성의 흔적이 없는 폐쇄적 기법 공간을 형성함으로써 작품 앞에 서는 수많은 관심 있는 문외한들로 하여금 감성과 느낌의 소외에 빠지게 만드는 풍조도 오래 계속되어서는 곤란하다. 관심 있는 문외한인 우리는 무엇보다도 기법의 난무와 현실의 추 사이에서 유지되는 건강한 긴장미를 예술가들에게 주문하고자 한다. 이로써 관심 있는 일상인들은 스스로의 삶의 공간에서 가꾸어온 심미감을 통해서 작품과 만나는 자연스러움을 유지할 수 있지 않겠는가. 정상(頂上)이 건강한 호기심을 자극하는 것은 올라갈 수 있는 길이 보이기 때문이니, 추 없는 비상은 오히려 환상으로 떨어지는 것이 아닐까.

　　생활의 현장에서 아득히 멀어져 있는 예술 작품을 대하고 당

---

12) Ortega(1972), 25쪽.
13) Langer(1993), 25쪽.

혹스럽고 분열된 느낌 속에서 소외당하는 생활인들의 모습은 암호 같은 전공 서적을 일없이 뒤적이며 고소(苦笑)하고 있는 관심 있는 비전공인들의 모습을 연상시킨다. 앎의 환상과 삶의 현실이 서로를 소외시키는 우리 인문학의 교실 주변, 그 문제점들, 그리고 가능한 대책은 어쩌면 전시회 안팎의 느낌이 서로를 이질화시키는 현장에도 적용될 수 있지 않을까.

1905년 아인슈타인이 특수 상대성 이론을 발표했을 때, '이 이론을 정확히 이해하는 사람은 전세계에서 열 명 미만일 것'이라는 우스개 같은 소리가 떠돌았던 적이 있었다. 그러나 열 명이든 스무 명이든 원칙상 자연과학의 효용과 그 임상성은 다중의 이해를 바탕으로 이루어지는 것은 아니다. 문외한 다중들의 이해와는 상관없이 그의 이론은 이후의 세계상을 바꾸는 데 결정적이고 실질적인 힘으로 작용한다. 그러나 인문학은 경우가 다르다. 인문학은 독자의 독서와 그 이해 속에 재구성되는 것과 별개가 아니다. 퍼지 이론을 몰라도 돈과 손만 있으면 퍼지 세탁기를 사용하면서 편리한 생활을 영위할 수 있다. 그러나 『존재와 시간』이나 『주역』의 경우, 누구나 이용할 수 있는 상품은 없다. 독서의 고역과 이해와 성숙의 기나긴 역정이 있을 뿐이다. 그러므로 엄밀히 말해서 이해되는 바로 그만큼 인문학은 서고, 이해되지 않는 바로 그만큼 인문학은 무너질 수밖에 없다. 따라서 인문학에서는 삶과 앎 사이의 괴리와 소외 문제가 곧장 학문 자체의 존폐 문제로 이어진다. 특별히 인문학에서 독자를 끌어안을 수 있는 스타일과 기법(글쓰기) 문제가 중요하게 논급되는 것도 같은 이유다.

인문학이 그러하다면, '섬세한 정신(esprit de finesse)'의 전위에 서 있는 예술은 더더욱 다중의 감성에 민감하게 응대해야 하지 않겠는가. 작금 인문학의 위기론이 자못 분분하지만, 예술적 감성의 특이성을 암호처럼 놀리면서 외진 폐쇄 회로만을 고집하는 것은 결국 예술의 위기를 앞당기는 짓이 아닐까. 이 시대 예술가들에게도 일종의 '보살행'을 요구할 수는 없을까. 물론 예술 작품이야 원칙상 정당화의 논리에서 벗어난 자율적 심미성의 대상이지만, 그러나 바로 그 자율성을 심각하게 훼손시키는 주변 역학은 정당화의 체에서 면제받을 수 없을 것이다. 예술가들과 우리가 만나는 일차 공간인 전시회장에서부터 일상인의 때묻은 감성과 느낌이 주눅들거나 소외당하지 않도록 배려하는 동정적 혜안을 갖출 필요가 있다는 말이다.

예술은 자연과학의 기계적 적용력도 없지만, 인문학처럼 다중의 이해에 전적으로 의지하는 것도 아니다. 그러나 금세기 후반을 장식하는 예술의 다수는 기법의 유희와 이를 허황하게 뒷받침하는 해석의 범람으로 말미암아 삶에서 점점 멀어지고, 또 멀어지는 만큼 우리 문외한의 이해와 교감의 마당으로부터도 멀어지고 있다. 전시회장의 안팎을 서성이면서 느낌의 공황(恐慌) 속에 방치되고 있는 관심 있는 문외한들을 위해서, 예술가들은 이질적 느낌의 폐쇄 회로와 기법의 암호망에서 벗어나 한 걸음만, 딱 한 걸음만 더 삶의 현실로 다가설 수 없을까. 아, 참을 수 없는 이 기법의 가벼움.

5. 참을 수 없는 해석의 가벼움

꿈을 해석하는 지침으로서 제시하는 융의 말은 예술 작품을 대하는 우리들에게도 시사하는 바가 적지않다:

'상징성에 관해 되도록 많은 공부를 해라. 그러나 여러분이 꿈을 분석할 때는 그것을 전부 잊어버려라.' 이 충고는 실제적인 중요성을 지니고 있으므로, 나는 내가 누군가의 꿈을 충분히 이해하고 그것을 바르게 해석하는 일은 절대로 있을 수 없다는 점을 나 자신에게 들려주는 것을 신조로 하고 있다.[14]

상징성 혹은 그에 대한 강박은 전시회장을 찾는 우리 관심 있는 문외한들을 겹으로 곤혹하게 만든다. 자신의 솔직한 느낌으로부터 스스로 소외되고, 그래서 결국 기법의 가벼움을 가벼움으로 보지 못하게 만드는 상징의 위협이 도처에 도사리고 있다. 전시회장에 들어서는 우리는 그 공간이 우리 일상의 공간과는 다르게 온통 상징으로 가득 차 있으리라는 허위 의식에 쉽게 젖는다. 때로 이 허위 의식을 이심전심으로 간파하고 또 이에 동참하고 심지어 즐겨 전파하기도 한다. 신의 떨기나무 불꽃 앞에서 신발을 벗어야 했던 모세처럼 우리들은 싱징의 불꽃 앞에서 꾀죄죄한 생활 감성의 신발을 벗어버리라고 협박받는다. 결국 작품에서 상징의 존재를 읽어내지 못해도 소외되고, 우리 일상의 역사를 거쳐온 자연스러운 감수성으로 솔직하게 작품에 접근해도 소외되고, 혹은 상징의 문법을 익혀서 재주껏 운용해도 결국 스스로의 자조와 허위 의식에서 벗어나지 못한다.

베이트슨(Gregory Bateson)은 정신분열증을 소위 '이중 구속 (double bind)'이라는 개념으로 설명한다.[15] 이중 구속이란 피해자가 어떤 말이나 행동을 하든 결국 더 깊이 빠질 수밖에 없는 겹의 속박 관계를 뜻하는데, 베이트슨은 정신병이란 자신을 속박·통제하는 이중 구속 현상들을 다루는 일종의 자기 보호 방식이라는 가설을 제시한다.[16] 전시회장에 들어서는 우리의 느낌을 이 이중 구속의 굴레에 비유하면 어떨까. 작품을 앞에 두고 있는 우리들은 그것을 상징이라고 여기면서 해석하려고 애써도 결국은 욕을 먹고, 상징을 무시한 채 우리 일상의 감성을 적나라하게 들이대어 즉각적인 공감을 표시해도 우리는 결국 문외한에 지나지 않는 것이다. 실로 이 이중의 굴레 속에서 우리는 스스로의 감성과 느낌을 파먹고 있다.

---

14) Jung(1991), 78쪽.
15) 자세한 것은 다음 책을 참조할 것. Bateson(1990a).
16) 같은 책, 226쪽.

상징이 상징을 파먹는, 그리고 마침내 해석이 해석을 파먹는 시대, 금세기 후반의 예술은 우리 관심 있는 문외한들을 끊임없이 물먹이고 있다. 물먹는, 그러나 관심 있는, 문외한들을 구제하는 방식의 한 가지는 전시회장 안팎의 감성이 서로 소통되게 만드는 것이다. 즉, 삶의 일상 공간 속에서 운용되는 느낌이 전시회장 속에서도 통할 수 있는 자연스러운 질박(質朴)을 되찾는 일이다. 상징이라는 강과 해석이라는 산을 두른 채 삿된 편벽과 외진 기법만을 고집하는 현대 예술이 보살행의 아픔으로 삶의 현장에 내려와서 분열된 감성과 느낌의 통로를 다시 이어주는 것이다. '작품을 보는 방식' 속으로 숨지 말고 '작품을 보려는 관심'에 적극적으로 응대하는 것이다. 전시회의 문턱을 위협하는 인공적인 요소들을 절제하고, 작품이 결국 인간적 삶의 세계로 되돌아오는 길, 그 자연스러운 감성의 길을 스스로 열어두는 것이다.

원칙적인 지적이지만 좋은 영화나 좋은 그림은 그저 보면 알 수 있는 것이다. 마찬가지로 예술 작품이란 긴 사설과 장황한 이론을 붙여 변증할 필요가 없는 선(先)이론적 체험 속에 그 아름다움을 유지해야 한다. "예술 작품 속에 변증할 내용이 없다는 말은 결국 세상 속에 변증할 내용이 없다는 말과 같은 이야기다."[17] 예술 작품은 상징을 풀고 해석을 덧붙여서 캐내야 할 '무슨 내부의 본질(ein innere Wesen)'에 대한 문제가 아니다. 문자적 교양의 과잉 상태에서 빚어진 '인식중심주의' 속에서 '무엇'을 찾고자 하는 자의적 해석학이 범람한다. 작품의 감상은 숨어 있는 '무엇'을 찾는 그림찾기 문제가 아니다. 아니, 예술 작품이란 원칙상 풀어야 할 무슨 '문제'가 아니다. 예술 작품은 일차적으로 하나의 '물건'이지, 세상을 지시하거나 반영하거나 상징하는 거울, 혹은 암호가 아니다.

의사(擬似) 자극이 범람하면서 느낌이 무디어지거나 훼손된다

---

17) Sontag(1966), 27쪽.

는 점은 이미 지적했다. 마찬가지로 턱없는 해석의 범람이 작품에 대한 감수성을 훼손시키고 있음도 심각하게 지적되어야 한다. 과식이 음식의 참된 맛을 잃어버리게 하듯이, 그리고 과잉된 볼 것이 특별히 남성의 감성을 훼손시키고 과잉된 들을 것이 특별히 여성의 감성을 훼손시키고 있듯이, 해석의 과잉도 관객들로 하여금 작품의 진정성을 놓쳐버린 채 지성과 소문의 먼지 속에 부유하게 만든다. 책을 펴는 순간 바깥의 삶을 잊어버리라고 교육받아왔던 우리의 현실처럼, 전시회의 문을 열고 작품 앞에 서는 순간 우리의 느낌과 그 '자연스러운 직접성'은 접어두어야 하는 것처럼 학습되고 또 강요받고 있는 것이 아닌가. 작품 앞에 서기만 하면 해석학의 시대에 태어난 관객답게 우리들은 열심히 머리를 굴려 삿된 해석에 골몰한다. '이것의 진정한 의미는 무엇일까?' '이것의 배후에 숨겨진 뜻은 무엇일까?', 그리고 '이것은 정녕 무엇을 가리키는 것일까?'라고 짐짓 심각한 체하면서.

　삶의 복잡성을 조롱하듯 단순한 작품, 삶의 구체성을 조롱하듯 추상적인 작품, 삶의 자연성을 조롱하듯 부자연스럽거나 인공적인 작품, 삶의 인간성을 조롱하듯 비인간성, 반인간성의 첨단을 달리는 작품 앞에서 우리 관심 있는 문외한들의 심사는 하염없이 찢긴다. 삶의 일상 속에서 늘 익숙하게 운용하던 감성, 그것은 바로 복잡성, 구체성, 자연성, 그리고 인간성과의 쉽없는 교감에 근거한 것이었다. 그러나 전시회장에 들어서면서 이 삶의 감성들은 자신의 자리를 찾지 못한 채 배회한다. 이 감성의 공백을 상징의 위협과 지성의 비대(hypertrophy)와 해석의 범람이 차지하는 것이다. 아 참을 수 없는 이 해석의 가벼움.

제 7 장

무게·깊이 그리고 진보 :
세기말의 문화 풍경과 예술과 인문학의 연대*

1. 농경 사회의 운용에는 소위 '면접적 사귐'의 친숙한 공간이 그 바탕이 된다. 당연히 '매체에 의한 원격 조작' 따위는 생각할 수도 없는 일이었다. 그 사회의 주요한 생활 지평은 하늘, 땅, 가축, 바람, 비, 나무 등등으로 이루어지며, 사람들은 늘 그들과 직접 만난다. 소위 '미술'은 지난 2세기 근대의 발명품이며, 제도권 미술사에서 언급하는 근대 이전의 미술은 근대적 태도와 관점에서 차용되어 미술로 변형된 것[1]이라는 생각을 고집한다면 덧없는 이야기가 되겠지만, '직접성' 그 자체가 곧 생활의 내실을 이루는 농경 사회에서의 예술가들에게는 "예술이란 낡은 것의 파괴로부터 출현하는 새로운 직접성을 발견하고 창조하는 일"[2]이라는 말 자체가 오히려 안쓰러울 것이다.

산업 사회의 풍요와 모순의 토대 위에 이른바 정보 사회, 혹은 정보 사회를 중심에 둔 여러 담론군(群)들이 발흥하고 있다. 97년 대선 주자들의 피상적이면서도 한결같은 주장처럼 우리 사회에서도 정보(화)낙관주의가 대세인 것은 틀림이 없다. 이것은 이미 여러 논자의 비판을 통해서 개관되었듯이, 일국 개발지상주

---

*이 글은 '부산미술포럼'(1997년 11월 22일)에서 발표한 것이다.

1) Staniszewski(1997), 38쪽.
2) Marcuse(1985), 87쪽.

의를 대충 마무리한 뒤 자본주의와 시장 경제 체제의 전일적 확산과 함께 본격화되고 있는 세계화 추세와 맞물린 현상이다. 정보 사회에 대한 비판은 나를 포함한 여러 인문학자들로부터 지속적으로 들려온다. "수많은 정보 속을 서핑해다니는 공간적 이동성으로는 성찰의 조건인 시간성의 덕을 얻을 수 없[3]"으며, 의식의 자립성을 약화시켜 결국은 정보 공황 내지 정보 함몰(information implosion)로 이어질 수 있다[4]는 지적은 이제 새로운 것이 아니다.

문화(文化)를 넘어 바야흐로 문화(文禍)[5]의 입구에 들이선 지금의 우리에게 삶의 직접성은 오히려 불편한 것이 되어버렸다. 현대 미술에서의 예술 활동이 "실제 공간과 연속성이 없는 가상 공간, 순수 이미지 공간을 창조, 자신의 형식을 자연과 분리시키는 것"[6]이고, "지금의 예술, 미술이란 말에 함축된 의미에는 '세계'가 그다지 개입되지 않은 채 예술과 인간의 투명하고 자율적인 관계만을 이야기하는 면이 강하다."[7]면, 우리가 이룩한 미술이라는 문화의 정화(精華)는 한편 '삶의 현실로 되돌아나올 수 있는 통로를 잃어버린 상태'로서의 정신병적 증후와 닮아 있는지도 모른다. 그런 점에서 그것은 문화(文禍)의 또 다른 측면을 보이고 있는지도 모른다.

하여튼 20세기 후반의 예술은 자연과 삶의 직접적 현실에 터를 두고 있지 않으며, 고전적 의미의 인간적 감성에 의해 지배받고 있지도 않는 듯하다. 예술적 감성은 급격히 인공화하고, 또 그런 만큼 학습·복제·조작·표절될 위험에 노출되어 있는 것이 사실이다.[8] 근대 이후 꾸준히 계속되어온 삶과 현실의 일차

---

3) 김영민(1997c), 8쪽.
4) 황경식(외)(1997), 82쪽.
5) 김영민(1995b).
6) Langer(1993), 17쪽.
7) Staniszewski(1997), 71쪽.
8) 김영민(1996d), 915쪽.

성과 이차성의 위계 변동이 소위 '언어적 전회(the linguistic turn)'와 담론 공간의 폭발적 증폭을 거치면서 마침내 정보 사회에 이르러 완결된 것이다. 고쳐 말하자면, 문화(文化)가 문화(文禍)로 왜곡되기 시작하면서 주객이 전도되고만 것이다. 그러니 텔레비전 화면을 통해서 보는 세상이 더 실물같이 보이고, 앎의 틀이 삶의 내실을 대변하게 되는 것도 당연하다.

2. 20세기가 군사와 정치 경제의 시대라면, 다가오는 21세기는 문화와 예술의 시대가 될 것이라고 떠든다. 그 부박한 소요가 가라앉으면서 '예술의 위기'를 따지는 차분한 음성이 들려온다. 엄지와 검지를 세워서 그 위기의 실체를 담박 집어낼 수는 없지만, 앞에서 논했듯이 삶과 세상의 직접성에 등을 돌린 문화(文禍)에 어느 정도 그 책임이 돌려질 것이다. 현대 예술가들은 예술 작품(work of art)을 창조하기보다는 오히려 에피소드를 들려주는 쪽이며, 따라서 "현대 예술은 풍요가 아니라 위선이며, 창의성이니 원초니 하는 미명하에 저질러지는 기만"[9]이라는 지적으로까지 치닫는 편이다. 현대 예술은 방황하고 있는 중이며, 그 방황은 무질서를 낳고, 이 무질서 속에서 예술은 창조라는 이름의 유희, 혹은 오락을 하고 있을 뿐이라는 지적인 것이다.[10]

더구나 예술과 관련된 새로운 기술과 매체들이 눈부시게 발전하는 마당에 예술로서 갖추어야 할 최소한의 대항력도 제대로 갖추지 못한 채 공장에서 생산되는 제품 같은 모습의 예술품들은 "극단의 상업주의와 호흡하기에 여념이 없"으며, 그러므로 "그러한 호흡은 당연히 짧을 수밖에 없고 문화적으로 축적되기 어렵다."[11] 보다 중요한 사실은, 표면적으로 상업주의에 포장되

---

9) 오병남(1997), 84쪽.
10) 같은 글, 85쪽.
11) 김형수(1997), 61쪽.

어 있지 않더라도 테크놀로지를 천박하게 수용한 예술의 호흡이란 필연적으로 짧다는 것이다.12) 이것은 인간의 몸과 감성의 역사와 상관없이 혼자 내달리는 문화 예술의 유행 구조로 말미암아 더욱 심화된다. 정보 사회, 그리고 첨단의 기술 사회와 섣부르게 어울리는 예술계의 표피는 결국 호흡이 짧은 거품만을 양산하는 공장으로 전락할 수도 있는 것이다. 예술 세력과 연대하려는 인문학자의 바람이 깃들인 주장이지만, 결국 우리에게 중요한 것은 "끊임없이 나오는 새로운 삐삐가 아니라 삐삐를 갖고 살아가는 이야기"13)이기 때문이다.

　'호흡이 짧다.'는 것은 이 논의에서 대단히 중요한 뜻을 지닌다. 예술이 서구 근대의 인식론중심주의와 내용중심주의14)가 조작해놓은 '깊이의 형이상학'에 매몰되지 않으면서도 '참을 수 없는 기법의 가벼움'15) 속에 부유하지 않기 위해서는 이 '호흡'의 역할이 결정적이다. 아는 대로, 현대의 예술가는 이른바 '타고나는' 것이며, 예술은 이미 "18세기에 그 근대적 의미, 즉 천재적 개인의 독창적인 산물"16)이라는 뜻을 지니게 되었다. 따라서 예술의 탈역사화, 탈컨텍스트화의 추세는 전혀 근거 없는 것이 아니다. 그러나 "미학도 하나의 지적 실천으로서 나름의 역사를 가지고 있다는 사실, 그리고 특정한 사회적 조건 속에서 특정한 집단의 이데올로기적 관습들에 의해 위대한 전통으로 생산되어왔던 인공물과 작품을 자신의 연구 주제로 취한다는 사실"17)에서 유추할 수 있듯이, 분야에 관계없이 역사, 즉 호흡을 온축하지 못하는 작품은 길과 맥(脈)을 잃고 마침내 우리의 삶과는 아무런 관련도 없는 해프닝으로 끝나고만다. 우리의 정신 문화가 자생

---

12) 같은 글.
13) 같은 글.
14) 자세한 것은 다음 책을 참조. Sontag(1966).
15) 김영민(1996d), 913~919쪽.
16) Staniszewski(1997), 121~122쪽.
17) Wolff(1990), 15쪽.

력과 주체성을 상실한 채, 잊혀져가는 전통에 속수무책이고 다가오는 새 시대에 무방비한 것도 마찬가지의 분석이 가능하다. 정신 문화에서의 소위 '뿌리 깊은 진보'[18]의 정신이 곧 법고창신 (法古創新)과 온고지신의 긴장된 과정이라면, 전통과 표정이 함께 역동적으로 어울려서 만드는 길과 맥의 존재야말로 문화의 실체일 것이기 때문이다.

3. 문화대중주의(cultural popularism)로 흐르는 '문화의 시대' 담론도 이 논의에서 중요한 몫을 차지한다. 문화대중주의가 "문화 연구와 정치 경제 사이의 교류를 단절시키고, 문화 소비에 대한 역사·경제적 이해도 없이 '해석의 전략'에만 열중하여 사회의 착취적·억압적 권력에 공모하고 나아가 자유 시장 이데올로기에 대하여 무비판적으로 동조하는 결과를 가져온다."[19]는 지적은 이제 새로운 것이 아니지만 여전히 경청할 만하다. 이러한 추세는 우리의 감성과 욕구가 이미지를 통해 단순화되거나 터무니 없이 자극되어 현실과의 접촉면을 놓치기 쉽다는 지적과도 이어진다.[20] 이런 뜻에서 문화 연구가 전통적인 문학 공부를 대체할 수 없다는 식의 '낡은' 주장[21]까지도 경청해둘 만할 것이다. 어쨌든 길과 맥이 없는 문화적 잡탕주의와 졸부 의식,[22] 그리고 삶의 실질이나 감성 현실과 동떨어진 문화적 거품을 남발하는 추세 속에서 소비주의의 또 다른 기획에 다름 없는 예술 상품을 '문화 공정'의 과정을 통해 양산한다면 예술의 위기는 더욱 심화될 수밖에 없을 것이다.

---

18) 자세한 것은 다음 글을 참조. 김영민(1997e).
19) 이경천(1997), 62쪽.
20) 김성기(1996), 57쪽.
21) 백낙청(1997), 510쪽.
22) 이 책 속에 함께 수록된 다음의 글을 참조. "졸부의 내력: 우리 근대성과 인문학의 과제".

4. 문학과 예술의 위기를 자본주의의 전일화에 따른 대세 속에서 찾는 태도도 이 논의의 중요한 변수다. "시장 논리는 곧 불성실한 비평에 대한 현실적 수요를 확대한다."[23])는 주장을 확대해 본다면 작금 문화와 예술의 영욕과 희비가 어떻게 교차할 수 있는지 짐작하기 어려운 것이 아니다. 지금은 탈현대가 아니라 오히려 모더니티의 결과가 더 심화·보편화되고 있는 시대며, 따라서 근대화의 총체성과 그 위험성을 더욱더 견제할 필요가 있다는 지적[24])의 연장선에서, "자본-지식-권력의 복합체는 막간에 형성된 탈영토화/탈코드화의 탈주적 힘들을 재영토화/재코드화하기 위해 새로운 정치적, 경제적, 문화적 배치와 이를 뒷받침할 새로운 이데올로기를 준비하고 있"으며 "정보화와 포스트포디즘과 연계된 신자유주의의 경제 논리, 멀티미디어와 멀티컬처럴리즘과 연계된 포스트모더니즘의 논의들은 이런 문맥에서 신보수주의의 이데올로기를 광범위하게 형성해나고 있"[25])다는 지적도 예술의 지평과 관련해서 따져둘 만하다.

5. 예술가에 대한 일반인들의 오랜 상식과 전형은 '창조적 천재'라는 전형적 이미지를 엮어놓았다. 미술에서의 창의성과 영감에 대한 상식은 19세기 초반 낭만주의를 계기로 싹튼 것이며, 이로써 '천재라는 현대적 개념'이 정착되기 시작했다. 예술 모방론이 정확한 묘사를 위한 원근법이나 비례 등의 규칙을 계발하면서, "세계에 대한 객관적 관심의 표명이라는 과학적 사고에 평행하는 예술적 입장"[26])을 유지해왔다면 영감론은 영감의 천재, 광기와 무의식의 창조자, 낭만적 상상력의 달인으로서의 예술가

23) 백낙청(1997), 512쪽.
24) Giddens(1990), 3, 177쪽.
25) 심광현(1997), 11~15쪽.
26) 오병남(1997), 77쪽.

상(像)을 낳아놓았던 것이다. 이것은 사실적 모방(mimesis)에 내포된 현실 긍정과 타협을 뿌리치고 솟아오르는 예술의 원천적 생명력과 저항 정신을 상징하기에 족한 것이다. 그것은 극단의 자유로운 정신으로 비화하고, 마침내 스스로의 역동(力動)에 밀려 혁명성과 조우하는 운명을 맞게 된다. 그리고 "예술은 혁명적 권위 체제를 포함한 어떤 기존의 권위 체제에도 속하지 않을 때에만 내적인 혁명의 기능을 완수할 수 있다."27)는 역설에까지 이르게 되는 것이다.

그러나 자유와 혁명은 결국 어긋나고 만다. 늘 '자유를 위한 혁명'으로 끝났지 '자유를 통한 혁명'을 이루어본 적이 없기 때문이다. 영감의 날개를 달고 모방의 무게를 벗어난 지 불과 얼마 후 자유는 방종으로 흐르고 예술적 절제와 중용(中庸)은 답보와 나태와 무위로 흐르며,28) 혁명은 객기며 농담이었고 종당에는 백남준의 허여멀쑥한 낯짝에 불과했던 것이다. 이런 식으로 본 20세기 초반까지의 근대 미술사는 모방과 재현의 반(反)혁명에서 추상과 관념의 탈(脫)혁명으로 옮아간 역사로 볼 수도 있을 것이다. 근대 미술이 옮아간 방향은 매우 분명했다. 형식과 내용 둘 다에서, 질료적 직접성과 그 투박함에서 벗어나 가장 본질적이며 이상적인 표현으로 비약했으며, 그래서 추상화가 본격화되기 시작한 1910년대에 이르러서는 마침내 회화가 그 '본질'에 다다랐다고 여겨졌다.29)

그래서 피에 몬드리안의 「부두와 바다」(1914)나 카시미르 말레비치의 「검은 네모」(1915) 따위를 바라보는 우리 계몽된 문외한들은 바야흐로 '볼 것'이 없는 미술을 접하는 불안감에 휩싸이는 경험을 하게 된다. '별 볼일 없는' 회화 앞에서 추상미술의 본질성이나 보편성을 체득하지 못하는 우리들이 제각기의 심오함

---

27) Marcuse(1985), 83쪽.
28) 김수영(1990), "中庸에 대하여", 156쪽.
29) Staniszewski(1997), 195쪽.

가운데 해석의 미로 속을 배회하게 되는 것은 우리가 거쳐온 문자적 계몽의 역사를 살펴볼 때 너무나 당연한 것인지도 모른다. "…의 작품을 바라보는 곤혹스러움에 대한 생각들은 단편들로 흩어져버리거나 그의 그림처럼 무색에 가까운 텅빈 속수무책의 경험을 안겨준다."30)는 이제 현대 미술 주위를 서성이고 있는 우리 모두의 경험이 된다. 내가 지적한 바 있는 "참을 수 없는 해석의 가벼움"31)은 이렇게 해서 유행한다. 무분별하고 반(反)미술적인 해석의 범람은 감상자의 인식중심주의, 문자중심주의, 그리고 내용중심주의에 기인하는 것이기도 하지만, 동시에 추상(抽象)이 결국 단지 물감만을 보여주는 것에 지나지 않게 되었다는 20세기초 현대 미술의 심각한 자가당착에서 나오는 것이기도 하다.32) 마치 논리실증주의의 통일과학 이념이 설정한 논리적 언어의 보편성이 한갓된 꿈이었듯이, 추상미술의 언어 역시 "근대 세계의 보편적 언어가 되기보다는 몇몇 지식인들만이 이해하고 감상할 줄 아는, 신비하고 비밀에 싸인 주제가 되었으며, 그 사정은 지금도 마찬가지다."33) 이 같은 역설 속에서 "미술이 보다 직접적으로 현대 생활의 질문과 부조리에 직면할 것"34)을 요청당했으며, 또 그와 같은 실험이 이어졌던 것은 어쩌면 당연한 추이였다.

현대 추상회화가 도달한 자가당착도 일종의 문화적(文禍的) 문화 현상으로 볼 수 있다. 이제 예술은 "낡은 것의 파괴로부터 출현하는 새로운 직접성을 발견하고 창조하는 일"이 아니라 "부박하고 새로운 것의 파괴로부터 출현하는 별 새로울 것 없는 간접성을 제작하는 일"이 된 듯하다. 삶의 현실, 그 성격과 행로에 대한 성찰이 없이 기계적 매개의 공간을 끝없이 복사하고 있는

---

30) 강선학(1997).
31) 김영민(1996d), 919~921쪽.
32) Staniszewski(1997), 198쪽.
33) 같은 책, 203쪽.
34) 같은 책, 199쪽.

전자-사이버 세계처럼, 현대 예술의 일정한 부분은 현실과 소통되는 창조적 일탈이나 혁명과 자유의 항의와는 아무런 상관이 없는 니치 문화적(nichecultural) 객기나 작란만을 일삼고 있는 것이다. 가령 "나는 작업 형식에서 기하학적 구조 얽기와 엮기를 거치며, 잡다한 것의 가지치기로 표현의 절제와 압축을 선호한다."35)는 식의 예술적 취향이 나름의 전문성을 이룬 것에 나로서는 아무런 불만이 없다. 특정한 작품이나 예술가의 취향이 반드시 인문학적 임상성을 얻어야 하는 것도 아니다. 비록 임상성을 고집하더라도 각 영역에 따른 유(類)와 격이 있는 법이어서 당연히 일률적으로 규정할 수는 없다.

그러나 문화적 허울과 가상, 그리고 간접성의 다양한 이미지가 보편적 언어가 되어가고 있는 지금, 그래서 자기 성찰력은 날로 빈곤해지고 턱없는 욕망의 기호만을 반복적으로 소비하고 있는 지금, 예술은 스스로 삶의 능동성을 회복하고 지탱해주기 위한 문화 장치의 전위가 될 것을 다시 꿈꾸어야 하지 않을까? 메타포가 삶으로 돌아가지 못하는 공소한 수사가 아니라 자아를 심화시키고 확대해서 신념과 욕구의 그물을 변화시킬 수 있는 힘과 자유의 징표가 될 수 있어야 하듯이,36) 예술도 삶의 실질을 비켜가는 공소한 기호와 장치의 반복을 그치고, 우리 사회가 처해 있는 정신 문화적 지형과 그 성격에 대한 진지한 성찰 위에서 자신의 위상과 노력을 조율해야 되지 않을까?

6. 예술가들이 "삶의 능동성을 회복하고 지탱해주기 위한 문화 장치의 전위"로서 다시 서야 한다는 주문은 삶과 앎의 통풍에 집착하는 인문학자의 과욕일까? 주체성도 자생력도 없는 세계화 담론에 휘둘리지 말고 근대화의 내실을 챙기는 '심층 근대화'의

---

35) 김청정(1997).
36) 로티(R. Rorty)의 생각인데, 자세한 해설은 다음 책을 참조. 김동식(1994).

과제에 나서야 한다고 주장해왔듯이, 감상자의 감성이나 인식의 현실과 상관없이 테크놀로지와 과람한 상상력에 의지해서 길과 역사도 없이 이루어지는 예술의 '개발주의'를 중단하고 관리 및 조화, 그리고 자기 성찰적 태세를 가다듬어야 하지 않을까? 예술도 사람의 일이라, 비록 그 특수성을 인정하더라도 역사와 터의 관계망을 저버릴 수 없는 것. 과학의 정설(定說)이 따로 있는 것이 아니라 과학자 공동체와 그 활동이 있을 뿐이라는 지적처럼, 예술의 탈역사·탈사회 공간이 따로 있는 것이 아니라 예술가 공동체와 그 활동의 역사만 있을 뿐이 아닌가. 따라서 예술의 사밀성과 특이성, 그리고 자율성조차 문화 사회 전체를 관류하는 공진화(共進化)의 빛에서 조망해야 하는 것이다.

우리 사회의 정신 문화적 지형을 그리는 필치는 빠르지만 빠른 만큼 경쾌하지 못하다. 근대화의 실물은 그 외양을 제외한다면 애초의 청사진과 사뭇 다르다. 믿었던 다리와 백화점이 순식간에 붕괴하고 막대한 자금과 인력이 투여된 고속 전철 공사가 진작 부실로 판명나는 것, 여러 전문가들의 진단에 의하면 이것은 그야말로 빙산의 일각이다. 오히려 인문·사회과학자가 보는 근대의 진정한 한계는 사상과 정신의 황폐화에 있는 것이다.[37] 여기서 우리 역사의 특이성을 좌우하는 분단 사회와 더불어 근대의 불안한 정점을 알리는 '위험 사회(risk society)' 담론을 다시 상설할 것도 없다. 우리가 선 곳은 명백히 '우리도 한번 잘 살아보세.'라는 대민(對民) 방송조차 제대로 들리지 않는 먼 산의 벼랑 끝이다. 뿌리도 뼈대도, 길도 맥(脈)도 없는 잡탕의 천민자본주의의 거리를 질주하는 우리 모두는 기껏 40년 만에 일확(一攫)만 달러를 달성한 놀라운 졸부들이다. 경박한 계몽의 빛으로 전통을 청산해버린 학인들이 부박한 수입 담론의 틈새에서 날이면 날마다 머리통의 버전을 높이느라고 부산한 것도 영락없는 정신의 졸부 형상에 다름 아니다.

---

37) 자세한 논의는 다음의 글을 참조. 김동춘(1997).

'소비 인간(homo consumens)', 그리고 '코카콜라 인간(homo coca-colens)'을 양산해가는 소비주의 문화 역시 주목해서 견제해야 할 우리 현실의 한 부분이다. 소비가 정체성을 결정하고, 이웃간의 연대성, 그리고 종교적 초월성을 상실케 하는 이 거대한 구조의 힘이 문화의 외피를 쓰고 있음에 더욱 유의해야 할 것이다.[38] 아울러 "과거 30여 년간 개발 독재 아래서 누적되어온 제반 사회적 병폐가 구조적으로 배태시킨 문화적 황폐화의 한 단면"[39]으로서의 퇴폐 향락 문화 역시 21세기 문화 예술의 시대가 지향해야 할 방향과 그 내실을 고민하는 우리 모두가 심층적 연대를 통해서 다스리고 극복해야 할 대상이다. '오지 않는 질(質)의 시대'[40]를 원망하면서 개인의 고뇌만을 보듬고 있기에는 우리의 열정이 너무나 거세지 않은가?

7. 나는 그림과 글자, 예술과 인문학 사이의 괴리와 소외의 장벽을 넘어서 서로 손을 건네자고 제안한다. 각자의 고립된 공간 속에 칩거하면서 삶에서 소외되고, 또 서로로부터 소외된 인문학과 예술 사이의 중첩된 배리 구조를 지속시켜서는 안 된다. 일회성의 해프닝이나 비의적 암호, 난해한 사기나 솔직한 몰상식으로 전락한 예술 행위의 자가당착은, 삶의 역사와 터를 철저하게 외면한 채 수입한 이론의 뜻만을 유통시키면서 계몽의 대리 권력자 노릇을 해온 이 땅의 학인들이 벌여온 행태와 꼭 닮았다. 당연히 지금에서야 '동시대 핍박 받는 사람들의 해방에 기여해야 한다.'는 투의 설전(舌戰)으로 그림과 글자의 미래를 향도할 수는 없다. 다만, 예술이건 인문학이건 다 사람의 일이라면, 공동체와 역사라는 모태와의 자연스러운 공조 관계를 잊지 말자는

---

38) 자세한 분석은 다음의 글을 참조. 김준우(1996).
39) 황경식(1997a), 27쪽.
40) 김영민, "오지 않는 질(質)의 시대", 대구매일신문, 1997년 11월 4일자.

'기본'에서 하는 말일 뿐이다. 그렇다. 기본! 우리에게 부족한 것은 다름 아닌 기본이 아닌가? 담론이건 상품이건 첨단이야 길거리에 쏟아져 다니고 발길에 차인다.

1970년대와 1980년대의 불화의 이면에는 산업화와 민주화, 즉 기술로서의 근대와 해방으로서의 근대가 어깨를 나란히 하지 못했던 불행한 사정이 있었다. 효자 자연과학의 원리적 토대 위에서 이룩한 물적 성장은 식민지의 경험과 후발·타율 근대화의 질곡 아래 정당화된 개발 독재의 산물이었고, 그 그늘 아래 민주화와 해방의 경험은 늘 지체되었던 것이다. 1987년, 그리고 1989년을 거치고 1990년대를 맞는 우리들의 모습도 여전히 어리숙하기는 마찬가지였다. 근대화의 왜곡된 정점을 제대로 살피고 보완·견제해야 할 역사적 사명을 띤 소위 '문민 정부'가 정신 없는 세계화 타령으로 자기 PR에 열심을 내는 동안 바야흐로 생기를 되찾기 시작한 인문학은 자기 정체성의 확보와 위기론에 대처하느라고 그랬는지 1980년대 사회과학의 역할과 성과를 제대로 수렴하고 계승하지 못했던 것이다. 1980년대와 1990년대의 불화의 이면에는 딱딱한 사회과학의 시대를 나긋나긋한 인문학의 시대와 제대로 접맥시키지 못했던 우리 학인들의 책임도 있었다. 온고지신과 수신진덕(修身進德)은 늘 구호로만 머물고, 선배나 뿌리도 없는 듯 날뛰기를 좋아하는 우리의 전력(前歷)은 여기에서도 여지없이 드러났다. 그 사이 1980년대의 무거운 전사(戰士)들은 각자의 골방으로 말 없는 동면에 들어가고, 이를 대체한 1990년대의 가벼운 무희(舞姬)들이 마른 하늘에서 떨어진 날벼락 같은 춤사위에 밤 깊은 줄 모르게 되었던 것이다.

바야흐로 문화와 예술의 시대가 도래하고 있다고 입을 모으면서 다들 1990년대를 보내는 세기말의 불안한 전망을 그리고 있다. 각종의 종언주의와 위기론이 득세하면서 다시 20세기를 몽땅 청산하고 새로운 21세기를 점치려는 성급한 움직임이 인다. 1970년대와 1980년대와 1990년대를 시류의 표피 언어로써 따로 따로 정리해버리고 다가오는 2000년대를 멍하니 바라보고 있는 짓을 또다시 계속할 수는 없다. 더 이상의 낭비를 허용할 수 없다.

연대해야 하며, 그 구체적 전략에 골몰해야 한다. 1970년대의 물적 토대(그 모순까지 포함한) 위에서 1980년대의 해방적 관심이 폭발할 수 있었고, 1980년대 민주 역정의 말미에서 1990년대 근대화의 심층과 이면을 되돌아볼 수 있었듯이, 다가오는 문화와 예술의 시대가 지탱시켜주어야 할 삶의 건강한 질(質)과 그 생명력은 1990년대의 인문학적 감성과 그 고뇌의 역사에서 터를 잡아야 하며, 더 나아가 1970년대와 1980년대의 성과에 대한 정당한 이해와 평가에서 출발해야 하는 것이다. 이 연대는 우선 우리의 공시적 현재를 지배하고 있는 근대화 논리의 피상성, 과도성, 편파성을 교정하고 보완할 수 있는 심층 근대화의 과제에 이바지할 수 있을 것이다. 특히 향후 인문학자와 예술가 사이의 공조와 연대는 근대화 프로젝트의 딱딱한 두 축인 산업화와 민주화의 틀을 넘어서서 삶의 질과 내실을 채우는 실질적인 전략의 초석이 될 수 있을 것이다. 달리 말하자면, 근대화의 딱딱한 동질적 공간을 보완하기 위해서는 "예술가들 혼자만의 독주가 아니라 예술가와 지식인들, 창작과 비평, 실천과 이론, 예술과 대중문화, 문화와 정치 사이의 새로운 방식의 계주(繼走)가 필요하다."[41]

자연과 분리되고, 세계에 개입하지 않고, 마침내 자연과학과 사회과학, 그리고 심지어 인문학과 담을 쌓은 예술은 이제 도전을 받고 있다. 사람의 공동체를 이루는 한 부분인 예술가들은 이 도전에 연대로써 성찰하고 응전해야 한다. 우리의 1970년대, 1980년대, 그리고 1990년대와 연대해야 하며, 우리의 자연과학, 사회과학, 그리고 무엇보다도 인문학과 연대해야 한다. 그래서 역사의 정당한 무게를 되찾아야 하며, 삶의 진정한 깊이와 교류

---

41) 심광현(1997), 11~19쪽.

해야 하고, 이웃의 뿌리를 같이 느끼면서 진보해야 한다. 진보?
그것은 생명 그 자체의 긴장이니까.

제 8 장

영상 매체와 사람의 무늬(人文) : 탈인식론 시대의 인식론

1. 영상 매체, 밖에 그리고 겉에 도도하게 반짝이는

하이데거는 데카르트 이후의 철학적 근대를 일러 '세계상(世界像)의 시대(die Zeit des Weltbildes)'라고 했다.[1] 철학사의 상식처럼 이제 "이 시대의 세계는 자아가 재구성한 주관적 표상(表像)의 세계로서 존재하게 된다."[2] 이 심상을 둘러싸고 벌어지는 근대 서구 철학의 개요는 간단히 인식론 중심주의 혹은 인식통치론(epistemocracy)으로 정리된다. 데카르트가 특히 왜상(歪像. anamorphose)의 문제에 관심을 가지고 이른바 '명석판명한' 인식의 상태에 이르지 못한 채 왜상에 정신을 파는 사람들을 바로잡는 데 정력을 쏟았다는 사실도 이 논의에서 적절한 방증이 된

---

1) Heidegger(1995).
2) 김상환, 해체론 시대의 철학(문학과 지성사, 1996), 368쪽. 인용의 출처인 "모더니즘의 책과 저자"는 특히 이 대목의 논의에 대한 튼실한 배경을 이룬다. '관념(idée)'이라는 용어는 데카르트 이후, 연상 심리학적 학풍을 그려온 로크, 버클리 그리고 흄 등에 의해 용례상 약간의 차이에도 불구하고 '상(Bild)'으로 여겨진다. 즉, 이들에게 있어서 '관념'이란 표상적 지각(representational perception)의 원리를 시지각에 적용시킨 것이며, 영혼(의식)이란 뇌의 거울 같은 표면에 투영된 외계의 '그림'을 볼 수 있는 표상 장치인 셈이다. 다음 책의 1~2장을 참조하라. Urmson(1982).

다.[3)]

표상된 심상(心像)은 회화나 풍경과 마찬가지로 당연히 이 글의 논제가 될 영상(映像)과는 다르다. 그렇지만 농경 사회에서 산업 사회로 옮아가면서 면접적 친근성과 자연적 직접성의 실물 공간이 심상을 축으로 운용되는 인식론적 공간으로 바뀌고, 다시 금세기 후반부터 정보 사회로 변전되면서 심상 세대가 영상 세대의 추격에 골몰하게 되었다는 것을 생각해보면, 결국은 심상이든 영상이든 문제는 세계상의 처리 방식에 있다는 사실이 묘한 '지적 안정감'을 주지 않는가.[4)] 왜? 왜냐 하면, 인간의 삶과 앎이란 결국 세계의 처리 방식에 다름아니므로.

영상의 인식론을 그려보려는 이 글은 철학사적 원리로 보자면 난감하기 짝이없다. 앞에서 얼핏 시사했듯이, 영상 문화란 심상 문화가 배를 뒤집고 안팎을 바꾸어 벌렁 나자빠진 꼴이며, 이것은 달리 말하자면 심상 문화의 요체를 이루었던 인식론 중심주의가 종언을 고한 장소에 나타난 불청객이기 때문이다. 그러니, 짐짓 엄숙하게 판단하자면, '영상 매체의 인식론' 따위는 애초에 어불성설이다.(그러나 무엇보다 지금은 바야흐로 '어불성설' 따위를 믿지 않게 된 시대이므로 이 글은 계속 씌어진다.)

철학에서의 '언어적 전회(the linguistic turn)' 이후, 이른바 '언어 편재성 논제(the thesis of the ubiquity of language)'[5)]가 독일 이외의 지역에 널리 파급되면서, 경험의 인식론적 원초성이 부인되고 언어 외적 대상이란 '인식상으로' 아무런 의미가 없다는 주장이 단단하게 대두되기에 이른다.

언어의 의미와 가치의 전통적 출처였던 언어 바깥의, 혹은 언어 너머의 실재가 소실되기 시작한 것이다. 인식론이란 워낙 올

---

3) 자세한 논의는 다음의 글과 그 속에 제시된 전거를 참조하라. 이지훈(1997년 11월 26일).
4) 다음의 글에 관련되는 논의가 있다. 김영민(1997f. 11월 22일).
5) 다음의 글과 그 속에 제시된 전거를 참조하라. 김동식(1994), 192~193쪽.

바른 표상의 내용에 집착하는 내용중심주의6)며, 감각의 왜상을 뚫고 들어가는 '깊이의 형이상학'에 근거해 있으므로, 이러한 추세는 당연히 데카르트를 기점으로 삼는 근대 인식론의 몰락과 맞물린다.

영상 매체의 인식은 탈(脫)내용중심주의, 그리고 탈형이상학의 전형이다. 그러므로 문자 서사를 일종의 '인식론적 비틈'이라고 해석할 수 있는 "감춤과 음모, 비밀과 발견의 이야기"7)로 보는 반면에, 영상 서사의 특징을 그 투명성, 피상성, 형식성에서 찾을 수 있는 것이다.

그렇게 보면, 서양철학사의 콤플렉스였던 플라톤의 내용중심주의적 인식론과 깊이의 형이상학이 이윽고 영상 매체의 보편적 파급을 통해서 그 수명을 다하는 것이 아닌가? "권력의 철학을 상정하지 않고 인간들 사이의 지배 관계를 생각하지 않는 진리란 아마 존재하지 않을 것이다."8)는 상식처럼, 이제 진리가 예의 모든 설명력을 잃어버린 이 시대의 진리는 모두 '밖으로', 그리고 '겉으로' 나서고 있는 것이다.

밖에, 그리고 겉에 도도하게 반짝이고 있는 영상 매체는 인간과의 사귐을 어떻게 준비하고 있는 것일까? 바야흐로 탈인식론의 시대, 영상 매체의 인식론이란 가능하기나 한 것일까?

인식론	⇒	해석학	⇒	(글)쓰기	⇒	보여주기
발견		자리매김		운용과 성숙		?

9)

---

6) 관련되는 논의는 다음의 글 속에 있다. Sontag(1966).
7) 도정일(1993), 408쪽.
8) Russ(1993), 83쪽.
9) 김영민(1997g), 70쪽.

2. 소문들, 바삐 다니는

사회과학의 축이 생산 패러다임에서 언어 패러다임으로 바뀌었다는 지적이나, "오늘의 현대 사회에서 가장 주요한 변동은 행위의 차원에서가 아니라 언어의 차원에서 일어나고 있다."[10]는 주장은 이제 진부하다. 이 지적과 주장은 위의 도식에 따르자면 아직 해석학과 (글)쓰기의 어느 중간쯤에 머물러 있으며, 영상(보여주기)의 지평으로 선뜻 나서지 못하고 있기 때문이다. 그러나 사실 진부한 만큼 적실성이 없는 것은 아니다. 우리의 경우, 아직 영상 매체가 기득권 인식 행태의 대세를 이루지는 못하고 있기도 하지만, 우리의 서구 추수적, 수입상적 문화 풍토에서는 현실이 도무지 담론의 기승을 따라잡을 수 없기 때문이다. 어느 전직 도서관장의 한탄처럼: "판만 벌렸다 하면 미국 이야기요, 21세기와 첨단 이야기다. 반면, 우리 도서관과 관련 기관의 현실은 원시 그대로다. 그 하늘을 나는 학술적 용어에도 불구하고 우리의 현장은 땅 위에서 꼼짝도 하지 않는다."[11]

어쨌든 밀려드는 소문에 의하면, 정치와 경제 중심의 인식틀에서 벗어나 언어와 정보, 그리고 (신)매체 중심의 새로운 담론군들이 발흥하고 있다. 문화사를 구전(口傳), 필사(筆寫), 인쇄, 전자 매체 등으로 나누듯이, 커뮤니케이션 수단과 양식의 변화가 인류 역사의 가장 큰 획이었다는 사실을 인정한다면, 영상 매체의 보편적 파급, 나아가서 감각의 전부를 인식과 소통에 활용하는 멀티미디어 문화의 도래는 향후 인류의 문화사를 선도할 새로운 분수령으로 평가되기에 충분할 것이다.

한편, 여기에 '가상 현실' 테제까지를 떠올리면, 우리는 이제 우리의 현실 자체를 자의로 조작할 수 있고, 따라서 경험을 마음대로 선택할 수 있는, 질적으로 다른 차원의 의사 소통 과정에

---

10) 포스터(M. Poster)의 지적. 다음에서 재인용. 김성기(1996), 231쪽.
11) 김정근·이용재(1996), 235쪽.

진입하고 있다는 지적이 실감이 난다.12)

커뮤니케이션 양식의 변화, 특히 디지털화를 통한 통합성과 네트워킹에 의한 확장성13)을 과시하면서 지구촌의 소통과 통신을 단숨에 장악해가고 있는 전자 커뮤니케이션은 인쇄에 의한 문자 소통과는 다른 언어 경험을 요구한다. 그리고 언어 경험이 문화 생활 일반은 물론 의식 그 자체에 미치는 '오래된' 영향14)을 감안한다면 커뮤니케이션 양식의 변동이 인식론적 변수로 떠오를 가능성을 배제할 수 없다. 다만, 문화의 가변성에 비해서 우리 몸(인간됨15))의 근본적 안정성에 유의한다면, 특히 그 영향이 "오래된" 것임에 주목해서 섣부르게 첨단의 상상을 펼칠 것은 아니라는 사실 정도는 지적할 만하다. 우리가 펜 끝에 쉽게 끌어대는 긴 역사에도 불구하고 육체의 양식에는 본질적 변화가 없다는 점을 기억해야 한다는 뜻이다.16) 새로운 현실에 비해 새로운 소문들은 늘 많고 바삐 다닌다는 상식.

3. 영상 세대, 분단 사회와 위험 사회를 모른 체하고

솔직히, 라디오도 귀해서 저녁 먹고 산그늘이 짙어가면 반장집의 마루에 옹기종기 모여앉아 '재치문답'을 애청하던 때가 그리 멀지 않은 것으로 느껴진다. 1958년생인 내가 그 정도니 우리 사회의 기득권자들에게 영상 문화는 그리 실감나는 현실이 아닐는지도 모른다. 그러나 어쨌든 보드리야르의 말처럼 현실이 자신의 그림자를 악마에게 팔았다는 소문이 단지 소문만이 아니라

---

12) Dyer(1992), 41쪽.
13) 추광영(1997), 102쪽.
14) 다음의 글은 거시진화론적 관점에서 이 대목을 해명한 것이다. Watson(1992), 203~204쪽.
15) 이 개념에 대한 논의는 다음의 책을 참조하라. 김영민(1996a).
16) 김성곤(1992), 10쪽. 다음의 글도 이와 관련되는 논의다. 김영민(1997c).

는 것이 도처에서 드러나고, 우리는 이제 그 그림자를 소비하는 사람(homo consumens)으로 점점 그림자처럼 살아가고 있다.

문자적 교양의 과잉으로 머리 속이 벅찬 근대의 이성주의자들과 그 후예들은 각종의 종언주의를 흘린다. (종이)책의 죽음, 이성의 해체, 역사의 종말 따위가 이제는 번거러운 상품이 되고 있다. 이것은 당연히 비문자적·영상적 감성을 고양시키는 담론의 배경을 이룬다.(그러나 문자의 종언도 문자에 대한, 그리고 무엇보다도 문자로 이루어진 담론이라는 사실!) 우리 삶터와 역사가 지구촌과 세계사의 와류 속에 방치되면서, 또 이 방치를 정당화하는 각종의 세계화 담론이 묘한 허위 의식을 부추기면서 지구적 이슈들이 작금의 위기 의식과 더불어 팽창한다. 지구와 더불어 한 몸처럼 위기를 느낀다면 지구촌이 흘리고 있는 테크노피아의 꿈도 함께 향유해야 하지 않겠는가, 라고 외치면서 수입한 종언주의와 새로운 유토피아의 환상을 나눠가져야 한다고, 최소한 국가 경영의 파국을 자인하게 된 1997년 12월초 이전까지, 법석을 떨었다.

그러니, 작금의 양식 있는 학인들의 공통된 진단처럼, 부나비처럼 첨단의 담론에 몰익하기보다는 우리 현실의 특이성과 적정 단계를 제대로 파악하는 것이 여전히 선결되어야 할 과제인지도 모른다. 그래서, 1990년대를 게임과 우연의 시대라고 정의하고, "진실에의 의무감을 가져온 시인들은 당혹한다."[17]며 풀어지기보다는 오히려 타협과 칩거를 동시에 지양하면서 나름의 진실을 찾아 떠나라고 채근해야 할지도 모른다. 그래서 포스트 담론의 수입과 열광 속에 우리 학문의 자생성을 외면하기보다는 오늘 우리에게 필요한 것이 이성의 해체인지 이성의 옹호인지 아니면 새로운 이성의 구성인지, 혹은 근대적 객관주의인지 '난장판 주관주의'인지, 아니면 새로운 인식과 해석의 출구인지 진지하게 따져보아야 할지도 모른다.[18] 그래서, 현실사회주의 체제의 붕

---

17) 문혜원(1996), 59쪽.

괴와 탈냉전의 기류에 휩싸여 자유민주주의-시장 경제 체제의 최종적 승리에 일 없이 좋아하기보다는 오히려 '탈냉전'과 함께 우리 역사적 삶의 터전인 중국과 러시아가 다시 우리의 직접 체험의 대상으로 복귀한 것을 숙고하거나,[19] 아니면 오히려 냉전 구도 속에 숨죽였던 문화, 종교, 인종간의 해묵은 갈등이 다시 급속히 부각되고 있다는 사실[20]에 주목하거나, 아니면 "냉전 체제는 동서 대결의 구조가 아니라 소련과 동구권이 세계 자본주의 체제에서 이탈한 저발전의 단계를 벗어나지 못하고 있던 구조"로 보고, 따라서 이데올로기적 허구를 벗기면 탈냉전의 본질은 "남북 갈등의 원형으로의 복귀를 의미할 뿐만 아니라 중심부에 의한 반주변부, 주변부 국가에 대한 지배와 착취를 심화하는 것"[21]이라고 의심해보거나, 그것도 아니면 "서양에서는 1989년 베를린 장벽의 붕괴 이후 냉전 체제가 종언, '전후'가 종결되었지만 동아시아의 전후는 종결되지 않고 있"으며, 오히려 "전후는 심화되고 있으며, 모든 상황에서 여러 가지의 위기적 징후"[22]가 나타나고 있다는 사실을 따져보아야 할지도 모른다.

영상 매체를 둘러싼 논의도 우리의 현실과 남의 담론을 준별해서 시간과 에너지를 가려쓰는 지혜가 필요할 것이다. 그러나, 어쨌든 "현재 중고등학교 이상의 젊은 세대는 88올림픽을 기점으로 한 영상 커뮤니케이션 환경 속에서 자라난 영상 세대"[23]라고 하니, 믿을 수밖에. 컴퓨터가 우리 문명의 '규정 기술(defining technology)'이 되고, "오늘날 새 매체와 방어적으로 싸우는 것은

---

18) 최종욱(1997a).
19) 김여수(1997), 247쪽.
20) 다음 책의 곳곳에 이러한 취지의 미국적 경고가 남발되고 있다. Huntington (1997).
21) 이경천(1997), 63쪽.
22) 최원식, "뜨거운 동아시아論, 비상구를 찾는다"(대담), 문화일보, 1997년 12월 11일.
23) 정근원(1993), 385쪽.

북한과 중국뿐"24)이라고 했던 진단도 이미 5년 전의 것이며, 이제 우리 사회에서도 텔레비전이 아침 저녁으로 생산해내고 있는 이미지는 이 경박한 정보 사회의 이마골로기(imagology)로 유포되면서 이웃집 구멍가게 아저씨로부터 모모한 대학의 석학에 이르기까지 전국민의 행동과 사고에 적잖은 영향을 행사하고 있고,25) 1997년 12월 11일, 국가 경제 위기를 자책하는 대통령의 담화가 있었던 오늘 신문지상에는 이른바 표심(票心)을 노린 어느 대선 후보가 '97 영상 미디어 엑스포' 현장에서 도우미와 함께 포즈를 취한 모습이 크게 실렸으며, "근년의 예술 형식의 혁신은 모두 지각 입력을 늘리는 방향"으로 움직이면서 작가의 영향력은 점차 떨어질 것이며, 대신 "작가들은 TV 연속극, 영화, 영상 음악의 제작에 적극적"으로 진출할 것이라는 진단도 나왔다.26)

어쨌든 영상 매체는 20세기 후반 이래의 문화 네트워크를 장악한 가장 확실한 재생산 장치다. 정색을 해서 따지던 '분단 사회'니 '위험 사회'니 하는 딱딱한 개념을 잠시 못 본 체하면, 탈산업 사회, 정보 사회, 지식 사회, 후기 자본주의 사회, 문화와 예술의 시대, 유선망(有線網)의 사회, 관리 사회, 감시 사회(surveillance society), 혹은 포스트모던 사회 등등, 무엇이라고 이름하든 영상 매체는 그 중심에 놓인다. 88 이후의 영상 세대든, 낡은 종이 냄새를 풍기는 인문학주의자들이든, "눈을 못 따라가는 몸, 눈과 몸 사이의 괴리가 나날의 일상을 또 다른 빈곤으로 몰아"27)가는 추세에 하염없이 방치되어 있기는 마찬가지다.

---

24) 이중한(1992년 7월 20일).
25) 김영민, "텔레비전과 괴뢰비전", 대구매일신문, 1997년 4월 25일. Poster(1994), 특히 2장("보드리야르와 텔레비전 광고").
26) 복거일(1992년 7월 20일), 15쪽.
27) 김성기(1996), 309쪽.

4. 영상 매체의 인식론, 해석학, 정치학

영상 매체에 대한 논의의 한계는 자연히 문자 매체의 조건에 의해서 그 테두리를 얻는다. 문자(인식)와 영상(인식) 사이의 차이, 그리고 영상 매체의 특성은 이미 여러 논자의 글을 통해서 누차 언급되었으므로 다시 인용할 염치도 없다.[28] 그러나 그 중에서도 이 글의 취지와 관련해서 주목해야 할 부분은 인식 혹은 해석의 방식과 범위, 그 한계와 조건에 개입하는 변수다.

알다시피 문자 언어의 활용은 인간의 인식과 이해의 역사에 결정적인 역할을 해왔다. "새로운 지식의 세계로서 결정적이고 독창적인 비약이 인간의 의식 내부에서 이루어진 것은……시각적인 표시의 코드 체제(문자)가 발명되고 그것에 의해 쓰는 사람이 정확한 말을 결정하고 텍스트를 마련하여, 읽는 사람은 그 텍스트에서 그 말을 인식하게 되었을 때다."[29] 특히 가다머를 전후해서 현대 서구철학이 주목한 언어성(Sprachlichkeit)의 지평은 주체철학의 인식론 중심주의를 허물고 해석학의 밀물 시대를 맞이하는 데 중요한 전기가 되었다.

특히 중세와 대비해서 볼 때 인쇄에 의한 문자 매체가 지니는 상징성은 자명하다. 그것은 하아얀 종이 위에 견고하게 서 있는 검은 문자의 인상과 같은 정확성, 부동성(不動性), 그리고 파급성이다. 과장하자면, 중세가 신의 계시 속에 무슨 특권인 듯 담아두던 것을 근세는 인쇄된 활자 매체의 공적 공간 속으로 옮겨놓은 것이다. 문자는 점착과 확산의 힘을 지닌, 신이 사라진 시대에 진실을 담보할 유일한 기제며, 선험적 진리가 사라진 자리를 집단의 역사적 경험으로 대체하는 데 안성맞춤인 물건이라는 것이다.[30] 요컨대 인쇄에 의한 문자 매체의 확산은 학문 행태의

---

28) 몇몇 평자에 의해서 이분(二分)의 경직성이 지적되기도 했지만, 정근원의 글에서 특히 말끔하게 요약되어 있는 편이다.
29) Ong(1995), 132쪽.

기술적 변화를 촉진시켰고, 이로써 근대 학문의 특징인 '텍스트의 고정성', 수학적 엄밀성, 기술적(記述的) 정확성 등의 '학문성'에 대한 규정이 자리잡게 되었다.[31]

문자가 영상에 비해 "자기 집착성과 배타성"[32]이 강하다는 점은 매체의 기술적 특성에 의해서 어느 정도 설명될 수 있지만, 보다 근본적으로는 그것이 재현의 형이상학과 인식론에 근거한 기호 작용이라는 사실에 기초한다.[33] 재현, 특히 개념적 재현(conceptual representation)의 인식론과 결부되어 있는 과학적 실재론이나 대응설적 진리관이 도처에서 타박거리가 되고 있고, 이른바 기표와 기의의 소외와 상호 미끄러짐을 누구나 외치고 있는 지금에서 보자면 또다시 '재현'을 들먹거리는 것을 의아해 할지도 모르겠다. 그러나 "표현과 의미가 1 : 1의 대응 관계를 이루는 문자적 폐쇄계"[34]라는 표현은 문자 언어의 개방성을 섣불리 본 것이라 하더라도, "다차원적 해석의 개방성을 허용"[35]하는 영상적 개방계에 비해서 해석의 방향성과 범위가 매우 제한되어 있다는 사실은 어쩔 수 없다.

문자 언어가 갖는 제한된 해석의 방향성과 그 범위, 그리고 심지어 해석의 가능성 그 자체는 안/밖, 속/겉, 본질/현상, 내용/형식, 뜻/글, 그리고 기의/기표 사이를 구별했던 서양 사상의 이원론적 전통에 기반한다. 이러한 구도에서의 인식과 해석이란 밖⇒안, 겉⇒속, 현상⇒본질, 형식⇒내용, 글⇒뜻, 그리고 기표⇒기의로 옮아가는 (변증법적) 움직임을 가리키게 된다. 이러한 경향은 플라톤주의의 흔적이나 근대의 주체철학적 인식론이 비판받

---

30) 정과리(1996), 1032쪽.
31) Volter1997), 98쪽.
32) 정근원(1993), 388쪽.
33) 들뢰즈의 의미 이론을 중심으로 '재현'과 '반복'의 범주를 대비해서 문자와 영상(영화) 사이의 관계를 따진 글이 있다. 박성수(1997).
34) 정근원(1993), 389쪽.
35) 같은 글.

고 미학적 사고가 널리 파급되면서 적지않게 누그러지고 있다. 가령 "세상의 신비는 보이지 않는 것이 아니라 보이는 것 속에 있다."(오스카 와일드)거나, "만일 예술이 무엇이라도 된다면 그것은 이미 모든 것이다. 그것은 자족적이며, 그 너머에는 아무것도 없다."(로브 그리예)거나, 그리고 "거의 모든 경우에 있어서 우리들이 겉으로 드러나는 모습은 우리가 실제로 존재하는 모습"(수잔 손탁)이라면, 아마 이러한 이원론적 변증법은 생겨나지 않았을 것이다.

영상 매체는 이 점에서도 매우 애매한 입지에 있다. 소위 영상적 인식과 해석의 개방성에 따르면 다원주의와 상대주의에 연루될 가능성을 보이지만, 다른 한편 드러난 표현과 그 내용이 일치하므로 해석의 고민이 없이도 시청자와 직접 소통이 가능하다는 사실은 매우 경직된 통제주의의 가능성을 내비치기도 하는 것이다. 가령 사진의 발명사가 보여주듯이, 그림은 애초에 문자와는 달리 사실성(iconicity)의 단순 전달자 노릇을 했다. 그러나 문자적 계몽의 긴 역사에 겹겹이 포위된 우리들은 그림을 두고서도 미학보다는 인식론이나 해석학에 몰두하는 아이러니를 보이게 되었다.36)

문자 인식론이나 해석학에 이어서 영상 인식론이나 해석학을 운위하게 되는 것에도 이런 배경을 더듬어볼 수 있다. 문자 해석의 간접성과는 다른 사실성의 특성을 점차 포기하고 영상 매체도 급기야 문자적 계몽의 범주, 그래서 인식론 중심주의의 아류에 빠지는 셈이다. 물론 오늘날 영상 매체를 통해서 전달되는 '그림'이 해석의 고민에서 제외된 즉물적 사실성이라는 뜻은 아니다. 영상 매체의 투명성은 여전히 제도성, 보수성, 식민성의 그늘과 겹쳐져 있고, 따라서 해석적·비판적 안목이 동원되어야 하는 것은 당연하다. 흔히 '이미지는 노(No)라고 말하는 능력이 없다.'는 점을 지적하는 것도 이런 맥락에서 그 뜻을 새겨볼 수

---

36) 자세한 논의는 다음의 글을 참조. 김영민(1996d).

있다.

문자 인식의 장애는 주로 그 내용과 관련된 애매성이다. 그러나 영상 인식에서는 그림의 이면에 숨어 있을 수 있는 내용 파악에 앞서 우선 가시적 영상 가운데 극히 일부만을 선택적으로 본다는 사실에 주목해야 한다. 또 선택된 영상 중의 많은 부분도 우리의 능동적 구성과 해석 작용에 의해서 비로소 그 의미를 부여받는다.37) 따라서 현실의 수동적 재현이나 반영이 아니라는 점에서 또 한번 해석학적 준별의 필요성이 확인된다고 할 수 있다.

그러나 문자 인식과 다른 영상 인식의 가장 특이한 점은 영상 인식에 동원되는 무의식의 역할과 그 의미라고 생각된다. 인간의 눈이 가시 대상에 반응하는 한계치의 하나로서 '임계융합률(CFF : Critical Fusion Frequency)'이라는 것이 있다.38) 시야에 든 대상의 운동 속도가 어느 정도 이상에 이르면 우리의 눈은 식별 능력을 완전히 소실하는데 이것을 임계융합률이라고 부르며, 우리가 시각에 의해서 판별하는 세상도 사실은 이 임계융합률의 조건에 의해서 구성된 하나의, 그리고 우리의 세상일 뿐이다. 그러나 임계융합률에 이르지는 못하지만 우리의 정상적 시각으로는 볼 수 없는 속도를 지닌 것, 가령 두 배 혹은 그 이상의 속도로 돌리는 필름의 영상도 무의식에 의해서 간파되어 우리의 기억 속에 남아 영향을 행사한다는 사실이 실험을 통해서 확인된다.39) 이것은 "인간의 감성과 정서를 설득하여 찰나적 감각을 통한 심리적 점령과 여백이라는 (영상적) 교감의 방법"40)과 연결되어 있는 것으로 보인다.

문자적·의식적 계몽과 구별되는 영상적·무의식적 학습의

---

37) Watson(992), 303쪽.
38) 같은 책, 229쪽 이하.
39) 같은 책, 229쪽.
40) 정근원(1993), 390쪽.

효과는 그 자체로는 중성적으로 보이거나, 혹은 학습 방식과 지평의 확대라는 긍정적 평가를 받을 수 있다. 가령 정치 선전 학자인 라스웰(Harold D. Lasswell)이 계발한 개념인 '삼중 소구(the triple appeal)'도 영상 광고의 무의식적 효과를 염두에 두고 처방한 것이다.41)

그러나 의식의 집중도를 둔화시키고, 대신 무의식의 노출이나 게쉬탈트적 인상 효과를 높이는 매체 효과를 경고하는 목소리도 높다. 특히 영상 이미지와 연속적·반복적으로 접촉하는 것은 문자 인식에서 특유한 상징적 거리감을 없앰으로써 사유의 부재를 초래한다는 지적은 인문학자들이 흔히 짚고나서는 대목이다.42) 나를 포함한 여러 인문학자들은 인문학 전래의 '내면주의'에 연연해 하면서 인간의 내면적 성찰과 관조의 공간을 없앤다는 비판에 열심인 것이다. "우리는 정보의 바다에서 헤매고 있지만 지식에 갈증을 느낀다."(존 나이스비트)는 말처럼 영상 정보의 홍수 속에서 인문적 지혜의 정신은 오히려 점점 왜소해져간다는 지적이다. 인문적 지혜의 핵이 시간성의 미덕이라는 점43)을 염두에 두면, 흔히 영상 매체에게 돌려지는 반(反)성찰성과 반시간성은 그 속도주의와 공간주의로 인해 인문학적 감성과 꽤 오래 불화할 가능성이 농후하다.(여기서 오래 따질 것은 아니지만, 영상 시대의 인문학이 새롭게 구성되어야 한다는 논리에도 허점은 많다.) 모든 전통이 법고창신(法古創新)의 흐름 속에서 늘 도전받는 것은 오히려 바람직하지만, 문제는 책읽기와 글쓰기를 통해서 인문적 감수성을 배양해오던 전통이 영상 문화를 뒷받침하는 고도의 기술적 토대와 공정하고 제대로 된 경쟁적

---

41) 김덕자(편저)(1989), 49쪽 이하.
42) 정과리는 이 지적을 잘못된 추리의 결과라고 본다. 그는 한편 문자와 이미지를 차별하는 형이상학적 토대를 의심하고, 또 둘 사이의 인식적 관련성을 짚어줌으로써 자신의 생각을 뒷받침한다. 정과리(1997), 1035쪽 이하.
43) 김영민(1996g), 특히 7절("옛 지혜의 깊이와 뜻, 혹은 새 지식의 넓이와 속도 : 정보 사회와 인문학")을 참조.

상보 관계를 형성할 수가 없다는 점에 있다. 그 속도주의, 기술주의 그리고 여기에 기생하는 상업주의는 필신기독(必愼其獨)하는 인문학의 반성적 공간을 급속히 해체한다. 현상의 가시계(可視界)를 무시하고 불변의 본질을 추구하던 타성으로 돌아갈 수는 없지만, "플라톤에서 하이데거에 이르기까지 철학자들이 기만적인 시각적 경험에 대해 보여온 존재론적 불신과 도덕적 비난"[44]을 전적으로 무시해서도 안 되지 않겠는가? 영상의 귀재라는 스필버그가 "그러나 나의 상상력은 책읽기에서 나온 것"[45]이라고 고백한 사실에서 무엇이라도 느낄 수 있을까.

그러나 스필버그가 대표하는 할리우드의 영상은 대체로 사유의 깊이를 이미지의 기동성으로써 압살시키는 데 놀라운 재능을 보인다: "'스타십 트루퍼스'는……전형적인 할리우드 영화다. 관객이 할 일은 머리는 가동을 멈추고 화면을 바라보고 있기만 하면 된다. 그러면 영화는 끝까지 간다. 생각을 적게 할수록 영화 보는 재미는 커진다."[46] 그러나 정작 주목해야 할 곳은, 이 영상의 표피가 결코 정략과 이데올로기에서 면제된 중성적 유희 공간이 아니라는 점을 일깨우는 다음 대목이다. "그러나 그런 결과를 만들어낸 제작자나 감독 폴 버호벤의 머리 속은 치밀하면서도 차갑다. 어떻게 하면 관객이 생각하지 않을 수 있도록 할지를 철저하게 계산하고 있기 때문이다."[47]

이것은 당연히 "(영상)인식론의 문제를 개인적인 단위의 인지적 과정을 중심으로 삼기 때문에 인식의 사회적 맥락이 빠지게"[48] 된다는 비판으로 이어진다. 그러면 사회적 맥락과 그 역학에 대한 비판적 분석이 없이 미학적 동참으로 일관하는 영상 매

---

44) Helmut Pape의 말. 다음에서 재인용. 박성수(1997), 147쪽.
45) 다음에서 재인용. 이중한(1997년 7월 20일), 6쪽.
46) 조희문, "스타십 트루퍼스 : 관객 사고력 멈추는 전형적 할리우드물", 문화일보(1997년 12월 14일자).
47) 같은 글.
48) 강명구. 다음 대담 속에 있음. 정근원(1993), 398쪽.

체의 문화는 기존 질서의 이데올로기를 강화하고 "구질서의 유지에 이해 관계를 갖고 있"으며, "영상의 상품화는 바로 그런 이해 관계의 하나"[49]라는 지적도 당연하다. 그러므로 영상 매체를 통해 파급되는 서구 문화는 결백한 상품이면서 동시에 서구 가치를 체계적으로 주입하는 이데올로기의 첨병[50]이며, 따라서 뒤늦게 근대화에 성공한 서구 추수적 사회의 문화적, 기술적, 경제적 예속을 심화시킨다는 비판도 경청해야 할 것이다.[51] 영상 매체를 비롯한 모든 기술적 혁명은 계획된 것으로서 특정한 이념과 가치를 담지한 구조의 산물이기 때문에 우선 정치 경제적 맥락에서 파악할 것을 권고하는 것[52]도 마찬가지의 배경을 갖는다. 이것은 또한 영상 매체의 인식론과 해석학은 결국 텍스트주의의 함정에 봉착하며, "문화 소비에 대한 역사적, 경제적 이해도 없이 해석의 전략에만 열중하여 사회의 착취적, 억압적 권력에 공모하고 나아가 자유 시장 이데올로기를 무비판적으로 동조하는 결과를 가져온다."[53]는 항의와 이어져 있기도 하다. 이러한 일련의 비판은 영상 산업의 현장에서 벌어지는 상업주의와 이를 기반으로 한 새로운 권력 투쟁의 양상을 지적하는 것이며, 결국 영상 정보 사회가 기술낙관주의자들의 생각과는 달리 "통치자의 조종을 받는 전체주의적 역유토피아(dystopia)로 귀결"[54]될 가능성을 경고하는 데 모아진다.

49) 도정일(1993), 406쪽.
50) 추광영(1997), 100쪽.
51) 같은 글, 107쪽.
52) 같은 글, 97쪽.
53) 이경천(1997), 62쪽.
54) 황경식(1997), 76쪽.

5. 영상, 사람의 무늬(人文)에 닿는가?

그러나 인문학, 철학적으로 보다 중요한 문제는 영상 매체의 특성과 유통의 구조, 그리고 파급력의 면에서 엿보이는 반(反)인문적 속성이다. 인문(人文)이란 인간이 장구한 세월 동안 삶을 꾸려오면서 남겨놓은 나름의 고유한 무늬[人紋]인데, 영상 매체 등의 놀라운 기술력과 그 속도주의는 인간이 스스로의 무늬를 반성하고 조율하고 재구성할 수 있는 여유를 주지 않는다. 산업 사회의 초입에서나 21세기를 코앞에 둔 지금이나 이 기술적 속도는 비인간화와 소외의 혐의에서 자유로울 수 없다. "마음에 와 닿지 않는 정보는 폐품"55)이라는 지적이 옳다면, 지금의 영상 매체가 쏟아내는 정보와 이미지의 많은 양은 마음에 와닿지 않을 뿐만 아니라, 그 속도와 물량에서 인간의 무늬와 상관이 없는 폐품의 홍수를 만들고 있다. 그 중의 대다수는 성숙의 경지를 앞당기는 지혜도 아니고, 보다 나은 삶을 위한 실용적 지식에도 이르지 못하는 자조와 역설과 권태와 무지의 신호일 뿐이다. 정보와 영상의 바다 속에서 실제로 손에 넣을 수 있는 것은 상업주의와 향락주의의 계기를 마련하는 오락물에 지나지 않으며, 따라서 많은 경우 그것은 별 소득 없는 허영심의 만족이고, 결국은 조작되고 통제된 욕구에 순응하는 과정의 하나일 뿐이라는 비판도 가능한 것이다.56)

'문자낙관주의'라는 인문주의자의 구태와 편벽을 드러내고자 하는 것이 아니다. 다만, 인간, 인간의 역사, 그 역사가 만들어온 인간의 무늬를 존중하지 않는 기술 매개 일변도의 문화적 환상을 깨뜨리자는 뜻이다. 문자의 발명이 기억의 역할을 없애지 못했고, 활자 매체가 중세 교회의 여러 이미지를 대체하지 못했고, 영상 매체가 활자를 없애리라는 기대가 섣부르듯이, 인문의 역

---

55) 김정근 · 이용재(1997), 217쪽.
56) 추광영(1997), 109쪽.

사성을 기술속도주의와 파급력으로 쉽게 대체할 수 없을 것이다. 인쇄와 전자 매체의 관계를 예진하는 최근의 논의에서도 전환이나 대체보다는 추가와 보완의 논리가 차츰 설득력을 얻고 있듯이, 영상 매체를 대하는 인문학자들의 시각도 기술패권주의나 기술기피증이 아닌, 공존과 조화를 위한 적극적 대화의 모색이어야 하리라고 본다.

6. 만남과 조화, 인간의 총체적 역량을 회복하는

세 끼의 식사에 맞먹는 영양소를 정제(錠劑)에 담아 먹을 사람은 거의 없을 것이다. 몸의 양식, 생활의 양식, 문화의 양식 그리고 그 역사성의 긴 흐름과 무게는 쉽게 바뀌지 않는다. 이 안정성이 특히 귀한 이유는 그 속에 인문적 지혜의 정신이 자생하기 때문이다. 역사 속에 개방된 전통의 힘이 귀중한 것도 마찬가지다.

매체와 인간은 당연히 서로 조응한다. 컴퓨터 문화의 확산과 함께 "새로운 형태의 '인간-기계 상호 작용성'"[57]을 말하든지, "전자 회로는 중추 신경계의 확장이며, 감각의 확장은 우리의 사고와 행동 유형—우리가 세계를 인식하는 방법—을 변화시키고, 이런 부분이 변화함에 따라 인간도 변화한다."[58]고 말하는 것은 원칙적이다. 인간의 자아가 새로운 경험의 축적에 의해서 스스로를 재구성해간다는 원칙에는 이견이 없다. 이 원칙을 영상 매체의 문화적 효과에 대응시켜보려는 태도에도 이상한 것이 없다. 이런 맥락을 좇아가다보면 가상 현실의 경험이 신체 능력을 확산하는 계기의 분수령을 이룰 것이라는 진단도 자연스럽다.[59]

---

57) 이봉재(1997), 162쪽.
58) McLuhan(1988), 40~41쪽.
59) Dyer(1992), 41쪽.

아니 보다 근본적으로는, 형태가 생명을 만드는 힘이며, "분자 혹은 세포의 구조식 자체에 자기 동일성이 존재"[60]한다는 것까지 들먹일 수 있을 것이다.

그러나 인간의 자아는 현실과의 오랜 접촉을 통해서 자기 정체성의 지반을 조율해왔다. 인간이 담론 공간, 영상 공간, 전자 공간 그리고 사이버 공간의 비접촉성에 노출되기 시작한 것은 그리 오래전의 일이 아니다. 비교적 짧은 시간 속에서 우리의 자기 정체성은 어느새 피폐할 정도로 시달림을 당해온 것이 사실이다. 여기에 인문학자의 소임이 있다면, 새로운 매체 공간 논리를 인문 속에 자리매김하는 발언을 계속함으로써 이 자기 정체의 과거와 미래를 아울러 살려주는 일이 될 것이다. 매체 연구가 경험적으로 검증할 수 있는 매체 경험과 그 효과에 대한 관심을 넘어 "인간에 대한 인식론, 관련 사회 구성체 이론, 문화 이론"[61] 등을 반드시 갖추어야 하는 이유도 여기에 있다.

이것은 곧 문자와 영상의 만남에 관한 숙제가 된다. 생물학적으로 보자면, 이것은 의식 생성과 그 이성중심주의적 정신 활동의 과잉으로 빚어진 좌우 뇌의 이분화 현상을 다시 통합시키는 '정상화'의 노력에 다름아니다.[62] 즉, 영상 세대가 발달시킬 우뇌의 형태적·시각적·본능적·즉각적·감성적·직관적·총체적 감성 능력과 문자 세대가 발달시켜온 좌뇌의 비형태적·이성적·분석적·논리적·개념적·추상적 분석 능력이 조화되는 길에 관한 문제다.[63] 마찬가지로 우측의 여성적·음악적·공간적 기능과 좌측의 언어적·지적·남성적 기능을 조화롭게 엮어주는 일이기도 하다.[64] 사실, '정상화'라는 말 자체는 이 같은 이분법 자체가 매우 작위적이라는 점을 일깨운다.

---

60) Watson(1992), 152쪽.
61) 이봉재(1997), 150~151쪽.
62) Watson(1992), 206쪽.
63) 정근원(1993), 387쪽.
64) Watson(1992), 201, 291쪽.

따라서 영상 문화와 관련된 인간의 인식과 이해의 구조와 성격을 따지는 일도 결국은 인간이 자기 이해사(史)를 엮어가는 하나의 중요한 계기가 될 것이 분명하다. 또한 그것은 이해의 능동성에 비추어볼 때, 자기 형성사(史)의 이정표가 될 것도 분명하다. 그 역사는 글자의 법고(法古)과 영상의 창신(創新)에 관한 이야기로 씌어질 것이다. 그것은 감성과 이성, 직관과 분석, 여성과 남성, 이미지와 개념, 우뇌와 좌뇌, 육체와 영혼, 근대와 탈근대의 조화와 통합을 기반으로 "인간의 총체적 역량을 회복하려는 움직임"[65]이 될 것이다.

　　따라서 우리의 고민은 인문의 깊이와 의미를 늘 새롭게 헤아리는 정신과 새로운 기술의 넓이와 속도를 재촉하는 문화 사이에서 지향과 지양의 대상을 조화 있게 선별해가는 것이다. 이것은 영상 매체와 더불어 살아야 할 문자적 계몽의 후예들에게 맡겨진 과제다. 중요한 것은 결국, 날마다 새로워지는 영상 매체가 아니라 그 영상 매체를 가지고 살아가는 우리들의 이야기, 그 무늬이므로. ■

---

65) 김용호. 다음 대담 속에 있음. 정근원(1993), 417쪽.

▣ 인용한 글들

강내희(외), 「21세기 한국 문화를 기획한다」(문화과학, 1997년 가을)

강선학, 「시간에서 공간으로 스며남, 스며듦」(조부경작품전, 1997년 11
　　　　월 11~17일)

강영안, 『주체는 죽었는가』(문예출판사, 1996)

강준만, 『인물과 사상1』(개마고원, 1997)

경상대학교 인문학연구소, 『새로운 인문학을 위하여』(백의, 1993)

_____, 『현대의 새로운 패러다임과 인문학』(백의, 1994)

今村仁司, 「근대성의 구조」(현대사상, 1997년 여름)

김경일, 「한국 근현대사에서 근대성의 경험과 근대주의」(현대사상,
　　　　1997년 여름)

김광억, 「동아시아 담론의 실체 : 분석과 해석」(상상, 1997년 여름)

김기수, 「안정기 지성의 할 일」(현대사상, 1997년 여름)

김덕자(편저), 『광고와 에로티시즘』(미진사, 1989)

김동식, 『로티의 신실용주의』(철학과 현실사, 1994)

김동춘, 「사상의 전개를 통해서 본 한국의 '근대' 모습 : 자유주의, 사회
　　　　주의, 민족주의」, 『한국의 근대와 근대성 비판』(역사비평사,
　　　　1997)

김명섭, 「남북한 관계에 대한 문명론적 조망」(신인문, 1997년 여름)

金森誠也, 『철학자들의 사생활』(김하림 옮김, 열린책들, 1986)

김상봉, 「시대의 전환과 인문학의 부흥」(신인문, 1997년 여름)

김상환, 『해체론 시대의 철학』(문학과 지성사, 1996)

김성곤, 「뉴미디어 시대의 책과 문화사적 의미」(출판저널, 1992년 7월
　　　　20일)

김성기, 『패스트푸드점에 갇힌 문화 비평』(민음사, 1996)

김수영, 『김수영 전집 : 詩』(민음사, 1990)

김여수(외), 『언어·진리·문화2』(철학과 현실사, 1997)

_____, 『언어와 문화』(철학과 현실사, 1997a)

김연철, 「북한 현대사 연구의 쟁점과 과제」, 『한국의 근대와 근대성 비
    판』(역사비평사, 1996)

김영민, 「종교적 세계관과 과학적 세계관 : 설명할 수 있음과 말할 수
    없음」(기독교사상, 1992년 9월)

_____, "An Unphilosophical Excuse for the Philosophical Significance of
    Silence : Wittgenstein and Dauenhauer"(철학세계3, 1992a)

_____, 『서양철학사의 구조와 과학』(은익, 1993)

_____, 『신 없는 구원·신 앞의 철학』(다산글방, 1994)

_____, 「정치적 인간·인간적 정치」(오늘의 문예비평, 1994a, 겨울)

_____, 「침묵과 차이를 위한 한 변설 : 탈중심의 즐거움」(조형과 상
    황, 1994b 1월)

_____, 「기학(嗜虐)과 도착(倒錯)의 인간학 : 욕망의 처리와 폭력」(계
    간 상상, 1994c, 겨울)

_____, 「신의 존재론적 논증 : 서양 지성사의 한 전형」(기독교사상,
    1994d, 3월)

_____, 「정치적 인간·인간적 정치」(오늘의 문예비평, 1994e, 겨울)

_____, 『현상학과 시간』(까치, 1994f)

_____, 「책은 죽는가」(세계의 문학, 1995년 여름)

_____, 「집짓기, 글쓰기, 마음쓰기」(비평건축 1호, 1995a, 9월)

_____, 「메타포 : 文化인가 文禍인가?」(포럼 신사고, 1995b, 가을)

_____, 「박완서 : 한 말씀만 하소서」(문학 속의 철학 이야기 18, 부산
    일보, 1995년 7월 18일자)

_____, 「글쓰기의 물리학·심리학·철학」(오늘의 문예비평, 1996, 봄)

_____, 『컨텍스트로, 패턴으로』(문학과 지성사, 1996a)

_____, 『탈식민성과 우리 인문학의 글쓰기』(민음사, 1996b)

_____, 「글쓰기로, 스타일로, 성숙으로」(오늘의 문예비평, 1996년 여름, 1996c)

_____, 「가벼움에 대해서 : 앎·느낌·기법·해석」(문학과 사회, 1996년 여름, 1996d)

_____, 「詩作과 始作」(시와 사상, 1996년 봄, 1996e)

_____, 「리메이크, 文化인가, 文禍인가?」(지성과 패기, 1996년 1~2월, 1996f)

_____, 「인문학, 죽었는가 살았는가 : 우리의 근대성, 근대 속의 우리」(시와 사상, 1996년 가을, 1996g)

_____(외), 『소설 속의 철학』(문학과 지성사, 1997a)

_____, 『손가락으로, 손가락에서』(민음사, 1997b)

_____, 「종이책의 운명 : 정보 혁명과 '뿌리 깊은 진보'」(출판저널, 1997년 7월 20일자, 1997c)

_____, 「이상한 근대화, 이상한 교육」('김영민의 세상 읽기', 대구매일신문, 1997년 7월 22일자, 1997d)

_____, 「여운형, 이문열, 그리고 나·나·나(너) : 뿌리 깊은 진보를 염원하며」(철학과 현실, 1997년 가을, 1997e)

_____, 「무게, 깊이 그리고 진보 : 세기말의 문화 풍경과 예술과 인문학의 연대」(부산미술포럼, 1997년 11월 22일, 1997f)

_____, 「글쓰기·인문학·근대성」(열린지성, 1997년 겨울, 1997g)

김영수, 「한국 정치의 근대성에 관한 의문」(현대사상, 1997년 여름)

김영식, 『과학 혁명』(민음사, 1991)

김용옥, 『노자 철학 이것이다』(통나무, 1989)

김용운, 『수학의 신비』(정우사, 1985)

_____, 「복잡성 과학과 그 문명사적 의미」(인간개발경영자연구회

1000회 기념 심포지엄 논문집, 1997년 11월 11일)

김용철,『해학소설대전집 7권』(노벨문화사, 1971)

김우창(외),『새로운 인문학을 위하여』(백의, 1993)

김인환,「산문의 철학」(문학과 사회, 1997년 가을)

김재인,「반복이 '아닌' 글쓰기」(문학과 사회, 1997년 봄)

김정근·김영기,「문헌정보학 연구에 있어서 글쓰기의 혁신은 가능한
        가」,『도서관학논집』제22집(한국도서관·정보학회, 1995)

김정근,『한국의 대학 도서관 무엇이 문제인가』(한울, 1995a)

김정근·이용재,「참을 수 없는 미래 도서관 담론의 가벼움」,『도서관
        논집』제24집, (한국도서관·정보학회, 1996)

김정근(외),『디지털 도서관 : 꿈인가, 광기인가, 현실인가』(민음사,
        1997)

김준우,「소비주의 문화의 특성과 교회의 사명」(세계의 신학, 1996년
        겨울)

김지하,『중심의 괴로움』(솔, 1994)

김청정,「실상과 허상 순환 이미지」(김청정개인전, 1997년 10/14~23일)

김필년,『동-서 문명과 자연과학』(까치, 1992)

김형수,「21세기의 테크놀로지와 예술」(미래의 얼굴, 1997년 10~11월)

島田虔次,『주자학과 양명학』(김석근·이근우 옮김, 까치, 1994)

도정일,「영상 세대의 출현과 인식론의 혁명」(기획토론)(세계의 문학,
        1993년 여름)

문혜원,「시와 정신적 고뇌의 부재 시대」(시와 사상, 1996년 가을)

박명림,「근대화 프로젝트와 한국 민주주의」,『한국의 근대와 근대성
        비판』(역사비평사, 1996)

박성수,「철학적 사유와 영화적 이미지의 연관성」(시대와 철학, 1997년
        봄)

박완서, 「환각의 나비」(문학동네, 1995년 봄)

방동미, 『중국인의 인생 철학』(정인재 옮김, 탐구당, 1992)

백낙청, 『현대 문학을 보는 시각』(솔, 1994)

_____, 「비평과 비평가에 대한 단상」(문학과 사회, 1997년 여름)

복거일, 「포스트모던 문화의 글쓰기와 저자」(출판저널, 1992년 7/20일)

三輪正, 『몸의 철학』(서동은 옮김, 도서출판 해와 달, 1993)

서동만, 「북한 사회주의에서 근대와 전통」, 『한국의 근대와 근대성 비
        판』(역사비평사, 1996)

송재윤, 「어제의 선비」(전통과 현대, 1997년 여름)

심광현, 「세기말의 현대 미술과 탈근대적인 문화 정치적 실험」, 『97광
        주비엔날레 국제학술심포지엄 논문집』(광주, 1997)

심재룡, 「선문답과 대화」, 『대화의 철학』(서광사, 1992)

岩崎武雄, 『철학개론』(東京, 學文社, 1978)

오병남, 「미래 사회의 예술과 새로운 인간상」(철학과 현실, 1997년 가
        을)

유 하, 『무림일기』(세계사, 1995)

윤지관, 「해방의 서사와 세기말의 문학」(당대비평, 1997년 가을)

이경천, 「90년대 한국 사회와 문화론, 그리고 문화제국주의」(민족예술,
        1997년 6월)

이남호, 「지성과 문화」(현대사상, 1997년 봄)

이병천, 「세계사적 근대와 한국의 근대 : 역사와 전망」(세계사상, 1997
        년 여름)

이봉재, 「컴퓨터, 미디어, 문화」, 『언어 · 진리 · 문화2』(철학과 현실사,
        1997).

李 箱, 『오감도』(미래사, 1991)

이왕주, 「호랑이 굴로 들어가기」(철학과 현실, 1996년 봄)

_____,「서사적 자기 동일성과 철학」,『범한철학회논문집』(1997년 봄)

이정우(외),『프랑스 철학과 우리 : 현대 프랑스 철학을 보는 눈』(당대, 1997)

이정우,『가로지르기』(민음사, 1997a)

이중한,「삶의 양식의 변화와 독서 양상」(출판저널, 1992년 7월 20일)

_____,「책은 창조적 상상력의 텍스트인가」(출판저널, 1997년 7월 22일)

이지훈,「가상 현실의 형이상학 : 라이프니츠 철학의 옹호」, 한국통신학회 제1회 학제간 학술발표회 논문집(한국통신학회, 1997년 11월 26일)

이한우(외),「익사한 문화에 숨결을 불어넣어라 : 97 문화 불황, 무엇이 문제인가」(좌담)(상상, 1997년 가을)

일　지,『달마에서 임제까지』(불일출판사, 1992)

장석만,「개항기의 한국 사회와 근대성의 형성」,『모더니티란 무엇인가』(민음사, 1995)

장정일,『장정일의 독서일기』(범어사, 1994)

정과리,「프리암의 비상구」(문학과 사회, 1996년 가을)

정근원,「영상 세대의 출현과 인식론의 혁명」(기획 토론)(세계의 문학, 1993년 여름)

조동일,『인문학문의 사명』(서울대학교 출판부, 1997)

_____,「21세기 대안 한국에서 만들자」(말, 1997a, 1월)

조두영,『임상 행동 과학 : 종합병원 정신의학』(일조각, 1991)

조혜정,『탈식민지 시대 지식인의 글 읽기와 삶 읽기1』(또 하나의 문화, 1994)

_____,『탈식민지 시대 지식인의 글 읽기와 삶 읽기2 : 각자 선 자리에서』(또 하나의 문화, 1994a)

지 눌, 『밖에서 찾지 마라 : 보조선사 법어』(법정 옮김, 불일출판사, 1993)

최종덕, 「동아시아 담론의 철학적 해명」(상상, 1997년 여름)

최종욱, 「시대와의 불화」, 『레드콤플렉스』(삼인, 1997)

_____, 「포스트(脫)주의는 무엇을 포스트하였는가? : 한국의 '포스트' 주의 수용에 대한 비판」(사회평론 길, 1997년 3월, 1997a)

추광영, 「커뮤니케이션 혁명과 미래 문화」(철학과 현실, 1997년 가을)

한상진(외), 「왜, 유교인가」(좌담)(전통과 현대, 1997년 창간호)

함석헌, 『생각하는 백성이라야 산다』(생각사, 1983)

황경식, 「산업 사회·윤리·정보 사회」, 『언어·진리·문화2』(철학과 현실사, 1997)

_____, 「'즐거운 인생'과 삶의 질 : 향락 문화의 독법과 해법」(철학과 현실, 1997년 가을, 1997a)

Augros, Robert M, et. al, *The New Story of Science* (New York: Bantam Books, 1986)

Bakhtin, M., *Problems of Dostoevsky's Poetics tr. Caryl Emerson* (Minneapolis : University of Minnesota Press, 1984)

_____, 『장편 소설과 민중 언어』(전승희 외 옮김, 창작과 비평사, 1988)

Bateson, Gregory, 『정신과 자연』(박지동 옮김, 까치, 1990)

_____, 『마음의 생태학』(서석봉 옮김, 민음사, 1990a)

Berlin, I., (ed.), *The Age of Enlightenment* (New York: The Mentor Books, 1956)

Bleicher J., 『현대 해석학』(권순홍 옮김, 한마당, 1989)

Boerner, P., 『괴테 평전』(안인길 옮김, 삼성문화재단, 1974)

Brinton, Crane, 『서양 사상의 역사』(최명관·박은구 옮김, 을유문화사,

1986)

Burtt, E. A., *The Metaphysical Foundation of Modern Science* (Garden City, New York : Doubleday & Co. Inc., 1954)

Butterfield, Herbert, et. al., *The History of Science: Origins and Results of the Scientific Revolution* (London: Cohen & West, 1963)

Carr, E. H., 『역사란 무엇인가』(황문수 옮김, 범우사, 1982)

Cassirer, E., *The Philosophy of the Enlightenment* (1932)

_____, *Philosophie der symbolischen Formen* 2판(Darmstadt, 1953)

Chalmers, A., 『새로운 과학 철학』(신중섭 옮김, 지식산업사, 1995)

Cottingham, John, *Descartes* (Oxford: Basil Blackwell, 1986)

Deleuze G., & Guattari, F., 『철학이란 무엇인가』(이정임・윤정임 옮김, 현대미학사, 1995)

Dilthey, W., *Selected Writings* (Cambridge: Cambridge University Press, 1979)

Durant, Will, *The Story of Philosophy* (New York: Simon and Schuster, 1961)

Dyer, Frank J., "Virtual Reality: Philosophical Implications of a New Technology" (The Quest, 1992년 여름)

Eco, Umberto, 「최후의 날에도 가장 든든한 벗」(국제출판협회 총회 기조 연설문)(출판저널, 1996년 5월 20일)

Emmet, E. R., *Learning to Philosophize* (New York: Penguin Books, 1987)

Feyerabend, Paul, *Science in a Free Society* (London: Verso, 1982)

Finch, H. R., *Wittgenstein-The Later Philosophy* (Atlantic Highlands, N.J.: Humanities Press, 1977)

Foucault, Michel, 「계몽이란 무엇인가」, 『모더니티란 무엇인가』(장은수 옮김, 민음사, 1995)

Fromm, Erich, *Sigmund Freud's Mission* (New York: Harper & Brothers, 1959)

_____, *To Have or To Be?* (New York: Harper & Row, 1976)

Gadamer, H.G., *Wahrheit und Methode* (Tuebingen, 2 Aufl., 1965)

Gay, Peter, *The Enlightenment : The Rise of Modern Paganism* (New York: Alfred · A · Knopf, 1966).

Gerth H. H & Mills C. W. (ed.), (New York : Oxford University Press, n.d.)(a)

Giddens, Anthony, *The Consequences of Modernity* (Stanford, California: Stanford University Press, 1990)

Gilson, Etienne, *The Unity of Philosophical Experience* (New York: Charles Scribner's Sons, 1937)

Granet, M., *Das Chinesische Denken: Inhalt, Form, Charakter* (F/m, 1985)

Habermas, J., *Theorie des Kommunikativen Handelns(II)* (Frankfurt: Suhrkamp, 1981)

Habgood, John, *Truths in Tension: New Perspectives on Religion and Science* (New York: Holt, Rinehart & Winston, 1965)

Hawking, Stephen, *A Brief History of Time* (New York: Bantam Books, 1989)

Heidegger, M., *Sein und Zeit* (Tuebingen, 1972).

_____, 『세계상의 시대』(최상욱 옮김, 서광사, 1995)

Horkheimer, M. & Adorno, T. W., *Dialectic of Enlightenment* (New York: The Seabury Press, 1972)

Hume, David, *Philosophical Works* (1748)

Huntington, Samuel P., 『문명의 충돌』(이희재 옮김, 김영사, 1997)

Husserl, Edmund, "Philosophy and the Crisis of European Humanity", *The Crisis of European Sciences and Transcendental Phenomenology* (Evanston: Northwestern University Press, 1970)

Jameson, Fredric, *Postmodernism, or the Cultural Logic of Late Capitalism* (New York: Duke University Press, 1991)

Jaspers, Karl, 『철학적 신앙』(최동희 옮김, 삼성출판사, 1991)

Jung, C. G., 『무의식의 분석』(권오석 옮김, 홍신문화사, 1991)

Kaltenmark, Max, 『노자와 도교』(장원철 옮김, 까치, 1993)

Kant, I., *Immanuel Kants Werke*, Ernst Cassirer(ed.), et. al., IV.

Kierkegaard, S.,"The Individual and the Public," *A Kierkegaard Anthology*, Robert Bretall(ed.) (Princeton, New Jersey: Princeton University Press, 1973)

Kuhn, Thomas S., *The Structure of Scientific Revolutions* (Chicago: The University of Chicago Press, 1975)

Kundera, Milan, 『소설과 우리들의 시대: 나의 소설 미학』(권오룡 옮김, 책세상, 1990)

Lakatos, Imre & Musgrave, *Alan(ed) Criticism and the Growth of Knowledge* (Cambridge: Cambridge University Press, 1980)

Langer, S. L., 『예술이란 무엇인가』(이승훈 옮김, 고려원, 1993)

Lao Tzu, *Tao Te Ching* (New York: Penguin Books, 1975)

Leakey, R. E. & Lewin, R., *Origins: What New Discoveries Reveal About the Emergence of Our Species and Its Possible Future* (New York: Penguin Books, 1977)

Luhmann, Nikolas, *Soziologische Aufklaerung: Aufsaetze zu einer Theorie sozialer Systeme* (Westdeutscher Verlag, Opladen, 1974)

Marcuse, M., 「일차원적 사회에 있어서의 예술」, 『예술의 새로운 시각』
(정경임 엮음, 지양사, 1985)

Marsh, J. L., & Caputo, J. D., *Modernity and its Discontents* (New York: Fordham University Press, 1992)

Marx & Engels, *The German Ideology* (New York: International Publishers, 1977)

_____, 『공산당 선언』(서석연 옮김, 범우사, 1994)

McIntyre, A., *After Virtue* (Notre Dame: University of Notre Dame, 1984)

McKenzie, A. E. E., *The Major Achievements of Science* (New York: Simon & Schuster, 1960)

McLuhan, M., 『미디어는 맛사지다』(김진홍 옮김, 열화당, 1988)

Merton, R. K., *The Sociology of Science* (Chicago: The University of Chicago Press, 1973)

Mill, J. S., *On Liberty* (Ontario, Canada: Penguine Books Ltd., 1977)

Moore, G. E., "An Autobiography," *The Philosophy of G. E. Moore*, P.A. Schilpp(ed.) (La Salle, Illinois: The Open Court, 1968)

_____, *Principia Ethica* (Cambridge: Cambridge University Press, 1971)

Morris, Desmond, 『털없는 원숭이』(김석희 옮김, 정신세계사, 1991)

Needham, Joseph, 『중국의 과학과 문명 II』(이석호·이철주·임정대 옮김, 을유문화사, 1991)

Nietzsche, Friedrich, *Versuch einer Umwertung aller Werte* (Kroener, Stuttgart, 1964)

_____, *Thus Spoke Zarathustra*, R.J. Hollingdale(tr.) (Penguine Books, 1976)

Ong, W. J., 『구술 문화와 문자 문화』(이기우·임명진 옮김, 문예출판사, 1995)

Ortega Y Gasset, José, *The Dehumanization of Art* (Princeton, New Jersey: Princeton University Press, 1972)

Passmore, J. A., 『역사란 무엇인가』(이기백·차하순 공편, 문학과 지성사, 1990)

Plato, 『제7서한』, Reclam UB 8892 (Stuttgart, 1964)

Pollock, Griselda, "Artists, mythologies, and mediagenius, madness and art history", Screen, vol.21, no.3.

Ponty, Merleau, *The Structure of Behavior* (Boston: Beacon Press, 1967)

Popper, Karl, *Conjectures and Refutations : The Growth of Scientific Knowledge* (New York: Harper & Row, 1965)

_____, *Objective Knowledge : An Evolutionary Approach* (Oxford University Press, 1971)

Poster, M., 『뉴미디어의 철학』(김성기 옮김, 민음사, 1994)

Read, Herbert, *The Philosophy of Modern Art* (New York: Meridian Books, 1955)

Rickert, Heinrich, 『문화과학과 자연과학』(윤명로 옮김, 삼성문화재단, 1973)

Rorty, Richard, *Consequences of Pragmatism* (Mineapolis: University of Minnesota Press, 1982)

Rose, John, 『과학철학의 역사』(최종덕·정병훈 옮김, 한겨레, 1989)

Russ, Jacqueline, 『지식과 권력2』(황수원 옮김, 예하, 1993)

Sontag, Susan, *Aganist Interpretation* (New York: Farrar, Straus, & Giroux, 1966)

Spinoza, Baruch de, "On the Improvement of Human Understanding", *On the Improvement of Human Understanding*, tr. R.H.M. Elwes (New York: Dove Publications, Inc., 1951)

Staniszewski, M. A., 『이것은 미술이 아니다』(박모 옮김, 현실문화연구, 1997)

Todorov, Tzvetan, 『바흐친 : 문학사회학과 대화 이론』(최현무 옮김, 까치, 1988)

Tillich, Pual, *The Courage To Be* (Foutain Books, 1974)

Urmson, J. O., *Berkeley* (Oxford : Oxford University Press, 1982)

Voltaire, Candide, Lowell Bair 옮김(New York: Bantam Books, Inc., 1967)

Volter, J. D., 「전자적 글쓰기 공간에서의 문학」(오늘의 문예비평, 1997년 가을)

Wallerstein, Immanuel, 『역사적 자본주의 / 자본주의 문명』(나종일 · 백영경 옮김, 창작과 비평사, 1994)

_____, 「유럽 중심주의와 그 화신 : 사회과학의 딜레마」(창작과 비평, 1997년 봄)

Watson, Burton, 『위대한 역사가 사마천』(박혜숙 옮김, 한길사, 1995)

Watson, Ryall, 『생명조류』(박용길 옮김, 고려원미디어, 1992)

_____, 『로미오의 실수』(인간사, 1992a)

_____, 『초자연 : 우주와 물질』(박문재 옮김, 인간사, 1992b)

Weber, Max, "Science as a Vocation," From Max Weber, H. H. Gerth & C. W. Mills(ed.) (New York: Oxford University Press, n.d.)(a)

Wilber, Ken(ed.), 『현대물리학과 신비주의』(박병철 · 공국진 옮김, 고려원미디어, 1990)

Wittgenstein, Ludwig, Philosophische Untersuchungen(a).

_____, Notebooks, 1914~1916, tr. G.E.M. Anscombe (New York: Harper & Row, 1961)

Wolff, Janet, 『미학과 예술사회학』(이성훈 옮김, 이론과 실천, 1990)

Yovel, Yirmiyahu, *Spinoza and Other Heretics: the Marrano of Reason*

(Princeton: Princeton Univ. Press, 1989)

Zukav, Gary, *The Dancing Wu Li Masters: An Overview of the New Physics* (New York: William Morrow & Co., Inc., 1979)

▣ 이름 찾기*

---

* 특정한 이유에서, 이 인명 색인은 우리나라 사람으로 한정했다.

■ 지은이 / 김영민 교수

  부산대학교 철학과 및 미국의 University of Washington과 Drew University 졸업하고, 서울감리교신학대학 종교철학과 조교수와 부산대학교(외) 강사를 지냈으며, 현재 전주 한일대학 인문사회과학부(철학 전공) 부교수로 있다.

  재학중 한국고등교육재단(KFAS) 대학특별장학생, 국제로터리재단(IRF) 대학원 유학장학생으로 선발되었으며, 1989~1990년판 『Who's Who among Student in America Universities and Colleges』에 실리기도 했다.

  지은 책으로는 『철학과 상상력』(시간과 공간사, 1992), 『서양철학사의 구조와 과학』(은익, 1993), 『현상학과 시간』(까치, 1994), 『신 없는 구원·신 앞의 철학』(다산글방, 1994), 『철학으로 영화보기·영화로 철학하기』(철학과 현실사, 1994), 『고전평설』(철학과 현실사, 1996), 『컨텍스트로, 패턴으로』(문학과 지성사, 1996), 『탈식민성과 우리 인문학의 글쓰기』(민음사, 1996), 『소설 속의 철학』(문학과 지성사, 1997) 등이 있다.

진리 · 일리 · 무리
●●●●●●●●

초판 3쇄 인쇄 / 1999년 4월 10일
초판 3쇄 발행 / 1999년 4월 15일
●

지은이 / 김 영 민
펴낸이 / 전 춘 호
펴낸곳 / 철학과 현실사
서울특별시 서초구 양재동 338의 10호
전화 579-5908~9
●

등록일자 / 1987년 12월 15일(등록번호 / 제1-583호)
●

값 10,000원
ISBN 89-7775-213-2 03100

*잘못된 책은 바꾸어 드립니다.